Walther Dieckmann

Wege und Abwege der Sprachkritik

Walther Dieckmann

Wege und Abwege der Sprachkritik

HEMPEN VERLAG
BREMEN 2012

Bibliografische Information der Deutschen Nationalbibliothek
Die Deutsche Nationalbibliothek verzeichnet diese Publikation in der Deutschen Nationalbibliografie; detaillierte bibliografische Daten sind im Internet über http://dnb.d-nb.de abrufbar.

ISBN 978-3-934106-92-5

Umschlaggestaltung: Rike Fischer, www.rike-fischer.de
Gesamtherstellung: Hubert & Co., Göttingen
Gedruckt auf alterungsbeständigem Papier
Printed in Germany

Inhalt

Vorwort

Thema dieses Buches sind „Wege und Abwege der Sprachkritik", nicht Wege und Abwege der Sprache. Ich beschäftige mich mit Sprachkritik, werde dadurch aber nicht selbst zum Sprachkritiker. Zwar werden an vielen Stellen sprachliche Sachverhalte bewertet; doch geschieht das im gegebenen Zusammenhang nicht in sprachkritischer Absicht. Die entsprechenden Äußerungen gewinnen vielmehr ihre Funktion in der Überprüfung der Zuverlässigkeit der theoretischen Grundlagen, Methoden und Praktiken der Sprachkritik, die das Thema sind.

Im Sinne der Untergliederung der „kritischen Sprachbetrachtung" in „linguistische", „laienlinguistische" und „(sprach)didaktische Sprachkritik", die Kilian, Niehr und Schiewe (2010) vorgeschlagen haben, ist mein Gegenstand die „laienlinguistische" Sprachkritik (von anderen auch *publizistische, populäre, öffentliche* o.a. genannt). Ausnahme ist Kapitel I, 2, in dem die Möglichkeit und die neueren Bestrebungen zur Begründung einer „linguistischen" Sprachkritik diskutiert werden. Das Bild, das von der „laienlinguistischen" Sprachkritik in den verschiedenen Kapiteln des Buches gezeichnet wird, trifft, so der Anspruch, charakteristische Züge und Tendenzen der öffentlichen Sprachreflexion, nicht aber jedes einzelne sprachkritische Zeugnis oder jeden einzelnen Sprachkritiker. (So wäre es, um ein Beispiel zu nennen, nicht ganz einfach, einen Sprachkritiker wie Eike Christian Hirsch in seinen Eigenheiten auf die in Kapitel I, 1.3 unterschiedenen Ziele der Sprachkritik zu beziehen.)

Unter historischer Perspektive betrachtet, sind die Untersuchungen gegenwartsbezogen. Die nicht eben seltenen Bezüge auf sprachkritische Theorien und Praktiken in der Vergangenheit unterstützen die Beschreibung der Gegenwart, weil es „argumentative Traditionslinien der laienlinguistischen Sprachkritik gibt, die seit mehr als einhundert Jahren gepflegt werden und deshalb in aktuellen wie historischen Publikationen ihren Platz haben" (ebd., 1). Insbesondere die „alltagsweltlichen Sprachtheorien" (vgl. Kapitel II, 2) als Grundlage auch vieler sprachkritischer Bewertungen zeigen ein hohes Maß an Kontinuität, z. T. über weit längere Zeiträume als die letzten einhundert Jahre bis hin zu Platons „Kratylos".

In der Wahl der Themen, der illustrierenden Beispiele und besonders in der sprachlichen Darstellung habe ich mich um Verständlichkeit über den engeren Umkreis der Fachlinguisten hinaus bemüht, ohne andererseits den

Anspruch zu erheben, dass das Buch ohne jegliche Vorkenntnisse von jedem mühelos gelesen werden kann. Zu den Gruppen, die mir zur Orientierung bei der Adressierung dienten, gehörten neben Studenten und Deutschlehrern beispielsweise die sprachinteressierten Besucher von Veranstaltungen der Sprachgesellschaften bzw. Sprachvereine. Insgesamt richten sich die Überlegungen weniger an die beispielhaft herangezogenen Sprachkritiker als an deren Rezipienten. Die „metakritischen Analysen" des zweiten Teils sind ein Versuch, der öffentlichen Sprachkritik in der (exemplarischen) Behandlung der gleichen Gegenstände ein linguistisch geprägtes Korrektiv an die Seite zu stellen, das die „laienlinguistische" Reflexion, so denke ich, vertiefen und in anderer Weise verbessern könnte, wenn es denn außerhalb der Wissenschaft wahrgenommen würde. Linguisten, das ließ sich nicht vermeiden, werden bei der Lektüre immer wieder Bekanntem begegnen und betrachten ihre Unterforderung hoffentlich nachsichtig!

Zu danken habe ich erneut meinem „Arbeitskreis", bestehend aus Peter Eisenberg, Ingwer Paul, Wolfert von Rahden und Jürgen Zeck, die die Arbeit an mehreren Kapiteln des Buches – frei nach Schiller – mit munteren Reden begleitet haben. Frau Dr. Ute Hempen danke ich dafür, dass sie das Buch in ihr Verlagsprogramm aufgenommen hat und mir in fortgeschrittenem Alter noch einmal einen ganz neuen Eindruck von der verlegerischen Betreuung eines Manuskriptes verschafft hat.

I. Allgemeine Orientierung

1. Sprachkritik – ein weites Feld

1.1 Sprachkritik im weiteren und im engeren Sinn

Der Phänomenbereich, der von diesem oder jenem *Sprachkritik* genannt wird, ist unterschiedlich weit begrenzt und umfasst verschiedene, oft verschieden*artige* Tätigkeiten. Das ist besonders im erweiterten Gebrauch des Wortes der Fall, für den die Bestimmung, dass, wer Sprachkritik übt, Sprachliches bewerte, auch in ihrer Umkehrung gilt. *Sprachbewertung* und *Sprachkritik* werden in diesem Gebrauch, der nicht zuletzt in der neueren linguistisch-fachlichen Diskussion über Probleme der Sprachkritik verbreitet ist, tendenziell gleichgesetzt. Folgerichtig gelten dann alle Bewertungen im Umkreis der vielfältigen sprachbezogenen Aktivitäten, die unter Oberbegriffen wie *Sprachpolitik, Spracharbeit, Sprachpflege, Sprachlehre, Sprachkultur/Sprachkultivierung, Sprachlenkung, Sprachnormierung* zusammengefasst werden, als *Sprachkritik* und die jeweiligen Akteure als *Sprachkritiker.* In diesem weiten Sinne ist Sprachkritik in der Tat „etwas für alle; jeder darf es, jeder tut es“ (Schmich 1987, 6); „Sprachkritiker sind wir doch alle“ (Neuland 1996). Wimmer (2003a, 417) benennt in diesem weiten Sinne als „sprachkritische Aktivitäten“ beispielhaft:

> „Eltern kritisieren und korrigieren den Sprachgebrauch ihrer Kinder; Lehrer/innen analysieren und beurteilen die Sprachproduktion ihrer Schüler/innen; Zeitungsleser urteilen über den Sprachgebrauch in der Presse; Politiker kritisieren die ‚Sprache‘ ihrer Gegner; Literaturkritiker urteilen über den Sprachstil der Autoren; ältere Menschen setzen sich mit der Redeweise der Jugendlichen auseinander; Sprachglossatoren kommentieren in der Presse den Sprachgebrauch ihrer Zeitgenossen.“

Anschließend ergänzt Wimmer seine Liste um Sprachkritik in den Wissenschaften, wofür er Pädagogik und Didaktik, Philosophie, Wissenschaftstheorie, Medienwissenschaften, Geschichtswissenschaft, Politologie, Soziologie, Literaturwissenschaften und Linguistik anführt (ebd., 418). – Auf etwas abstrakterer Ebene zusammengefasst, schließen die folgenden Bereiche metasprachlichen Kommunizierens immer Bewertungen und somit im weiten Verständnis des Begriffs auch Sprachkritik ein:

- Alltagsweltliche Metakommunikation, in der wir alle in den alltäglichen Kommunikationssituationen sprachliche Aspekte der jeweils ablaufenden Kommunikation zur Verständnissicherung oder in anderen Funktionen thematisieren und bewerten;
- Sprachthematisierungen und Korrekturen in den Prozessen des primären Spracherwerbs der Kinder innerhalb der Familie;
- mutter- und fremdsprachlicher Unterricht mit vielfältigen Formen der Sprachbewertung durch die Lehrer in der Schule;
- Sprach- und Kommunikationsschulung für Erwachsene in Volkshochschulen und anderen Institutionen der Fort- und Weiterbildung, einschließlich der dafür ausgearbeiteten schriftlichen Unterrichtsmaterialien;
- Ratgeberliteratur (Wörterbücher, Grammatiken, Stilistiken, Rhetoriken, Redesammlungen, Schreibschulen etc.) kommerzieller Verlage;
- Sprachauskünfte auf Anfrage durch Einrichtungen der Sprachberatung (Dudenredaktion, Gesellschaft für deutsche Sprache, „Grammatische Telefone“ an Universitäten);
- Sprachpolitische (sprachplanerische, sprachnormierende, sprachlenkende) Einflussnahmen auf Gestalt oder Status des gesellschaftlichen Kommunikationssystems, besonders auf die Standardsprache, durch staatliche oder staatlich legitimierte Instanzen.

Die Wahl von *Sprachkritik* als einer übergreifenden Bezeichnung für alle Formen der Bewertung sprachlicher Sachverhalte in den unterschiedlichsten Zusammenhängen kann sich darauf berufen, dass es für die Behandlung der grundsätzlichen Probleme des Bewertens günstig ist, wenn der Blick auf alle Bewertungshandlungen gemeinsam eröffnet wird. Doch könnten solche Untersuchungen natürlich genauso gut unter dem Oberbegriff *Sprachbewertung* durchgeführt werden. Ein erwünschter Nebeneffekt des weiten Begriffs mag zusätzlich sein, dass die gesellschaftliche Bedeutung der Sprachkritik wächst, je weiter der Begriff bestimmt wird. Der Nachteil, den man sich einhandelt, ist eine zunehmende Heterogenität des erfassten Gegenstandsbereiches.

Orientiert man sich an der Geltung des Wortes *Sprachkritik* in der Medienöffentlichkeit, so stößt man auf einen wesentlich engeren Begriff; denn es werden dort bei weitem nicht alle Äußerungen und Texte, in denen sprachliche Sachverhalte bewertet werden, *Sprachkritik* genannt. So ist es gänzlich unüblich, den Aufsätze korrigierenden Lehrer, den Dozenten eines Rhetorikkurses, den Mitarbeiter am Dudenband der „Zweifelsfälle“, den Sprachberater der Gesellschaft für deutsche Sprache, den Verfasser einer

Stillehre, das Mitglied einer Rechtschreibreformkommission, den Experten für ein Sprachplanungsprojekt oder einen jeden von uns wegen unserer metasprachlichen Äußerungen in der alltagsweltlichen Kommunikation *Sprachkritiker* zu nennen, obwohl sie alle in unterschiedlicher Weise Sprachliches bewerten.

Was charakterisiert nun aber die Tätigkeit der Sprachkritiker im engeren Sinne – Gustav Wustmann, Fritz Mauthner, Karl Kraus, Dolf Sternberger, Viktor Klemperer, Eike Christian Hirsch, Bastian Sick –, verglichen mit den Bewertungen in den anderen Bereichen metasprachlichen Sprechens?

(1) Sprachkritische Äußerungen im engeren Sinne sind schriftliche oder mündliche Zeugnisse einer „rein metasprachlichen Tätigkeit" (Bär 2002, 231), die in unterschiedlichen Mischungsverhältnissen sprachbeschreibende und sprachbewertende Anteile hat. Die beschreibenden Elemente haben entweder die Funktion, dem Leser die Eigenschaften der sprachlichen Sachverhalte, die der Bewertung unterzogen werden sollen, vor Augen zu führen, oder sie dienen der nachträglichen Begründung der Bewertung. Die Bewertung selbst ist im vordringlichen Verständnis eine negative Bewertung: *etwas wird bemängelt*. Die Kritik betrifft Eigenschaften sprachlicher Äußerungen oder auch der Sprache selbst, nicht aber wie in sprachpolitischen Zusammenhängen deren Status.

(2) Der zu beschreibende und zu bewertende sprachliche Sachverhalt ist das eigentliche Thema des sprachkritischen Sprechereignisses. Das unterscheidet die Tätigkeit des Sprachkritikers z.B. von der alltagsweltlichen Metakommunikation, die Begleitphänomen einer anders motivierten Kommunikation ist und daher funktional, z.B. zur Verständnissicherung, in diese eingebunden ist.

(3) Sprachkritiker im engeren Sinne unterziehen sich einer sprachreflexiven Tätigkeit, in der die Bewertung nicht *ein* Element eines größeren – sprachplanerischen, sprachpflegerischen, sprachpädagogischen – Handlungszusammenhangs ist, sondern die in der beschreibenden und bewertenden Thematisierung eines sprachlichen Sachverhalts ihre Erfüllung findet. Zwar gibt es auch für die Sprachkritik Ziele, die außerhalb ihrer selbst liegen (vgl. Kapitel I, 1.3); doch beschränkt sich der Sprachkritiker im wesentlichen darauf, seine Ziele dadurch zu fördern, dass er einen Sachverhalt als kritikwürdig identifiziert. Handlungsaufforderungen zur Aufhebung des schlechten Zustands sind als Konsequenz aus der vollzogenen Bewertung möglich, nicht aber notwendig und für einige Spielarten der Sprachkritik sogar abwegig.

(4) Sprachkritiker werden metasprachlich bewertend von sich aus tätig und nicht auf Anfrage wie in den Einrichtungen der Sprachberatung.

(5) Adressaten des Sprachkritikers sind die Massenöffentlichkeit oder das Publikum in Teilöffentlichkeiten, nicht aber einzelne Personen wie in den Sprachbewertungen der Sprachberatung oder des Sprachunterrichts.

(6) Als Sprachkritiker kann sich im Prinzip jeder betätigen, dem es gelingt, seine sprachkritischen Äußerungen der Öffentlichkeit zugänglich zu machen. Faktisch sind es hinsichtlich der Berufsfelder meistens Journalisten, Wissenschaftler oder Literaten. Als Oberbegriff ist daher häufig von „publizistischer Sprachkritik" die Rede.

(7) Sprachkritik im engeren Sinne wird – in der Regel unter dem Namen des Verfassers – *veröffentlicht* und ist „eine quasi-literarische Gattung" (Weinrich 1985, 17). Unter den Formen der Veröffentlichung ist an erster Stelle die Sprachglosse in der Presse zu nennen, die sich immer dann anbietet, wenn der Sprachkritiker ein einzelnes sprachliches Phänomen (ein Wort, ein Wortbildungsmorphem, eine syntaktische Konstruktion o.ä.) zum Gegenstand der kritischen Reflexion macht. Und da Sprachkritiker sehr häufig am Detail Anstoß nehmen, ist die Sprachglosse die bekannteste Ausdrucksform für Sprachkritik. Allerdings besteht eine starke Tendenz, die einzelnen Glossen anschließend ein zweites Mal gesammelt zu veröffentlichen. Alphabetisch gegliedert, nehmen solche Sammlungen die Form von Wörterbüchern an (z. B. Sternberger u. a. 1970), während Wustmanns bekannte „Sprachdummheiten" (Wustmann 1891), in lockerer Weise systematisch geordnet, im Untertitel als „Kleine deutsche Grammatik des Zweifelhaften, des Falschen und des Häßlichen" deklariert ist. Verfolgt der Sprachkritiker bestimmte Aspekte systematisch oder unterzieht er den Sprachgebrauch in einem bestimmten Bereich insgesamt der kritischen Betrachtung, so kann das sprachkritische Produkt unterschiedliche Formen annehmen: Streitschrift, Monographie, Buchkapitel, Essay, Zeitungsartikel.

Mit diesen Charakterisierungen der Sprachkritik im engeren Sinne lassen sich die anderen Bereiche metasprachlichen Kommunizierens relativ sicher ausgliedern. Es bestehen indes zum Teil offene Grenzen, insbesondere zur Ratgeberliteratur, zu den lexikographischen, grammatischen und stilistischen Nachschlagewerken in Buchform, die sprachkritische Anteile enthalten können, ohne selbst als Textart zur Sprachkritik im engeren Sinne zu gehören.

Einen Überblick speziell über die „Wörterbücher als Instrumente der Sprach- und Sachkritik" gibt Niehr (2011), dessen Typologie vier Elemente aufweist: „Explizit sprachkritische Wörterbücher" (Beispiel: Sternberger u.a. 1970), „sachkritische Wörterbücher" (Beispiel: Wörterbuch der deutschen Gegenwartssprache nach 1970), „Sprachkritik dokumentierende Wörterbücher" (Beispiel: Strauß, Haß, Harras 1989), „sprach- und sachkritisch indifferente Wörterbücher (Beispiel: Duden. Universalwörterbuch). Ein Konzept für ein „Kritisches Wörterbuch der deutschen Gegenwartssprache" als Ergänzungswörterbuch zu den bekannten Standardwerken zur deutschen Gegenwartssprache hat Kilian (2011) vorgestellt.

Zwischen Sprachkritik und Ratgeberliteratur ergibt sich quasi systematisch eine Übergangszone, weil die negative sprachkritische Bewertung sprachlicher Sachverhalte ein deontisches Potential und somit implizit Aufforderungs- oder Anleitungscharakter hat. Der Versuch der Trennung über die Frage, ob Beschreibung und Bewertung der sprachlichen Sachverhalte oder ob die (eine Bewertung voraussetzende) Anleitung zum richtigen oder guten Sprachgebrauch vordringlich ist, wird bei manchen Veröffentlichungen zu einem künstlichen Unterfangen, wenn etwas getrennt werden soll, was tatsächlich ineinander übergeht. So werden Wustmanns „Sprachdummheiten" (1891) nicht ohne Grund von verschiedenen Autoren unterschiedlichen Begriffen zugeordnet. Es konkurrieren *Sprachpflege, Sprachratgeber, Antibarbarus,* (*Versuch der*) *Sprachlenkung, Sprachkritik.* Wustmann selbst nennt sein Werk im Untertitel ein „Hilfsbuch für alle, die sich öffentlich der deutschen Sprache bedienen." Damit scheint die Funktion der Anleitung, die einen Sprachratgeber charakterisiert, der vorherrschende Zug. Im Vorwort zur dritten Auflage (Wustmann ^{3}1903, III) jedoch wird genau dieser Charakter des „Hilfsbuches" stark geschwächt. Viele, so meint Wustmann nun im Rückblick auf die Rezeption der 1. Auflage, hätten das Buch „als Nachschlagewerk benutzt, als eine Art von ‚Duden' für Grammatik und Stilistik", als „Sprachknecht, der auf jede grammatische oder stilistische Frage die gewünschte Antwort bereit hat". „Das ist ein Irrtum", schreibt der Verfasser jetzt und betont stattdessen, es sei „ein Buch für denkende Leser, das im Zusammenhange studiert und gehörig verarbeitet sein will. Wer Nutzen davon haben will, muss sich den Geist des Buches zu eigen machen" – ein Rat, der für die Vorform des Buches, die einzelnen Aufsätze in der Zeitschrift „Die Grenzboten", kaum befolgt werden konnte. Welchen „Nutzen" er selbst im Sinne hat, wird an dieser Stelle nicht recht deutlich.

Ich verzichte auf die Möglichkeit, die bestehenden Unschärfen in der Abgrenzung der Sprachkritik im engeren Sinn durch eine Festsetzungsdefinition zu beseitigen und ziehe es vor, *Sprachkritik* im Sinne eines prototypischen Begriffs zu verwenden, an dessen Rändern sich auch metasprachliche

Äußerungen befinden, auf die die in diesem Unterkapitel beschriebenen Merkmale nur zum Teil zutreffen.

Eine weitere Variable, die die Reichweite des Begriffs *Sprachkritik* in anderer Weise beeinflusst, ist das Verständnis von *Kritik* als Grundwort des Kompositums. Die heute allgemeinsprachlich dominante Bedeutung verzeichnet das „Universalwörterbuch" ([4]2001) unter 1b als: „das Kritisieren [...], Beanstanden, Bemängeln". Die entsprechende Bedeutung für das Verb *kritisieren* paraphrasiert das Wörterbuch durch: „mit einer Person oder Sache nicht einverstanden sein, weil sie bestimmten Maßstäben nicht entspricht, u. dies in tadelnden Worten zum Ausdruck bringen" (966). Neben die in diesem Verständnis nur negativ wertende sprach*kritische* Tätigkeit kann man dann komplementär die Sprach*pflege* als ihr „konstruktiv gerichtetes Pendant" (Ortner/Sitta 2003, 9) stellen.

Nun gibt es aber – auch in der Gegenwartssprache – eine zweite, historisch ältere Bedeutung, die das Universalwörterbuch unter 1a als „prüfende Beurteilung und deren Äußerung in entsprechenden Worten" umschreibt und mit der Einschränkung „fachmännisch" versieht. Der Unterschied zwischen 1a und 1b besteht zum einen darin, dass die fachmännische Gebrauchsweise positive wie negative Bewertungen erlaubt, zum andern darin, dass die „prüfende Beurteilung" in der Regel zwar eine Bewertung einschließt, dass diese gegenüber der unterscheidenden, reflektierenden Analyse aber auch mehr oder weniger zurücktreten kann. Auch beim Gebrauch der wissenschaftssprachlichen Ausdrücke *Textkritik, kritischer Kommentar, kritische Ausgabe* oder *kritischer Apparat* tritt ja nicht nur der Aspekt des Tadelns, sondern schon der des Bewertens in den Hintergrund.

Im gegenwärtigen Sprachgebrauch kommen, potentiell konfliktträchtig, beide Bedeutungen vor. Linguisten neigen, wenn sie über die Möglichkeit einer linguistischen Beteiligung an der Sprachkritik nachdenken, zu der „fachmännischen" Bedeutung von *Kritik*, weil *Sprachkritik* in diesem Verständnis der wissenschaftlichen Analyse näher steht. Auf der anderen Seite liegt der öffentlichen Kritik an der Kritikscheu der Linguistik unzweifelhaft der enge Begriff zugrunde. Vermisst wird meistens die *negative* Bewertung. Das lässt sich indirekt auch daraus schließen, dass linguistische Versuche, in Abwehr negativer Sprachkritik die bewerteten Phänomene als funktional zu erweisen, kaum als sprachkritische Tätigkeit begriffen werden, obwohl Funktionalität natürlich auch ein Wertbegriff ist. Die Möglichkeiten, dieser öffentlichen, vor allem in den Medien geäußerten Kritik durch Ausweichen auf einen weiteren Begriff von *Kritik* zu entgehen, sind m.E. begrenzt. Ich folge deshalb in den weiteren Kapiteln dem engeren Begriff, der die Streitpunkte klarer hervortreten lässt.

1.2 Spielarten der Sprachkritik

Obwohl die Sprachkritik im engeren Sinne nur einen kleinen Teil der sprachkritischen Aktivitäten im weiten Sinne umfasst, enthält auch sie noch Verschiedenartiges, so dass ein Bedarf an interner Differenzierung besteht. Wie immer bei komplexen Gegenständen gibt es dafür verschiedene Möglichkeiten; z.B.:

- orientiert an den handelnden Akteuren und den Foren ihrer Kritik: *publizistische* vs. *philosophische* vs. *linguistische Sprachkritik*;
- orientiert an den Erscheinungsformen von *Sprache*, die von der Kritik betroffen sind: *Sprachverwendungskritik* vs. *Sprachsystemkritik*;
- orientiert an den Sprachebenen und den entsprechenden linguistischen Teildisziplinen, denen das Interesse gehört: *grammatische* vs. *semantische* vs. *pragmatische Kritik*;
- orientiert an den Varietäten, Registern, Stilen, die zum Gegenstand der Kritik gemacht werden: *Kritik an der Jugendsprache* vs. *Kritik an der Verwaltungssprache* vs. *Kritik an der Mediensprache*;
- orientiert an einzelnen sprachlichen Phänomenen: *Fremdwortkritik* vs. *Kritik an politisch inkorrekter Sprache* vs. *Kritik an Leerformeln*.

1.2.1 Differenzierung nach den Erscheinungsformen von Sprache (v. Polenz)

Die häufigste Methode in der Linguistik, verschiedene Arten von Sprachkritik zu unterscheiden, ist orientiert an den Erscheinungsformen von Sprache im Sinne de Saussures ([1916] 1967), woraus sich grundlegend eine Dreiteilung in Kritik der *langage*, Kritik der *langue* und Kritik der *parole* ergibt. Peter v. Polenz ([1973] 1982) hat diesen Ansatz stärker ausdifferenziert und kommt zu einer Unterscheidung von sechs bzw. sieben Erscheinungsformen der Sprache und entsprechend auch der Sprachkritik: (1) Sprachverwendungskritik, (2) Sprachverkehrskritik, (3) Sprachkompetenzkritik, (4) Sprachsystemkritik, (5) Sprachbrauchskritik, (6) Universalkritik an der menschlichen Sprachfähigkeit, (7) Sprachnormenkritik. Sie werden anschließend kurz charakterisiert. Eine modifizierte Version dieser Einteilung enthält neuerdings auch die Einführung von Kilian/Niehr/Schiewe (2010, 8-11).

(1) *Sprachverwendungskritik*

Sprachverwendungskritik besteht in der Kritik am konkreten Gebrauch, den individuelle Sprecher und Schreiber von der Sprache in einzelnen mündlichen oder schriftlichen Äußerungen und Texten machen, was gelegentlich, abgegrenzt von *Sprachkritik*, auch *Stil-*, *Rede-*, *Text-* oder *Sprecherkritik* genannt wird.

Prominentes Beispiel für diese Spielart der öffentlichen Sprachkritik ist Karl Kraus, der Sprachverwendungskritik in der polemischen Auseinandersetzung mit namentlich genannten Personen nutzt. Überhaupt kommt Sprachverwendungskritik häufig in polemischen Kontexten vor, z.B. in der Kritik an manipulativem, verschleierndem oder diskriminierendem Sprachgebrauch von Politikern in der täglichen politischen Berichterstattung. Oft steht sie in enger Beziehung zur *Sprachverkehrs-* und *Sprachbrauchskritik*, „da die systematisch untersuchten Sprachverwendungen exemplarisch und womöglich statistisch für den Sprachgebrauch einer Gruppe bzw. eines bestimmten Sprachsituationstyps stehen" (v. Polenz [1973] 1982, 72) und somit der individuelle Sprachgebrauch nur das Untersuchungsmaterial darstellt und als exemplarischer Fall für eine kritikwürdige überindividuelle Erscheinung herangezogen wird, der das eigentliche Interesse gilt.

(2) *Sprachverkehrskritik*

Sprachverkehrskritik ist ebenfalls Kritik an realisierten, d.h. konkret vorliegenden Äußerungen und Texten, die allerdings sprachliche Merkmale aufweisen, die über den einzelnen Sprechakt hinaus bei Gruppen von Sprechern bzw. in Typen von Situationen vorkommen und vom bisherigen Sprachbrauch abweichen. Die Beschränkung auf „Kritik an den mit dem Sprachbrauch nicht übereinstimmenden Teilen des Sprachverkehrs" begründet v. Polenz (ebd., 72) damit, dass das Übliche und Normale im Sprachverkehr „Realisierung des Sprachbrauchs ist, also Gegenstand der Sprachbrauchskritik" (ebd.).

Faktisch handelt es sich oft um neue, noch ungewohnte Erscheinungen des Sprachwandels, die im Sprachverkehr vermehrt begegnen, also nicht als Fehler oder Marotte eines Individuums gedeutet werden können, nach Meinung des Kritikers aber nicht als Sprachbrauch anerkannt werden sollten. Die Abwehr des Neuen im Sprachverkehr ist in den vergangenen 150 Jahren sicherlich eines der Hauptanliegen der Sprachkritik in Deutschland gewesen, die sich dem Schutz der Sprache vor Neuerungen ihrer Sprecher verpflichtet fühlte.

(3) *Sprachkompetenzkritik*

Sprachkompetenzkritik als Kritik an der mangelnden oder eingeschränkten Sprach*fähigkeit* individueller Personen ist ein wichtiges Verfahren in den Prozessen des ungesteuerten und des gesteuerten Spracherwerbs und daher Bestandteil der Sprachkritik im weiteren Sinne. In der Sprachkritik im engeren Sinne hat sie geringe Bedeutung und wird hier nur der Vollständigkeit halber mit aufgeführt. Nicht selten freilich erweitert sich Sprachverwendungskritik zur Sprachkompetenzkritik, wenn der Nachweis von Fehlern in der Sprachverwendung als Beleg dafür herangezogen wird, dass das fragliche Individuum oder die Gruppe, z.B. die Jugendlichen, „kein Deutsch mehr können".

(4) *Sprachsystemkritik*

Sprachsystemkritik besteht in Kritik am grammatischen und lexikalischen System einer Einzelsprache im Sinne der *langue* bei de Saussure, wobei die Vergleichsfolie ein früherer Zustand der gleichen Sprache (Sprachwandelkritik), eine andere Sprache oder eine allgemeine Vorstellung von den idealen Eigenschaften menschlicher Sprachen sein kann.

Von Linguisten wird oft bestritten, dass das System einer Sprache überhaupt sinnvoll Gegenstand der Sprachkritik sein könne, und zwar gilt besonders der wertende Vergleich von Sprachen insgesamt, der fester Bestandteil alltagsweltlicher bzw. volkslinguistischer Reflexion ist, als zweifelhaftes Unterfangen. Doch erschöpft sich Sprachsystemkritik darin nicht. Sie kann auch kleinere oder größere Teilbereiche eines Systems ins Blickfeld nehmen und vergleichend fragen, ob ein bestimmtes Ausdrucksbedürfnis in zwei Sprachen auf gleich gute Weise gelöst ist. Gauger (in: Podiumsdiskussion 2002, 129) nennt als Beispiel für eine vergleichsweise ungünstige Lösung eines Ausdrucksbedürfnisses im Deutschen die Frontstellung der Einerzahl vor der Zehnerzahl bei den Zahlwörtern (*drei-zehn*), weil beim Aufschreiben gehörter Zahlen oder beim Telefonieren die gesprochene Reihenfolge mit der zu schreibenden oder einzutippenden Zahl kollidiert.

In der Einteilung von v. Polenz ist auch die sprachkritische Thematisierung der universalen Möglichkeiten und Grenzen menschlicher Sprache in der philosophischen Sprachkritik unter den Begriff der Sprachsystemkritik subsumiert. Ich behandle die Kritik an der *langage* separat unter Punkt 6.

(5) *Sprachbrauchskritik*

Sprachbrauchskritik als Kritik an dem, was in einer Sprache konventionell in einem bestimmten historischen Zeitraum üblich ist, ist für v. Polenz neben der Sprachverwendungskritik das fruchtbarste Feld kritischer Sprachbetrachtung. Was die sprachlichen Elemente des Sprachbrauchs von den in der Sprachverwendungs- und der Sprachverkehrskritik reflektierten sprachlichen Erscheinungen unterscheidet, ist, dass die ersten nicht nur mehr oder weniger häufig in der Kommunikationspraxis faktisch vorkommen, sondern von den muttersprachlichen Sprechern zugleich als richtig und normal eingeschätzt werden. Der Sprachkritiker überprüft nun seinerseits das, was sich in der jeweiligen Sprachgemeinschaft kollektiv herausgebildet hat und zu den akzeptierten kulturellen Selbstverständlichkeiten gehört, vor der Folie der größeren und andersartigen Möglichkeiten, die das Sprachsystem potentiell enthält. Dabei geht es weniger um den Nachweis nicht genutzter Möglichkeiten – unendlich viele Möglichkeiten werden nicht genutzt, weil kein kommunikativer Bedarf zu ihrer Ausbildung im Sprachbrauch besteht! – als um Alternativen für die gesellschaftlich ausgebildeten Sprachmittel, deren Wert vom Sprachkritiker als „kollektive Verfestigung bestimmter Ausdrucksmöglichkeiten auf Kosten der verdrängten, nicht gesuchten oder nicht beherrschten Alternativen" (v. Polenz [1973] 1982, 83) relativiert wird. Die Sprachbrauchskritik schärft so das Gefühl für die Spielräume des Anderssagens im Rahmen des im Sprachsystem angelegten Potentials (so auch Schiewe in: Podiumsdiskussion 2002, 132f.).

(6) *Universalkritik an der menschlichen Sprachfähigkeit*

Kritik an *Sprache* im Sinne von *langage* umfasst alle metasprachlichen Äußerungen, in denen die menschliche Sprachfähigkeit als anthropologische Gegebenheit thematisiert und die universellen Eigenschaften menschlicher Sprachen bewertet werden. Letzteres geschieht vor allem in der erkenntniskritischen Reflexion der „philosophischen Sprachkritik", in der die Imperfektibilität menschlicher Sprachen für die kognitive Bewältigung der Welt zur Debatte steht. Eine ganz andere Begrenzung beklagt Schiller (1952, 113) in seinem bekannten Diktum aus den „Votivtafeln": „Warum kann der lebendige Geist dem Geist nicht erscheinen? / Spricht die Seele, so spricht, ach! schon die Seele nicht mehr." Auch in der Theologie ist die menschliche Sprache als allgemeines Phänomen, hier besonders hinsichtlich ihres Ursprungs, immer wieder Thema gewesen. Nicht selten erscheint die dem Menschen „gegebene" Sprache als Segen und Fluch zugleich, wie stellvertretend ein Zitat von Sternberger bezeugen kann: „Sprache ist die Gabe allein des Menschen, das verwirrende und befreiende, verräterische und erhellende, ausgreifende und fesselnde, lösende und bindende, selige und gefährliche Medium und Siegel des Wissens" (Sternberger u.a. 1970, 7).

Solche Reflexionen über das Phänomen menschlicher Sprache allgemein sind ein Randphänomen der *Kritik* und in vielen Fällen besser als *Klage* zu bezeichnen, oder sie dienen weniger der Kritik im engeren Sinne als der Bewusstmachung der Möglichkeiten und Grenzen der Sprache im Zusammenleben der Menschen.

(7) *Sprachnormenkritik*

Sprachnormenkritik fällt aus der Reihe der anderen hier aufgelisteten Spielarten der Sprachkritik insofern heraus, als unmittelbarer Gegenstand der kritischen Analyse nicht die sprachlichen Sachverhalte selbst sind, sondern metasprachliche Sätze, mit denen Individuen oder Gruppen versuchen, auf das Regelsystem, das sich in der praktischen Kommunikation der Trägergemeinschaft historisch herausgebildet hat, verändernd oder bewahrend Einfluss zu nehmen. Zu den Urhebern solcher Normierungen mit ganz unterschiedlichen Zielen gehören

- Grammatiker, Lexikographen und Verfasser von Sprachlehrbüchern, die, z. B. durch die Einschränkung von Variationsmöglichkeiten, Standardisierungsprozesse fördern wollen;
- Sprachkritiker, die durch Abwehr von Sprachwandelprozessen potentiellen Schaden von der Sprache abwenden wollen;
- politisch-ideologische Gruppierungen, die durch „Besetzen von Begriffen" oder durch das Bestehen auf „political correctness" ihre eigene Sicht auf die Wirklichkeit im öffentlichen Bewusstsein durchsetzen wollen;
- staatliche Instanzen, die in vielfältiger Weise auf Gestalt und Status des gesellschaftlichen Kommunikationssystems Einfluss nehmen.

Sprachnormenkritik hat die Aufgabe, solche versuchten Eingriffe in die Sprache ihrerseits der kritischen Überprüfung zu unterwerfen, ohne vorauszusetzen, dass Normierungen grundsätzlich kritisierbar seien. So dürfte Konsens darüber herstellbar sein, dass bei aller denkbaren Kritik an einer bestimmten Rechtschreibregelung die Rechtschreibung im Prinzip einer Normierung durch dafür legitimierte Instanzen bedarf. Ebenfalls wird die fachsprachliche Normung, z.B. durch den DIN-Ausschuss, mit ihrer sektoralen Verbindlichkeit allgemein als sinnvoll erachtet. Selbst gewisse Normierungen in der allgemeinen Standardsprache können unterstützungswürdig sein. Schmich (1987, 192) nennt als Beispiel die Unterscheidung von *Fruchtsaftgetränk, Nektar* und *Saft*, die sich nicht als *Regel* in der kommunikativen Praxis entwickelt hat, sondern als *Norm* gesetzlich verfügt wurde. Demgegenüber sind es vor allem Normierungen zu Gunsten von Partikularinteressen, die der Kritik verfallen, weil sie die Freiheit des Sprecherkollektivs in der Wahl der sprachlichen Mittel einschränken.

1.2.2 Andere gebräuchliche Unterscheidungen

Es gibt einige Begriffe, die in der neueren Diskussion zusätzlich als Bezeichnungen für *Spielarten, Hauptrichtungen* oder *Traditionslinien* der Sprachkritik verwendet werden und sich nicht ohne weiteres in die referierte Einteilung nach den Erscheinungsformen der Sprache einfügen. Sie sollen kurz erläutert werden. Da sie auf unterschiedlichen Ebenen liegen und keine systematische Ordnung bilden, wähle ich für die Darstellung die unverbindliche alphabetische Reihenfolge. Einige der hier genannten „Richtungen" erscheinen auch in der Typologie von Gauger (1995, 41-54), die fünf Elemente enthält, nämlich die „philosophische", „moralische", „literarische", „philologisch orientierte" und die „theologisch religiös orientierte" Sprachkritik.

(1) *Feministische Sprachkritik*

Feministische Sprachkritik thematisiert sprachliche Sachverhalte mit der Intention, die Rolle der Sprache in der gesellschaftlichen Benachteiligung der Frau aufzudecken und möglichst zu beseitigen. Da die *feministische Linguistik* insgesamt diesem gesellschaftspolitischen Engagement verpflichtet ist, kann dieser Begriff auch synonym mit dem der *feministischen Sprachkritik* verwendet werden. Die Phänomene, die zum Gegenstand der Kritik gemacht werden, werden ausgewählt über das Kriterium, ob die sprachlichen Sachverhalte im Sinne der feministischen Zielsetzungen relevant sind. Zwei große Arbeitsfelder lassen sich im Rückblick auf die letzten 30-40 Jahre unterscheiden: die kritische Analyse des unterschiedlichen männlichen und weiblichen kommunikativen Verhaltens und die kritische Analyse der grammatischen und lexikalischen Mittel hinsichtlich ihrer möglichen sexistischen Implikationen, insbesondere im Bereich der Personenbezeichnungen. Die Kritik im zweiten Arbeitsfeld kann sowohl die Wahl der sprachlichen Mittel betreffen, die in konkreten Äußerungen von den Sprechern oder Sprecherinnen im Rahmen des gesellschaftlich Üblichen getroffen werden (*Sprachverwendungskritik*), als auch die grammatischen und lexikalischen Konventionen selbst (*Sprachbrauchs-* bzw. *Sprachsystemkritik*).

Da feministische Sprachkritik die sexistischen Gehalte einer Sprache als historisches Produkt früherer und gegenwärtiger Machtverhältnisse bzw. der von ihnen beeinflussten Denk- und Verhaltensformen begreift und über die Kritik an der Sprache das Denken und Verhalten der Sprecher und Sprecherinnen beeinflussen will, besteht in Zielsetzung und Methode eine mehr oder weniger große Nähe zur ideologiekritischen Sprachkritik.

(2) *Ideologie-* bzw. *bewusstseinskritische Sprachkritik*

Mit der Einteilung nach den Erscheinungsformen von Sprache (vgl. Kapitel I, 1.2.1) lassen sich die sprachlichen Sachverhalte typologisieren, die in der Sprachkritik Gegenstand der Reflexion werden, nicht ohne weiteres aber auch die Gegenstände, die kritisch bewertet werden. Diese Unterscheidung ist bedeutsam, weil in der Sprachkritik zwar fast immer sprachliche Sachverhalte *thematisiert* werden; *kritisiert* aber wird oft etwas, was in der Sprache sich nur ausdrückt und vom Sprachkritiker ans Licht gebracht wird: bestimmte, in den sprachlichen Ausdrücken sich offenbarende begriffliche Verarbeitungen der Wirklichkeit im Bewusstsein oder Haltungen und Einstellungen der Sprecher gegenüber den Sachverhalten, über die geredet wird. Die Tätigkeit des Kritikers ist dann nicht im wörtlichen Sinne Sprach*kritik*, sondern Sprach*analyse* im Dienst der *Ideologie-*, *Bewusstseins-*, *Gesellschafts-* oder *Kulturkritik*.

Da es seit langem üblich ist, auch dann von *Sprachkritik* zu reden, wenn das Unbehagen eigentlich die bezeichneten Sachen oder die in den sprachlichen Ausdrücken sich offenbarenden Deutungen und Einschätzungen dieser Sachen betrifft, sollte man trotz der entstehenden Unstimmigkeit niemandem das Wort verbieten wollen. Die Vermischung der Aspekte, die unentschiedene Frage, ob *de re* oder *de dictu* gesprochen wird, erschwert jedoch oft das Verständnis der sprachkritischen Äußerungen, und der Leser tut gut daran, sich des Problems bewusst zu sein. (Es wird in Kapitel II, 6 wieder aufgenommen.)

Kämper (2010) begreift in diesem Sinne z.B. Adornos „Jargon der Eigentlichkeit“ (Adorno 1964) als „Gesellschaftskritik mit den Mitteln der Sprachkritik“, als „sprachkritisch *formulierte[n]* und nicht nur gesellschafts-, sondern in Teilen auch ideologiekritisch *gemeinte[n]* Essay“ (203). Das Konzept dieser Art von Sprachkritik beruht auf der Voraussetzung, dass „die Unmenschlichkeit der Gesellschaft [...] sich auf der ‚Unmenschlichkeit‘ der Sprache ab[bildet]“ (ebd., 202f.), vergleichbar anderen berühmten Zeugnissen der Sprachkritik nach dem 2. Weltkrieg: dem „Wörterbuch des Unmenschen“ (Sternberger u.a. 1970), der „Sprache in der verwalteten Welt“ (Korn 1959) und der „LTI“ (Klemperer [17]1998). Sprachkritik in ideologiekritischer Absicht kann man auch an der Veröffentlichung von Christian Bergmann über „Die Sprache der Stasi“ (Bergmann 1999) studieren. Der Verfasser nutzt den engen Zusammenhang zwischen Sprache, Denken und Wirklichkeit, um „das in der Sprache sichtbar werdende Denken zu ermitteln, das Menschen- und Weltbild zu erschließen, das den Formulierungen zugrunde liegt“. Und was er anschließend kritisiert, ist nicht die Sprache, sondern das, was die Analyse der (individuellen) Sprachverwendung oder des (kollektiven) Sprachbrauchs aufgedeckt hat. Rückschlüsse aus dem Sprach*brauch* geschehen in der ideologiekritischen Sprachkritik vor dem Hintergrund der Annahme, dass spezifische Sichtweisen auf die Wirklichkeit nicht erst in konkreten Äußerungen Ausdruck finden, sondern schon in bestimmten Wortbildungen (*ausländerfrei, Untermensch, Menschenmaterial*) oder grammatischen Konstruktionen („inhumaner Akkusativ") stecken können.

Ideologiekritische Sprachkritik spielte seit dem 2. Weltkrieg, wie schon deutlich geworden sein dürfte, vor allem in der Auseinandersetzung mit der politischen Sprache im Faschismus bzw. in der DDR eine große Rolle, zusätzlich auch im innenpolitischen Parteienstreit der 70er Jahre, in der Diskussion über sprachliche „political correctness" in den 80er Jahren und in der Behandlung der immer wieder einmal aufflammenden Frage nach „lügenden Wörtern".

Die Kritik zielt allerdings nicht immer auf das (ideologische) Bewusstsein der parteilichen Sprecher, also nicht auf die Wirklichkeitsauffassung, die die Kontrahenten ideologieabhängig wirklich haben, sondern stattdessen auf die Art und Weise, wie sie die Wirklichkeit sprachlich erscheinen lassen wollen. Das ist immer dann der Fall, wenn der Ideologe die Gestalt des sprachlichen Verführers und Manipulators annimmt, der die Wirklichkeit (bewusst) zur Verwirklichung seiner ideologischen Ziele verzerrt oder verschleiert. Schließlich wird die gleiche Methode auch genutzt, um an den unterschiedlichen, in der Sprache sich abbildenden Konzeptualisierungen die *grundsätzliche* Perspektivität jeglicher Wirklichkeitserfahrung deutlich zu machen. Da der Ausdruck *ideologisch* für viele engere Bedeutungen hat, ist es ratsam, für den weiteren Horizont stattdessen den Begriff der *Bewusstseinskritik* zu verwenden.

(3) *Literarische Sprachkritik*

Der Ausdruck *literarische Sprachkritik* wird nicht ganz einheitlich verwendet. Das spezifizierende Adjektiv *literarisch* kann sich zum einen auf die sprachkritisch Handelnden beziehen, die Dichter und Schriftsteller, die als Sprachkünstler das Medium ihrer Kunst selbst thematisieren und unter diesem oder jenem Gesichtspunkt bewerten. Beispiele für eine solche Sprachkritik sind der Lord Chandos-Brief Hugo von Hofmannsthals bzw. – verallgemeinert – die Zeugnisse der sogenannten „modernen Sprachkrise" um 1900 in der Generation der zwischen 1860 und 1875 geborenen Literaten (v. Polenz 1983). Doch gibt es kritische Reflexionen über die Sprache, die thematisch unbegrenzt alle Aspekte von Sprache betreffen können, bei Schriftstellern zu allen Zeiten. Man denke für Deutschland nur an die Zeiten von Aufklärung, Klassik und Romantik zwischen 1750 und 1820 oder weit früher an die Dichter der mittelhochdeutschen Literaturepoche.

Ein etwas anderer Begriff ist bei Wimmer (1983) impliziert, wenn er schreibt: „Seit es Literaturkritik gibt, gibt es eine literarisch orientierte Sprachkritik, die oft auch als Stilkritik auftrat" (3). In dieser Verwendung verweist das Adjektiv *literarisch* weniger auf den Literaten als Kritiker als auf den Gegenstand der Kritik: die Literatur. Literarische Sprachkritik in diesem Sinne, die entweder die sprachliche Realisierung eines besonderen Textes oder die sprachlichen Eigentümlichkeiten eines bestimmten Autors, einer Schule, einer Epoche oder auch die Eigenschaften poetischer Sprache allgemein zum Gegenstand hat, ist nicht eine Tätigkeit der Schriftsteller selbst, sondern die der Literaturkritiker und der Literaturwissenschaftler. Allerdings sind die beiden Ausprägungen *literarischer Sprachkritik* nicht streng getrennt. Manche Schriftsteller sind, wie das Beispiel Lessing zeigt, als Dichter wie als Kritiker tätig; außerdem werden auch die metasprachlichen Reflexionen der Dichter selbst wiederum zum Gegenstand der Literaturkritik und der Literaturwissenschaft.

(4) *Philosophische Sprachkritik*

Verlässt man sich auf die Wörtlichkeit der Bezeichnung, so handelt es sich bei der *philosophischen Sprachkritik* um eine kritische Reflexion der Sprache unter philosophischen Gesichtspunkten, die man auf dem philosophisch-wissenschaftlichen Forum zu finden erwartet. Faktisch wird der Begriff aber oft stillschweigend oder ausdrücklich auf die Behandlung einer ganz bestimmten philosophischen Fragestellung eingeschränkt, die von Platon über den mittelalterlichen Universalienstreit bis zu Nietzsche, Mauthner und zur sprachanalytischen Philosophie des 20. Jahrhunderts reicht: auf die erkenntnistheoretisch bzw. erkenntniskritisch interessierte Frage nach den Bedingungen der Welterkenntnis und der Rolle der Sprache als (kognitivem) Medium und (kommunikativem) Vermittlungsorgan in dieser Aufgabe.

Sprache ist in diesem Problemzusammenhang vornehmlich im Sinne von menschlicher Sprache allgemein (*langage*) zu verstehen, und die philosophische Sprachkritik kommt, „in der Regel universal über die Einzelsprachen hinwegschauend, [...] zumeist zu resignierenden Urteilen" (Kilian 2001, 297), ohne dass die Funktionalität der Sprache in ihren sonstigen lebenspraktischen Zusammenhängen notwendig in Zweifel gezogen werden müsste. Man kann nicht einmal die pessimistische Einschätzung der Möglichkeiten der Sprache für die philosophische Welterkenntnis, die das 20. Jahrhundert charakterisiert, auf die gesamte Philosophiegeschichte übertragen. Als Beispiele für gar nicht resignative Einstellungen nennt Kilian (ebd., 199) Herder und Humboldt, „denen Sprache in ihrer ‚thesei'-Gestalt gerade nicht Schranke, sondern Tor jeglicher Erkenntnis ist" (ebd., 299). Es lässt sich sogar darüber streiten, ob die frühe Bearbeitung des Problems in Platons Dialog „Kratylos" ein so resignatives Ergebnis hat, wie es manchem scheinen mag. Wenn Sokrates am Ende des Dialogs befindet, dass man, um die Wahrheit über die Dinge erkennen zu können, die Dinge selbst studieren müsse und diese Mühe nicht durch die Analyse der Bezeichnungen, durch Sprachanalyse also, ersetzen könne, dann ist diese Auffassung für den fragenden Kratylos, gemessen an seinen Erwartungen und Hoffnungen, enttäuschend. Löst man sich aber von der subjektiven Sicht des Kratylos, könnte man auch sagen, dass das Ergebnis die notwendige Korrektur eines fehlgeleiteten Sprachverständnisses darstellt, das bei Kratylos eine illusionäre Erwartung in die Möglichkeiten, die die Sprache bietet, geschaffen hat. (Das moderne Problem, dass man im Denken von seiner Sprache auch dann nicht loskommt, wenn man sich nach dem Rat des Sokrates den Dingen zuwendet, wird in Platons Dialog noch gar nicht behandelt.)

Das philosophische Interesse an Sprache ist aber keineswegs auf das erkenntnistheoretische Problem der „durch die Sprache fälschlich nahegelegten Denkweisen" (Burkhardt 2011, 99) beschränkt, sondern betrifft die Bedeutung der Sprache für den Menschen und das soziale Zusammenleben insgesamt. Es spricht nichts dagegen, die gesamte philosophische Thematisierung sprachlicher Aspekte, soweit sie eine sprachkritische Wende nimmt, unter den Begriff der *philosophischen Sprachkritik* zu subsumieren.

(5) *Publizistische Sprachkritik*

Der Begriff der *publizistischen Sprachkritik* stammt aus den 60er Jahren des vorigen Jahrhunderts und stand damals als Bezeichnung für die eine Partei im „Streit um die Sprachkritik", zu der u.a. Karl Korn und Dolf Sternberger gehörten, in Opposition zum Begriff der *linguistischen Sprachbeschreibung*. Da die damalige öffentliche Sprachkritik in Deutschland eine ausgeprägte kultur- und gesellschaftskritische Dimension hatte, in der auch moralische Beurteilungen eine Rolle spielten, wurde die *publizistische* nicht selten auch *moralische* oder *kulturkritische* Sprachkritik genannt.

Der Ausdruck hatte im historischen Kontext dieses Streits einen halbwegs präzisen Sinn; losgelöst von ihm ist er zur Bezeichnung einer besonderen Spielart der Sprachkritik eher irreführend, da fast die gesamte Sprachkritik im engeren Sinne Teil der öffentlichen, medienvermittelten Kommunikation ist und insofern das Adjektiv *publizistisch* in dieser Fügung explikative und nicht differenzierende Funktion hat.

(6) *Sprachnormenkritik* bzw. *Sprachnormierungskritik*

Auch für *Sprachnormenkritik* existieren unterschiedliche Bedeutungen je nach dem Normbegriff, der dem Bestimmungswort zugeordnet wird. Der eine Normbegriff, der in diesem Zusammenhang eine Rolle spielt, liegt z.B. in der „kritischen Semantik" von Kilian (2001, 305) vor, wo *Norm* im Sinne Coserius (1970) den Bereich dessen umfasst, was in einer Sprachgemeinschaft zu einem bestimmten Zeitpunkt aus den größeren Möglichkeiten des Sprachsystems als konventionell verbindlicher Bestand sprachlicher Ausdrucksmittel realisiert worden ist und was Coseriu, die Dreiteilung de Saussures in *langage, langue* und *parole* modifizierend, zwischen *langue* und *parole* einschiebt. Der resultierende Begriff von *Sprachnormenkritik* kommt dem nahe, was v. Polenz *Sprachbrauchskritik* nennt. In ähnlicher Weise begründet Schiewe (1998, 17f.) sein Konzept von Sprachkritik als Kritik der Realisierungen der *sozialen Norm* vor dem Hintergrund der (nicht genutzten) Möglichkeiten des Systems.

Bei einem anderen Normverständnis, das verschiedentlich von Wimmer (zuerst 1982, 1983) dargestellt worden ist, sind Gegenstand der Sprachkritik die Versuche bestimmter Instanzen, den Bestand des konventionell Üblichen, die soziale Norm Coserius, intentional zu verändern. Das können staatliche oder nicht-staatliche Institutionen, Interessengruppen oder Parteien und schließlich auch Sprachvereine oder Sprachkritiker sein. Die „*Normen* des Sprachgebrauchs", die in Wimmers Konzept „der zentrale Gegenstand der Sprachkritik" sind (Wimmer 2003a, 426-430), entsprechen dem Gegenstand der oben skizzierten *Sprachnormenkritik* in der Unterscheidung von v. Polenz.

1.3 Ziele der Sprachkritik

Sprachkritik besteht prototypisch aus negativ wertenden Äußerungen über sprachliche Sachverhalte. Zu den Zielen des Sprachkritikers gelangt man über die Frage, welche Absichten er mit dieser seiner Benennung kritikwürdiger Sachverhalte beim Adressaten verfolgt. Benachbart, aber nicht identisch ist die Frage nach den „Motiven" des Sprachkritikers, die Frage nach dem, was ihn zu seiner kritischen Beschäftigung mit der Sprache bewegt. Hermanns (2011) unterscheidet in diesem Sinne (nicht unbedingt Vollständigkeit beanspruchend) „Sprachkritik im Geiste des Nationalismus und der Angst vor Überfremdung" (Beispiel: Allgemeiner deutscher Sprachverein zwischen 1885 und 1945); Sprachkritik im Geiste der Aufklärung, d.h. im Bestreben, Einsicht zu verbreiten, der Wahrheit Erfolg zu verschaffen

(Beispiele: Campe um 1800, Unwortaktion gegenwärtig); Bildungsdünkel, Ausleben von Überlegenheitsgefühlen (Beispiele: Wustmann 1891, Sick gegenwärtig).

Hinsichtlich seiner „Ziele" ist die häufigste Antwort, der Sprachkritiker mache die kritikwürdigen Sachverhalte durch Benennung beim Adressaten bewusst, was an Trivialität verliert, wenn man sich klarmacht, dass Sprechen und Verstehen bezüglich der sprachlichen Mittel, mit denen wir kommunizieren, unter normalen Umständen routiniert, ohne viel Nachdenken und also unreflektiert ablaufen. Der Sprachkritiker verändert diese Einstellung und kann das Ziel der Bewusstmachung auch kaum verfehlen; denn die bloße Thematisierung hebt den Sachverhalt beim Rezipienten auf die Ebene des reflektorischen Wissens. Man kann sich allerdings fragen, ob überhaupt und in welchen Hinsichten denn Reflektiertheit im Umgang mit Sprache ein Wert ist, da sie, zumindest in mündlicher Kommunikation, offenbar weder für das (aktive) Sprechen noch für das Hören und Verstehen notwendig zu sein scheint. Sieht man sich entsprechende Zielbestimmungen genauer an, erweist sich, dass Bewusstheit und Reflektiertheit bei der Mehrzahl der Autoren mittelbar zur Verwirklichung weiter gehender Ziele beitragen sollen. Die in den nächsten Abschnitten unterschiedenen Ziele geben Antworten auf die Frage, was der Sprachkritiker über das Bewusstmachen hinaus bewirken will. Dabei ist zu beachten, dass die unterschiedenen Ziele als Haupt- und Nebenziel auch kombiniert auftreten können oder selbst wiederum hintereinander gestaffelt wirksam werden, dergestalt dass eine Absicht A, die der Sprachkritiker mit seiner Kritik verbindet, als Mittel verwendet wird, um B zu erreichen. Eine solche hintereinander geschaltete Reihe ist z.B. in einer Zielbestimmung Schiewes erkennbar, der sich von der sprachkritischen Bewusstmachung erhofft, „über eine Veränderung des Sprachgebrauchs eine Veränderung des Denkens, der Wahrnehmung von Wirklichkeit und schließlich auch der Wirklichkeit selbst [zu] bewirken" (Schiewe 2003, 411). Andererseits können nicht alle Ziele sinnvoll mit allen sprachlichen Sachverhalten verbunden werden; denn je nachdem, was das Unbehagen des Sprachkritikers erregt, unterscheiden sich auch die Möglichkeiten, den Anlass des Unbehagens zu beseitigen.

Unter den angegebenen Zielen mag mancher das für die öffentliche Sprachkritik, zumal für die Sprachglossen, mehr als marginale Element der Unterhaltung vermissen. Ich habe davon Abstand genommen, es unter die Ziele in Nebenordnung aufzunehmen, weil „delectare" in vielen Fällen weniger ein selbstständiges Ziel ist, als dass es das „docere" und damit eines der anderen Ziele unterstützt. Wenn es tatsächlich dominant wird, wie z.B. in Sprachglossen, die den überraschenden Wendungen in der Geschichte von Wörtern nachgehen und vordringlich amüsiertes

Erstaunen oder Lust am Kuriosen hervorrufen, fehlt andererseits oft ein kritischer Impuls.

1.3.1 Beseitigung kritikwürdiger sprachlicher Sachverhalte durch Aufforderung zu verändertem Sprachgebrauch

In vielen Fällen ist Sprachkritik als Aufforderung zu begreifen, die kritisierten Ausdrucksweisen zu vermeiden, und zwar gleichgültig, ob der Kritiker eine Empfehlung oder einen Rat ausdrücklich formuliert oder ob er sich damit begnügt, bestimmte Ausdrücke negativ zu bewerten, und es dem Rezipienten überlässt, von sich aus Konsequenzen für sein sprachliches Verhalten zu ziehen. Ein solches Verständnis der sprachkritischen Intentionen, das besonders in der wortbezogenen Sprachkritik naheliegt, wird bestätigt, wenn der Sprachkritiker das Vermeiden der kritisierten Ausdrucksmittel selbst als Ziel seiner Tätigkeit angibt oder wenn er das Kritisierte als „Unwort des Jahres", als Bestandteil des „Wörterbuchs des Unmenschen" oder der „Nazi-Sprache", als „lügendes Wort" oder mit Hilfe anderer negativer Kennzeichnungen präsentiert. Betroffen sind sprachliche Ausdrucksweisen – individuelle in der Sprachverwendungskritik, kollektiv verfestigte in der Sprachbrauchskritik –, von denen der Kritiker annimmt, dass es für sie bessere Alternativen gibt, die über ein breites Spektrum funktionaler, ethischer oder ästhetischer Kriterien bestimmt werden können. In der sprachkritischen Reflexion des sprachlichen Wandels zielt die Aufforderung faktisch vorzugsweise auf die Vermeidung des Neuen zu Gunsten des bisher Üblichen.

Adressaten der Aufforderung sind die Sprecher und die Schreiber, denn nur sie können den Übelstand individuell oder kollektiv durch ein verändertes Sprachverhalten beseitigen. Der Sprache wird in der Sprachkritik zwar nicht selten eine Art Eigenleben zugesprochen, so wenn beispielsweise Sternberger (1960) sagt, dass die Sprache „uns als ‚selbständige Macht' gegenübertritt". Wenn er aber den großen Sprachkennern und Sprachkritikern das Recht zuspricht, „uns gleichsam zu Untertanen und Dienern der Sprache zu erklären, uns auf ihren Dienst zu verpflichten", nimmt der Impuls zur Veränderung auch bei ihm den Weg über die Sprachbenutzer. – Die Chancen, die erwünschte Wirkung zu erreichen, sind in den einzelnen Erscheinungsformen der Sprachkritik (vgl. Kapitel I, 1.2) freilich unterschiedlich groß.

1.3.2 Entschärfung der schädlichen Konsequenzen kritikwürdiger sprachlicher Sachverhalte durch Bewusstmachung

Manche Zielbestimmungen bestätigen solche Veränderungsabsichten nicht, sind vielmehr so formuliert, als sei der reflektierte Umgang mit der Sprache, den die Sprachkritik durch Bewusstmachung herstellt, tatsächlich ein eigenständiger Wert. Bei genauerem Hinsehen erkennt man jedoch, dass das Bewusstmachen zwar nicht die Sprachproduktion, sehr wohl aber die Rezeption sprachlicher Äußerungen beeinflussen soll. Sprachkritik mit dieser Zielsetzung schärft z.B. den Blick für problematische Aspekte in der Beziehung zwischen Sprache, Welt und Welterfahrung und entschärft auf diese Weise mögliche Konsequenzen kritikwürdiger sprachlicher Sachverhalte für die kognitive Erfassung der Wirklichkeit. Die Gefahren, gegen die solche Sprachkritik wappnen will, ergeben sich aus der Grundthese, dass mit Sprache nicht eine vorgegebene, in sich gegliederte Wirklichkeit bezeichnet wird, sondern dass die Wirklichkeit, so wie wir sie wahrnehmen, immer auch Produkt der Sprache ist, mit der sie uns vermittelt wird.

Primäre Adressaten dieser Sprachkritik sind nicht die „Verursacher" der kritisierten sprachlichen Sachverhalte (die nach 1.3.1 eventuell dazu bewegt werden könnten, bestimmte Wörter oder Konstruktionen nicht mehr zu verwenden), sondern die Hörer und Leser, die den sprachlich beeinflussten Wirklichkeitsdeutungen ausgesetzt sind und durch sie in ihrer Erfahrung der Wirklichkeit manipuliert werden können. Diese Gefahr bewegt vor allem die „aufklärerische Sprachkritik", die ideologiekritisch gegen politisch-ideologische Beeinflussungen immunisieren will; jedoch kann sich das Bewusstmachen auch auf andere sprachgebundene Bewusstseinsformen beziehen:

- Bewusstmachen nicht offen zutage liegender Implikationen konkreter Äußerungen in der Sprachverwendungskritik;
- Bewusstmachen sprachlich gebundener, miteinander konkurrierender Interpretationen der gesellschaftlichen Wirklichkeit durch Meinungsgruppen (Parteien, Strömungen) innerhalb einer Gesellschaft und einer Sprache, sei es, dass bestimmte Deutungsmuster Ausdruck ideologisch beeinflusster Wirklichkeitserfahrung sind, sei es, dass jene von den Gruppen strategisch eingesetzt werden. Ideologiegebundenheit verursacht im Wortschatz sowohl *Bedeutungskonkurrenz* (eine sprachliche Form wird mit unterschiedlichen Bedeutungen gebraucht: *Sozialstaat, Demokratie*) als auch *Bezeichnungskonkurrenz* (ein Sachverhalt wird mit unterschiedlichen Ausdrücken bezeichnet: Was der eine *Schwangerschaftsunterbrechung* nennt, nennt der Gegner *Schwangerschaftsbeseitigung*);

- Bewusstmachen spezifischer Konzeptualisierungen der Welt durch das „muttersprachliche Weltbild“ einer Einzelsprache bzw. einer ihrer Varietäten; z.B. die Konzeptualisierung des Wals als *Walfisch* in der Alltagssprache im Unterschied zur Wissenschaftssprache der Zoologie;
- Bewusstmachen der sprachlichen Konstitution der Wirklichkeit als einer universalen Gegebenheit. Auf dieser allgemeinsten Ebene ist das Ziel der Sprachkritik nicht mehr Aufklärung darüber, „welche Sicht der Wirklichkeit von wem aus welchen Gründen konstituiert worden ist“ (Schiewe/Wengeler 2005, 7), sondern Bewusstmachung der grundsätzlichen Perspektivität sprachlich konstituierter Wirklichkeit, die auch der eigenen Weltansicht ihre Natürlichkeit nimmt.

1.3.3 Öffentliche Diskreditierung des Verursachers eines kritikwürdigen sprachlichen Sachverhalts

In der Sprachkritik werden nicht nur die zu kritisierenden sprachlichen Sachverhalte negativ bewertet, sondern indirekt auch die Personen, die sie in Umlauf gebracht haben oder die sich ihrer bedienen. Dies geschieht schon deshalb, weil „Negative Kritik [...] letztlich immer Kritik am Verursacher [ist]. Wer kritisiert, setzt eine Verantwortlichkeit von Seiten eines Handelnden und demzufolge auch eine grundsätzliche Vermeidbarkeit der Folgen der als Handlung interpretierten Aktivität voraus“ (Schmich 1987, 115). Nun gibt es allerdings auch den Fall, dass die öffentliche Kritik an einer Person nicht indirekte Begleiterscheinung der Kritik eines sprachlichen Sachverhalts ist, sondern der eigentliche Beweggrund des Kritikers, der die Thematisierung sprachlicher Fehlleistungen einer Person als Mittel benutzt, um diese in einer öffentlichen Auseinandersetzung in den Augen des Publikums zu diskreditieren.

Nach Lage der Dinge trifft eine solche Kritik am ehesten Fehlleistungen einzelner Sprecher oder Schreiber in der Sprachverwendungs- oder der Sprachkompetenzkritik, die ganz unterschiedlicher Art sein können: Verstöße gegen Sprachrichtigkeit oder stilistische Angemessenheit, syntaktische Komplexität, semantische Vagheit oder Mehrdeutigkeit, Gebrauch tabuisierter Ausdrücke, Gebrauch beleidigender Ausdrücke, Verletzungen der „political correctness“, fehlerhafte Argumentation, Verletzung von Gesprächsregeln etc. In der ideologie- bzw. bewusstseinskritischen Sprachanalyse kann das diskreditierende Faktum auch auf der Ebene des Denkens liegen. – Sprachkritik mit diskreditierender Zielsetzung ist aber nicht auf die individuelle Sprachverwendung beschränkt. Sie kann auch kollektive Gebrauchsweisen bzw. dahinterstehende Einstellungen der Kritik unterziehen und trifft dann Gruppen von Sprechern, die verallgemeinert als Verursacher identifiziert werden: die Ungebildeten wegen ihres mangelnden Stilgefühls und ihrer umgangssprachlichen Nachlässigkeiten, die Journalisten wegen ihrer Sprachschluderei, die Wissenschaftler wegen ihres Wissenschaftskauderwelschs, die Politiker wegen ihrer Leerformeln, die Bürokraten wegen ihrer Unverständlichkeit, die Parteistrategen wegen ihrer Verzerrung der politischen und gesellschaftlichen Wirklichkeit etc. Diskreditierende Funktion hatte in besonderer Weise auch die bildungsbürgerliche Sprachkritik in der zweiten Hälfte des 19. Jahrhunderts, deren Traditionen abgeschwächt bis heute reichen. Ich behandle sie im nächsten Abschnitt gesondert.

1.3.4 Soziale Abgrenzung als verdeckte Funktion

Es ist verschiedentlich beschrieben worden, dass der sozioökonomische Wandel um die Mitte des 19. Jahrhunderts im Bildungsbürgertum eine verstärkte Sorge um den Fortbestand seiner privilegierten Stellung hervorgerufen hat. Und da das Bildungswissen und in diesem Rahmen die sprachliche Kompetenz im Gebrauch der deutschen Standardsprache ein wesentliches Element in der Legitimationsbasis des Bildungsbürgertum darstellte, bekam die Sprachkritik in der zweiten Hälfte des 19. Jahrhunderts eine nicht explizit geäußerte, aber verdeckt wirksame Funktion, nämlich die, das Bildungsbürgertum durch normativ gestützte Einhaltung positiv bewerteter Weisen des Sprachgebrauchs von den anderen Fraktionen des Bürgertums (technische Intelligenz, Wirtschaftsbürgertum) und von den Unterschichten zu unterscheiden. Das ließe sich z. B. an der Sprachkritik Schopenhauers ([1851] 1989) belegen; aber auch in den „Sprachdummheiten" Wustmanns (1891) ist die Unterscheidung des „richtigen" und „guten" Sprachgebrauchs bei den Gebildeten im Gegensatz zur „Gossensprache", dem „Gassendeutsch", der „Sprache des niedrigen Volkes" (neben der Abgrenzung zum „Papierdeutschen" als der zweiten negativen Ausprägung des zeitgenössischen Deutsch) durchgehendes Element der Sprachkritik.

Diese sprachkritischen Traditionen, die vor allem der Selbstvergewisserung des Sprachglossenschreibers mit seiner bildungsbürgerlichen Leserschaft dienen, finden im 20. Jahrhundert ihre Fortsetzung und sind in den Sprachglossensammlungen der 60er und 70er Jahre noch deutlich erkennbar. Die Grenzen, die z.B. Nellessen (1979) zieht: „Die *sprachlich-geschichtliche Bildungswelt* unserer Vorfahren ist blasser geworden, die *naturwissenschaftlich-technische* hat sich nach vorne gedrängt."/„Auch der Genitiv, der ‚zweite Fall', ist *auf plebejische Weise* ein Opfer sprachlicher Verrohung geworden“ (Hervorhebungen vom Verf.) – verlaufen ganz ähnlich wie bei Schopenhauer 130 Jahr zuvor. Holly (2009) beschreibt solche „Sprachkritik im Dienste sozialer Stilisierung“ am gegenwärtigen Beispiel Johannes Groß: „Es geht bei solcher Sprachkritik darum, sich die Zugehörigkeit zu einer Distinktionsklasse im Sinne von Bourdieu (1982) zu sichern und um damit zugleich seinen Lesern, die sich mit ihm identifizieren, eine entsprechende elitäre Identität zu verheißen“ (305). Der Sprachkritiker zeigt mit dem Finger auf Leute, die wirkliche oder vermeintliche Fehler machen, zur Bestätigung und Unterhaltung derer, die sich davon frei fühlen.

1.3.5 Bekämpfung sprachnormierender Einschränkungen des Sprachgebrauchs

Sprachnormenkritik bewertet, wie an früherer Stelle schon gesagt, nicht Sprache, sondern Versuche, durch Normsetzungen oder durch Berufung auf solche das Sprachverhalten einer Sprachgemeinschaft oder einzelner Sprechergruppen zu beeinflussen, und hat deshalb als Kritik auf Meta-Metaebene eine Sonderstellung mit eigener Zielsetzung: Sprachnormenkritik stärkt das Recht der Sprachgemeinschaft, über ihre Sprache kollektiv selbst zu bestimmen, indem sie sich darum bemüht, „Normierungen nicht einseitig und zum Nachteil anderer wirksam werden zu lassen und sie einer kultivierten und menschenwürdigen Diskussion auszusetzen“ (Wimmer 1982, 296).

1.4 Kriterien der Bewertung

Wenn man etwas nicht nur beschreiben, sondern – positiv oder negativ – bewerten will, braucht man einen Wert, an dem gemessen sich der Gegenstand des Interesses als *wertgemäß* bzw. als *wertverletzend* erweist. Die Bedeutung des Ausdrucks *Wert* in dieser Gebrauchsweise kann man wie Zillig (1982, 243) annähernd durch die semantisch benachbarten Ausdrücke „*Norm, Maßstab, Ideal* und *geforderte/gewünschte Eigenschaft*“ bestimmen. Es gilt als eines der Hauptprobleme der Sprachkritik, Kriterien der Bewertung zu finden und Methoden ihrer Anwendung zu entwickeln, die mehr als subjektive Geltung beanspruchen können und in konkreten Fällen übereinstimmende Urteile ermöglichen. Auf dem Wege zur Objektivierung unterscheidet Heringer (2009b) im ersten Schritt „bewertende Aussagen“ von „Geschmacksurteilen“ (251). Diese sind „eine Art subjektives Ausdrucksverhalten“ („Mir gefällt dieser Stil“), während erst die „bewertenden Aussagen" („Dieser Stil ist angemessen") einen Maßstab enthalten, über den man sich intersubjektiv verständigen kann. Um der Werte habhaft zu werden, die für den Objektbereich Sprache relevant sind, schlägt Zillig (1982, 255) als „Wert-Findungsverfahren" die Frage nach den denkbaren Begründungen für die positive Bewertung eines sprachlichen Sachverhalts vor:

Wenn jemand von einem soeben gehörten Vortrag sagt, es sei ein „guter Vortrag" gewesen, so liegen diesem Urteil Werte zugrunde, an denen gemessen der Vortrag nach Meinung des Urteilenden als *gut* bewertet werden kann. Um welche es sich handelt, ist in dieser Äußerung selbst nicht ausgedrückt; sie können aber als Antwort auf eine Bitte um Begründung expliziert werden. Denkbar sind in diesem Fall Begründungen wie die folgenden:

- „Der Vortrag war trotz seiner Kürze sehr informativ." (Wert der Informativität)
- „Der Vortrag/der Vortragende hat sich wirklich um Eindeutigkeit im Gebrauch der Begriffe bemüht." (Wert der Eindeutigkeit)
- Obwohl Deutsch nicht seine Muttersprache ist, wies der Vortrag keinerlei sprachliche Fehler auf. (Wert der Sprachrichtigkeit)
- Der Vortrag war trotz seines komplexen Inhalts nicht nur für Spezialisten verständlich. (Wert der Verständlichkeit)
- Der Vortrag war erfreulich kurz. (Wert der Kürze)
- Der Vortrag/der Vortragende verzichtete auf jegliche Polemik. (Wert einer sachlichen Auseinandersetzung ohne „Persönlichwerden")
- Der Vortrag entsprach in seiner Ausführung optimal den erklärten Absichten des Vortragenden. (Wert der Angemessenheit in Relation zur Intention) etc.

Erweitert man dieses Findungsverfahren auf andere Arten sprachlicher Sachverhalte, bekommt man eine ungeordnete Vielfalt funktionaler, ästhetischer, ethischer Werte, die im Prinzip zur Bewertung sprachlicher Sachverhalte herangezogen werden können. Allerdings liegen die Werte, die bei einer solchen Befragung als Begründungen einfallen, nicht alle auf einer Ebene. Manche erweisen sich bei genauerer Betrachtung als Mittel zum Zweck eines anderen, allgemeineren Wertes. So kann man etwa im obigen Beispiel für den im ersten Schritt genannten Wert der Eindeutigkeit erneut nach einer Begründung für seine wertbegründende Qualität fragen und erkennt in ihm ein Mittel zur Erhöhung des Wertes der Verständlichkeit, der seinerseits im dritten Schritt ein wichtiger Faktor in der Verwirklichung der Intentionen des Textverfassers ist. Eindeutigkeit, Verständlichkeit und

Intentionsangemessenheit sind also Werte aus einer „Begründungskette" (Zillig 1982, 260 u.ö.) und können nicht ohne weiteres als verschiedene Werte in Nebenordnung angesehen werden. Die ungeordnete Menge von Werten, die das „Wert-Findungsverfahren" zu Tage fördert, bedarf also einer hierarchisierenden Analyse.

Will man sich einen geordneten Überblick über das Reservoir an Bewertungskriterien für sprachliche Sachverhalte verschaffen, so ist immer noch an die Rhetorik antiker Tradition zu erinnern, in der ein anspruchsvolles, ausdifferenziertes Raster für die Sprachbewertung überliefert wurde, in dem die Tugenden der Angemessenheit (aptum), Korrektheit (puritas), Verständlicheit (perspicuitas) und des Redeschmucks (ornatus) im Zentrum standen. Ursprünglich als Hilfsmittel für den Rhetor in der Herstellung einer Rede, also für die Sprach*produktion* in *mündlicher* Kommunikation entwickelt, ist es später auch auf die *Analyse* mündlicher *und* schriftlicher Texte übertragen worden. Neuere Vorschläge zur Typologisierung von Bewertungskriterien mit dem Anspruch, nicht nur kleinere sprachliche Einheiten, sondern auch Sprechakte, Sprechaktsequenzen und vollständige (mündliche und schriftliche) Texte einer bewertenden Analyse unterziehen zu können (z.B. Nussbaumer 1995 oder Fix 1995, auch 2008), kommen wie die Rhetorik mit drei bis fünf Hauptkriterien aus, die intern nach Bedarf differenziert werden. Nussbaumer unterscheidet grundlegend *sprachsystematische Richtigkeit* und *Angemessenheit der sprachlichen Textrealisierung;* letztere differenziert in *funktionale Angemessenheit, ästhetische Angemessenheit* und *inhaltliche Relevanz.* Fix wählt als obersten Wert *Adäquatheit,* spezifiziert in *regeladäquat, situativ adäquat, ästhetisch adäquat* und *parasprachlich adäquat.* Die Gemeinsamkeiten sind offensichtlich. Anders verfährt z.B. Gauger (1995, 58-61), der für die Bewertung konkreter Sprachäußerungen in Nebenordnung zehn Gesichtspunkte unterscheidet: *Grammatische Korrektkeit, Reinheit, Klarheit, Wahrheit, Wahrhaftigkeit, Schönheit, Angemessenheit, Sprachliche Komplexität, Eigenprägung, Stil.*

Ungleich Gauger, Nussbaumer und Fix präsentiert Ickler (2007) unter der Titelfrage „Wie gut ist die deutsche Sprache?" ein Raster von Bewertungskriterien nicht für Texte, sondern für Sprachen oder Teilbereiche von Sprachen, das es u.a erlaubt, die *Systemgüte* einer Sprache oder einer Sprachvarietät zu beurteilen. Werte, die in dieses Konstrukt integriert sind, sind *Eindeutigkeit, Regelmäßigkeit, Lückenlosigkeit, Einfachheit, Einheitlichkeit, Ökonomie, normative Bestimmtheit* und *leichte Lernbarkeit.*

In Anlehnung an diese Systematisierungsvorschläge behandle ich im Folgenden vier Hauptkriterien: *Sprachrichtigkeit, Funktionalität, Sprachästhetik* und *Sprachethik* mit ihren Subkriterien. Neben begrifflichen Klärungen stehen vor allem die Probleme ihrer sprachkritischen Anwendung im Blickpunkt, insbesondere die Notwendigkeit eines flexiblen Umgangs mit diesen Kriterien je nach Art des sprachlichen Sachverhalts und seiner Einbettung in das mehrdimensional gegliederte Gefüge von Sprache und Sprachgebrauch. Eine Bewertung, die im Blick auf die eine Äußerung, den einen Text, das eine Gespräch überzeugt, muss nicht in gleicher Weise in der Anwendung auf eine andere Äußerung, einen anderen Text, ein anderes Gespräch überzeugen, die in anderen kommunikativen Zusammenhängen stehen. Zum Teil verändern sich sogar die Kriterien, die sinnvoll angewendet werden können; vor allem verändert sich, wie zu zeigen sein wird, die Gewichtung, die einem Kriterium in Relation zu anderen zukommt.

1.4.1 Sprachrichtigkeit

Richtig (*korrekt*) sind sprachliche Einheiten (vornehmlich Wörter und Sätze), wenn sie nach den geltenden Normen einer Sprache oder Sprachvarietät gebildet, also *normgemäß* sind. Andernfalls gelten sie als *falsch* (*inkorrekt, normabweichend*). Das ist das vordringliche Verständnis des Begriffs der *Sprachrichtigkeit*, der als Klassenbegriff verwendbar ist und daher dichotomische Entscheidungen erlaubt. Da in der Sprache mindestens zwei deutlich unterschiedene Arten von Normen eine Rolle spielen, ist es ratsam, sie auch in den Bezeichnungen zu unterscheiden. Das geschieht in der Linguistik entweder, indem man *Norm* als Oberbegriff wählt und durch vorangestellte Adjektive differenziert (*subsistente* vs. *statuierte/kodifizierte Normen* o.ä.) oder indem man die eine Art *Norm*, die andere aber *Regel, Konvention* o.ä nennt.

Im Sinne dieser Unterscheidung folgen wir im Sprachgebrauch den *Regeln* unserer Sprache, die wir als Kinder in der kommunikativen Praxis erlernen, ohne dass sie für uns inhaltlich ausformuliert werden müssten. Sie sind zwar bewusstseinsfähig; ihre Erlernung und ihre Anwendung ist aber nicht davon abhängig, dass wir sie uns bewusst machen und sie in Regelbeschreibungen angeben können. Diese intuitiv beherrschten Regeln bestimmen auch, was das „Sprachgefühl" der muttersprachlichen Sprecher als üblich und normal akzeptiert. Man könnte deshalb die Unterscheidung von *richtig* und *falsch* auch generell durch *akzeptiert* und *nicht akzeptiert* ersetzen. Auch historisch betrachtet entstehen und verändern sich die Regeln im praktischen Gebrauch der Gesellschaftsmitglieder, ohne dass in diesen Wandelprozessen irgendjemand unter den Beteiligten die Absicht haben müsste, eine Regel entstehen zu lassen oder zu verändern. Von diesen *Regeln* sagt

v. Polenz (1999, Bd. 3, 229), er selbst nennt sie allerdings *Gebrauchsnormen*, dass sie „die Hauptmasse der Verbindlichkeiten in der Sprachpraxis" bilden, d.h. sie sind der bei weitem wichtigste Faktor in der Erzeugung eines gleichförmigen sprachlichen Verhaltens innerhalb eines Sprecherkollektivs.

Die Überprüfung der Sprachrichtigkeit eines sprachlichen Elements oder einer Struktur kompliziert sich, wenn der faktische Sprachgebrauch oder sogar das Regelbewusstsein innerhalb des Sprecherkollektivs differiert. Das geschieht zum einen als Folge der Heterogenität natürlicher Sprachen, in denen unterschiedliche regionale, soziale und funktionale Varietäten mit zum Teil unterschiedlichen Sprachregeln ausgebildet werden; zum andern als Reaktion auf das zeitweilige Nebeneinanderbestehen konkurrierender sprachlicher Ausdrucksmittel in Prozessen sprachlichen Wandels. Hilfsweise orientiert man sich in der Feststellung der Sprachrichtigkeit in solchen Fällen am Sprachgebrauch anerkannter Autoritäten oder an den Sprechweisen von Prestigegruppen (Sprache der Gebildeten, Literatursprache, Sprache der überregionalen Presse o.ä.). – Eine andere Möglichkeit ist der Versuch, Einheitlichkeit durch Setzung von *Normen* zu induzieren, die im Unterschied zu den *Regeln* in Normsätzen explizit formuliert werden und nur in Kenntnis dieser erlernbar sind.

Mit dem Kriterium der Sprachrichtigkeit im bisher erläuterten Verständnis können alle Zeugnisse des Sprachgebrauchs in Beziehung zu den Regeln und Normen einer Sprache gesetzt und bewertet werden. Die Regeln und Normen selbst indes entziehen sich dem Kriterium. Es ist eine Kritik zweiter Stufe auf der Grundlage *anderer* Kriterien, wenn das, was regel- oder normgemäß ist, seinerseits in seiner Güte (z.B. seiner Funktionalität) beurteilt wird. Nur indirekt hat Richtigkeit im Sprachgebrauch auch einen funktionalen Aspekt. Fast immer ist es ratsam, sich im eigenen Sprachgebrauch an das zu halten, was auch die anderen für richtiges Deutsch halten, weil dieses Verhalten Einheitlichkeit des Sprachgebrauchs innerhalb der Gemeinschaft sichert. Und Einheitlichkeit ist sogar dann funktional, wenn die akzeptierten sprachlichen Mittel selbst nicht optimal scheinen.

Es gibt in der sprachkritischen Tradition einen bis heute nachwirkenden zweiten Begriff von *Sprachrichtigkeit*, der nicht in der einzelsprachlichen Üblichkeit seine Basis hat, sondern einen sprachuniversellen Maßstab zur Verfügung stellt, mit dem auch die Richtigkeit des Regelsystems einer Sprache oder einer Sprachvarietät beurteilt werden kann, und zwar durch Bezug auf die Struktur der Wirklichkeit. Ein mögliches Ergebnis dieses Bewertungsverfahrens kann dann sein, dass sich eine Regel, der alle Sprecher einer Sprache folgen, trotzdem als ‚falsch' erweist und der Sprachkritiker die Aufgabe übernimmt, die Sprache vor dem Kollektiv der Sprecher zu schützen. Dieser zweite Begriff liegt z.B. der Aussage zugrunde, dass „ein Urteil nach den Maßstäben ‚richtig' und ‚falsch' [...] aufgrund des Sprachwandels und der Gebrauchsabhängigkeit von Wortbedeutungen, die mit einer weitgehenden Demotivierung eventuell einstmals motivierter Wörter einhergehen kann, nicht möglich [ist]" (Kilian/Niehr/Schiewe 2010, 22). Die Argumentation überzeugt nur, wenn man das Kriterium der Sprachrichtigkeit auf die Relation zwischen Wortform und Wortbedeutung bzw. bezeichnetem Ding anwendet. Versteht man *Sprachrichtigkeit* hingegen im oben ausgeführten Sinne als sozial anerkannte Gebrauchsweise innerhalb einer Sprechergruppe, so könnte man mit dem Hinweis auf den Sprachwandel nur die zeitlich eingeschränkte Geltung der Bedeutungskonventionen begründen, nicht aber die Unmöglichkeit, einen konkreten Wortgebrauch auf seine Richtigkeit zu überprüfen.

Der zweite Begriff ist der historisch ältere; er spielt z.B. in der Behandlung der „Richtigkeit" der Wörter in Platons Dialog „Kratylos" (Platon 1957) eine Rolle, wenn die Lautformen der Wörter zur Überprüfung ihrer Richtigkeit in Beziehung gesetzt werden zu dem, was sie bezeichnen. In anderer Weise geschieht das in der Neuzeit in der Überprüfung der „Grundrichtigkeit" bei Schottelius ([1663] ²1995). Mit diesem Begriff wird sowohl a) die abbildhafte, „eigentliche", „deutliche", „grundrichtige" Nähe der Sprache zu den Gegenständen und Sachverhalten der außersprachlichen Wirklichkeit gemessen als auch b) systemimmanent die „durchgehende, analogischen Prinzipien folgende Regelmäßigkeit und Strukturiertheit der Sprache" (Kilian 2000, 842). – Auch für Schopenhauer ist der Sprachgebrauch der vielen kein Argument für Richtigkeit. *Richtigkeit* einer Sprache und ihrer Elemente bindet er systematisch an ihre Tauglichkeit zum Ausdruck der Vernunft, an die Möglichkeit, mit ihr „begrifflich Gedachtes klar und unzweideutig auszudrücken" (Ackermann 1978, 111). Richtig ist, was vernunftgemäß ist und vernunftgemäß ist in seiner Auffassung z.B., dass es in allen Sprachen verschiedene Verbformen zum Ausdruck von Imperfekt, Perfekt und Plusquamperfekt geben muss oder dass im Wortschatz für jeden Begriff, ja für jede Begriffsnuance, ein eigener Ausdruck existieren sollte, wie umgekehrt jede sprachliche Form immer nur einen Begriff repräsentieren sollte. – In der jüngeren Vergangenheit wird dieser Begriff von *Sprachrichtigkeit* z.B. von Storz (1982, 123f.), einem der Verfasser des „Wörterbuchs des Unmenschen", reflektiert, der die Auffassung ausdrückt, Sprachrichtigkeit läge „Sprachgerechtigkeit" zugrunde und sei deshalb mehr als „Gewöhnung an das, was eben gerade gilt" und sich für diese Ansicht auf die alten Grammatiker beruft.

Wenn aber in den Kapiteln dieser Studie weiterhin von *Sprachrichtigkeit* die Rede ist, dann nicht im Sinne dieses universell anwendbaren Kriteriums, sondern im Sinne des zuvor beschriebenen Begriffs einzelsprachlicher Regelhaftigkeit.

1.4.2 Funktionalität

Betz (1968) schlägt als generellen Maßstab für die Sprachkritik die Überprüfung der Funktionalität der sprachlichen Sachverhalte vor, die jeweils zur Debatte stehen. Sprache betrachtet er als ein „Kommunikationssystem, das Information zu liefern hat, und zwar auf eine möglichst einfache, möglichst reibungslos funktionierende Weise" (13). Daraus resultiert der Vorschlag, im Falle koexistierender, differierender Sprachformen „zugunsten derjenigen Formen zu entscheiden, die die größere Informationsmenge und die leichtere Funktionsweise ergeben" (13). Er selbst kommt (ebd., 16-19) in der Überprüfung der Funktionalität alternativer Ausdrucksmittel in einer Reihe sprachkritisch bekannter Zweifelsfälle zum Ergebnis, dass z.B. die Unterscheidungen von *scheinbar* und *anscheinend* wie auch die von *der Gehalt* und *das Gehalt* (mit differierendem Plural) sprachkritisch unterstützt werden sollten, während der Gebrauch von *anerkennen* als trennbares bzw. untrennbares Verb, von *brauchen* mit bzw. ohne *zu*, von Komparativ mit *als* bzw. *wie* eher freigegeben werden sollte, weil die jeweils an zweiter Stelle genannten, von Sprachkritikern normalerweise kritisierten Formen Funktionserleichterungen mit sich bringen, ohne dass Informationsverluste zu befürchten wären. Offensichtlich wird das Kriterium bei Betz im Rahmen der Sprachbrauchs- bzw. Sprachsystemkritik verwendet, um innerhalb einer Sprache oder im Vergleich verschiedener Sprachen die Vor- und Nachteile zu bestimmen, die eine bestimmte konventionalisierte sprachliche Form im Gegensatz zu einer anderen für bestimmte kommunikative Zwecke hat.

Das Kriterium kann aber auch in der Sprachverwendungskritik zur Bewertung konkreter Äußerungen und Texte verwendet werden. Beurteilt wird dann die Güte der Ausdrucksmittel, die der Sprecher oder Schreiber aus dem Reservoir, das die Sprache zur Verfügung stellt, ausgewählt hat, um seine aktuellen kommunikativen Ziele zu verwirklichen. Wenn man die allgemeine Bestimmung von Schmich (1987, 159): „Funktionalität heißt, die Dinge von ihrem Zweck, von den Zielen der Benutzer her begreifen", akzeptiert, so wäre also spezifizierend zu sagen, dass in der Sprachverwendungs- und der Sprachverkehrskritik die sprachlichen Mittel als funktional anzusehen sind, die die individuellen Intentionen des Sprechers oder Schreibers zu erfüllen imstande sind, und in der Sprachbrauchs- bzw. Sprachsystemkritik die grammatischen und lexikalischen

Konventionen, die am besten für die gesellschaftlich bestimmten Ausdrucksbedürfnisse geeignet sind, für die die Sprache oder die Sprachvarietät ausgebildet wurde. In beiden Fällen bewegt sich die kritische Überprüfung in der Relation zwischen den sprachlichen Erscheinungen auf der einen und ihren (kommunikativen oder kognitiven) Funktionen auf der anderen Seite. Über die Funktionen selbst wird damit nichts ausgesagt. Die Überprüfung bestimmter sprachlicher Mittel hinsichtlich des Wertes, den sie für die Verwirklichung einer bestimmten Funktion haben, und die Überprüfung des Wertes der Funktion, der die sprachlichen Mittel dienstbar gemacht werden, sind beides sinnvolle Maßnahmen. Sie müssen aber unterschieden werden. Manche Irritationen zwischen Sprachwissenschaftlern und Sprachkritikern entstehen dadurch, dass Linguisten mit dem Nachweis der Funktionalität bestimmter sprachlicher Erscheinungen, z.B. zur Erhöhung der Kaufbereitschaft in der kommerziellen Werbung, die (negative) Kritik von Sprachkritikern zurückweisen, diese aber eigentlich gar nicht die Funktionalität in Zweifel ziehen, sondern die Funktion, eben die „manipulative" Erhöhung der Kaufbereitschaft, für die die sprachlichen Mittel eingesetzt werden.

Im Begriff der Funktionalität ist unbestimmt, welche Eigenschaften eines Textes bzw. einer Sprache oder Sprachvarietät denn Funktionalität gewährleisten können. Dafür gibt es viele Kandidaten: Einfachheit, Kürze, Ökonomie, Gebrauchsleichtigkeit; Komplexität, Differenziertheit, Redundanz; Eindeutigkeit, Klarheit, Genauigkeit; Stringenz, Kohärenz; Strukturgemäßheit, Analogie; Relevanz, Informativität; Verständlichkeit – alles, was die kommunikativen und kognitiven Funktionen einer Sprache oder des Sprachgebrauchs in diesen oder jenen Zusammenhängen unterstützt. Einige dieser Subwerte für Funktionalität werden in der Literatur z.T. selbst wiederum als Oberbegriffe auf mittlerer Abstraktionsebene verwendet. Dazu gehört z.B. der Wert der *Ökonomie*. Wenn Schrodt (1995) das Streben nach Ökonomie „auf der Ebene der physischen Aktion (Mundbewegungen, Artikulationsmechanismen)", aber auch „auf der Ebene der Denkvorgänge" (z.B. durch Beseitigung von grammatischen Unregelmäßigkeiten zu Gunsten von *Schemakonstanz*) wirksam sieht, dann sind aus der obigen Liste mindestens der Wert der *Kürze* und der Wert von *Strukturgemäßheit/Analogie* unter *Ökonomie* subsumierbar; ähnlich wenn man wie Jäger (1968, 370) als *ökonomisch* alles, was „Erwerb und Handhabung der Sprache erleichtert", bestimmt. Dazu zählt sicher u.a. auch *Verständlichkeit*.

Für die Arbeit mit den Kriterien in der sprachkritischen Bewertung ist es nun von entscheidender Bedeutung, dass man zwar jeden sprachlichen Sachverhalt der Frage nach seiner Funktionalität aussetzen kann, dass aber die Rolle der Subkategorien im Zusammenspiel der Werte, die Funktionalität gewährleisten, je nachdem, wie der Sachverhalt geartet ist, hochgradig variiert.

Was alles in dieser Hinsicht zu beachten ist, benenne ich in den folgenden Punkten:

(1) Zunächst ist festzuhalten, dass alle genannten Begriffe im Prinzip sowohl in der Sprachverwendungskritik als auch in der Sprachbrauchs- und Systemkritik anwendbar sind, jedoch zum Teil mit Einschränkungen. Auf der Ebene der Sprachverwendung kann z.B. größere oder geringere *Einfachheit* vorliegen, weil ein Sachverhalt „mit den Mitteln ein und derselben Sprache auf verschiedene Weisen ausgedrückt werden [kann] und mit dieser Variation [...] auch eine Variation der Einfachheit des jeweils resultierenden Textes einhergehen [kann]" (Dietrich 2003, 62). In der Sprachbrauchs- und Sprachsystemkritik ist es schwer bis unmöglich, über die Einfachheit von Sprachen insgesamt etwas zu sagen, „weil Einfachheit in dem einen Bereich [...] mit höherer Komplexität in einem anderen Bereich ‚bezahlt' werden (kann)" (ebd., 61). Möglich aber ist es durchaus, Sprachen „unter Bezug auf eine festgelegte Funktion (Temporalität oder Definitheit) und die sprachlichen Mittel, durch die diese Funktion in der Vergleichssprache ausgedrückt wird," „auf ihre relative Einfachheit hin zu vergleichen" (ebd.). *Differenziertheit* wird in der Sprachverwendung verwirklicht durch eine differenzierte Darstellung eines Problems in einem Text in potentiellem Konflikt mit *Ökonomie* (*Kürze, Einfachheit*). Auf der Ebene von Sprachsystem bzw. Sprachbrauch spielt das Kriterium eine Rolle in der Beurteilung des Grades an grammatischer Differenzierung, z.B. durch ein ausgebildetes System von Flexionsformen, oder an semantischer Differenzierung im Wortschatz eines bestimmten Sachbereichs. Beim Kriterium der *Verständlichkeit* als drittem Beispiel denkt man spontan wohl an die Verständlichkeit konkreter Äußerungen und Texte; doch kann Verständlichkeit auch als eine Eigenschaft lexikalischer Einheiten oder grammatischer Strukturen betrachtet werden. Wer über die Unverständlichkeit von Fremdwörtern spricht, meint ja meistens eine die Wörter auf der Brauch- bzw. Systemebene charakterisierende Eigenschaft (vgl. Kapitel II, 4). Desgleichen kann die Satzklammer im Deutschen als syntaktische Struktur in Verdacht geraten, das Verständnis zu erschweren.

(2) Alle Kriterien, die in der Überprüfung der Funktionalität eine Rolle spielen, haben den Charakter relativer Begriffe und erlauben deshalb nur graduierende Urteile (besser/schlechter). Hinzu kommt, dass sie „polar strukturiert" sind (Zillig 1982, 295), d.h. dass sich die Bewertung nicht an

das einfache Schema „Je mehr, desto besser" halten kann, weil das optimal Gute im rechten (Mittel-)Maß liegen kann und eine zu große Annäherung an das Skalenende in beiden Richtungen eine negative Bewertung hervorruft. Letzteres geschieht oft deshalb, weil eine zu starke Betonung des einen Wertes in Gefahr steht, einen anderen Wert zu verletzen. Das ist offensichtlich der Fall, wenn zwei Werte ein Gegensatzpaar bilden wie *Einfachheit* und *Komplexität.* Aber auch *Kürze* ist nur solange ein Wert, als sie nicht *Informativität, Differenziertheit* oder *Verständlichkeit* gefährdet, sondern mit diesen Werten in eine – für die jeweiligen kommunikativen Zwecke angemessene – Balance gebracht ist.

(3) Eine weitere Relativierung in der Anwendung der Begriffe folgt aus der Bindung der Funktionalität an die individuellen bzw. gesellschaftlichen Ausdrucksbedürfnisse. So kann die Bewertung der Differenziertheit im Repertoire lexikalisierter Ausdrücke einer Sprache immer nur relativ zur Lebenswelt der Gesellschaft sinnvoll vorgenommen werden. Spielt ein Sachbereich im Leben der Gesellschaft keine oder nur eine geringe Rolle, braucht man auch kein differenziertes System von Ausdrücken, um sich über den Sachbereich zu verständigen. Das hochdifferenzierte lexikalische Teilsystem für den Sachbereich Schnee in Eskimosprachen ist wie das entsprechend ausgebildete Teilsystem für den Sachbereich Kamel in nordafrikanischen Sprachen ein interessantes kulturelles Phänomen, kann aber nicht bewertend in ein sprachkritisch erwähnenswertes Defizit der deutschen Sprache umgemünzt werden. Das Gleiche gilt für „Lücken" im Begriffssystem. Wir unterscheiden im Deutschen *Ochsen* und *Stiere* bzw. *Bullen* über das Kriterium „kastriert", haben aber keinen lexikalisierten Oberbegriff, der beide als Teilmengen umfasst. Um diesen auszudrücken, müssen wir auf eine Mehrwort-Kennzeichnung zurückgreifen: *erwachsenes männliches Rind.* Bei anderen Tierarten ist es genau umgekehrt: Bei den Katzen ist mit *Kater* der Oberbegriff für die männlichen Tiere realisiert, die kastrierten von den nicht kastrierten unterscheiden wir jedoch attributiv: *kastrierter Kater.* Auch die Entdeckung solcher „Lücken" bietet nicht ohne weiteres einen sinnvollen Anlass für Sprachkritik. Es gibt keinen universellen Maßstab für den Grad an Abstrahierung und den Grad an Differenzierung, den eine Sprache mit lexikalisierten Wörtern ermöglichen sollte. Hypothetisch sollte man zunächst darauf vertrauen, dass die vorfindlichen Lösungen den gesellschaftlichen Ausdrucksbedürfnissen gerecht werden. Das heißt im Fall der männlichen Rinder, dass es in der praktischen Kommunikation in unserer Kultur vermutlich mehr Gelegenheiten gibt, in denen nur über Ochsen bzw. nur über Stiere geredet wird, als dass wir Anlass haben, auf erwachsene männliche Rinder undifferenziert zu referieren. Das kastrierte

(ehemalige) Arbeitstier vor Pflug und Wagen ist oder war in seiner landwirtschaftlichen Bedeutung für die Menschen, die mit ihm umgingen, und damit auch auf ihrer kognitiven „Landkarte" recht weit von dem Zuchttier auf der Weide entfernt.

(4) Eine zusätzliche Komplikation in der bewertenden Überprüfung der Funktionalität erwächst daraus, dass eine Texteigenschaft, die die Funktionalität für den Sprecher oder Schreiber erhöht, sie für den Hörer oder Leser mindern kann. Was für den Sprecher eine Vereinfachung bedeutet, kann eine Komplizierung in der Rezeption nach sich ziehen und deshalb, aus der Perpektive des Hörers betrachtet, die Werte Ökonomie und Verständlichkeit beeinträchtigen.

(5) Bei der Anwendung speziell des Kriteriums der *Analogie* stellt sich das Problem, dass es, geschuldet der grundlegenden Tatsache, dass natürliche Sprachen nur mit großen Einschränkungen analogisch strukturiert sind, oft mehrere Möglichkeiten gibt, in einem konkreten Fall Analogie herzustellen. So wird die Neigung, *brauchen* ohne *zu* zu gebrauchen, dadurch genährt, dass *brauchen* in einer seiner Gebrauchsweisen in negierenden Sätzen in die Nähe der Modalverben rückt („Er kann/darf/mag/muss/will/braucht nicht arbeiten"), was auch eine formale Angleichung an die Modalverben begünstigt, die kein *zu* verlangen. Man kann sich aber auch analogisch an den Vollverben orientieren, die bis auf wenige Ausnahmen ein *zu* fordern. Um entscheiden zu können, was vorzuziehen ist, braucht man ein anderes Kriterium als das der Analogie.

(6) Die Werte, die in der Überprüfung der Funktionalität zu berücksichtigen sind, und die relative Wichtigkeit des einen im Vergleich mit den anderen variieren schließlich auch relativ zu den Funktionen, die typischerweise mit bestimmten Varietäten, Situationstypen, Textsorten etc. verbunden sind. So kann die Erhöhung der Verständlichkeit für Laien im Wissenschaftsjournalismus auf Kosten der sachangemessenen Genauigkeit und Differenziertheit in der Darstellung des Gegenstandes gehen, so dass der Leser nach Lektüre meint, etwas verstanden zu haben, ohne dass die gewonnene Vorstellung dem Charakter des Gegenstandes gerecht wird. Jedoch gilt in populärwissenschaftlichen Texten im Konfliktfall Verständlichkeit als höherwertig.

Auch ein Wert wie die durch Eindeutigkeit und Genauigkeit hergestellte Klarheit des inhaltlich Ausgesagten kann in bestimmten Zusammenhängen an Bedeutung verlieren oder sogar außer Kraft gesetzt werden, während umgekehrt bestimmte Ausprägungen von „Dunkelheit“, gemessen an den Kommunikationszielen, zu einer Tugend werden. Das ist in unterschiedlicher Weise der Fall in der Nutzung von „Formelkompromissen“ in der Sprache der Diplomatie, in geheimsprachlichen Elementen der sogenannten „Sklavensprache“ und in vielfältigen Formen *unklarer* Ausdrucksweisen in der Alltagssprache; z.B. in Strategien höflicher oder mitfühlender Schonung des Kommunikationspartners:

> „Vagheiten, Ambiguitäten und Polyfunktionalitäten sind in der alltäglichen Kommunikation nicht etwa als (bloße) ‚Störfaktoren‘ bzw. als ‚Performanzprobleme‘ zu betrachten, sondern als interaktive Ressourcen, die Interagierende verwenden, um bestimmte kommunikative Ziele zu erreichen. KommunikationsteilnehmerInnen sind keineswegs immer bestrebt, ihre Äußerungen eindeutig zu markieren“ (Günthner (2003, 200).

In allen genannten Fällen sind Abweichungen vom Wert der Klarheit akzeptiert, weil sie sich funktional mit den Intentionen des Sprechers bzw. den gesellschaftlichen Zwecksetzungen für einen Kommunikationsbereich vereinbaren lassen, jedenfalls solange der Betrachter die Intentionen selbst positiv bewertet. Geheimsprachliche Elemente sind auch in der sogenannten Gaunersprache funktional, die Funktion jedoch, für die sie eingesetzt werden, wird im Allgemeinen negativ bewertet. – Wie immer, wenn eine Funktion in Typen von Situationen wiederkehrend Bedeutung hat, werden den Funktionen entsprechende Formen in Sprachbrauch und Sprachsystem grammatikalisiert bzw. lexikalisiert. So gibt es Vagheit nicht nur als Eigenschaft von Äußerungen, sondern auch von Begriffen im Lexikon der Sprache sowie von Sprechhandlungstypen wie dem Andeuten, dem Suggerieren u.ä., bei denen die „Dunkelheit“ zu den begriffskonstituierenden Merkmalen gehört.

Insgesamt ist es also geboten, bei der Überprüfung der Funktionalität sorgsam die spezifischen kommunikativen Zusammenhänge zu beachten, in die der sprachliche Sachverhalt, der sprachkritische Aufmerksamkeit auf sich zieht, jeweils eingebettet ist. Das hat schon Cicero in „De oratore“ bündig festgestellt: „Laßt uns nun sehen, was im Ausdruck angemessen ist, das heißt, was sich am ehesten geziemt. Dabei ist freilich klar, daß nicht ein Stil für jeden Fall und jeden Hörer, für jede beteiligte Person und jede Situation geeignet ist“ (zit. Kilian, Niehr, Schiewe 2010, 40). Eine sinnvolle Anwendung der genannten Werte, die in der Überprüfung der Funktionalität eine Rolle spielen, erfordert wechselnde Hierarchisierungen.

1.4.3 Sprachästhetik

Sprache(n) und Sprachgebrauch sind als solche, abgesehen vom Sonderfall der „poetischen Sprache", keine Gegenstände, für die eine Beurteilung nach ästhetischen Gesichtspunkten wesentlich wäre. Doch kann man sprachliche Sachverhalte, wie alle anderen Phänomene in Natur und Kultur, *auch* unter ästhetischen Gesichtspunkten betrachten, so wie es in der Trias von Richtigkeit (Grammatik), Wirksamkeit (Rhetorik) und Schönheit (Ästhetik) in der rhetorischen Lehre immer schon vorgesehen war. Gleiches gilt für neuere Systematisierungen von Bewertungskriterien, die das Schöne erweitert als „Wohlgeformtheit" (Fix 1995, 2008) bzw. „besondere formale Qualität" (Nussbaumer 1995) enthalten, oder für Judith Macheiner (1998), die dem Geheimnis der „schönen" Sätze auf der Spur ist und ihren Gegenstand im Untertitel als „Die Kunst und das Vergnügen, deutsche Sätze zu bilden", charakterisiert. „Schöne" Sätze (bei Macheiner immer in Anführungszeichen gesetzt) sind Sätze, die nicht nur grammatisch richtig sind, sondern darüberhinaus im jeweiligen Zusammenhang besonders wirkungsvoll oder gelungen. Das Vergnügen an ihnen muss also nicht im engeren Sinne von ihrer Schönheit, sondern kann auch vom überzeugenden Gelingen ausgehen.

Der Kern des sprachlich Ästhetischen wird von auditiv wahrnehmbaren Eigenschaften der gesprochenen Sprache gebildet, die unter den Begriff der *Euphonie* zusammengefasst werden können: Vokalreichtum der sprachlichen Einheiten und Wohlklang in der Abfolge zusammengesetzter Ausdrücke (Rhythmik). Hinzu kommen die in der Rhetorik gesammelten Tropen und Figuren, die durch die Verfahren der Hinzufügung (z.B. Anapher), Auslassung (z.B. Ellipse), Umstellung (z.B. Antithese) vom Normalen abweichende und deshalb auffällige Wortverbindungen darstellen und als Teil des Redeschmucks auch in praktischer, nicht dezidiert poetischer Rede zum Kommunikationserfolg beitragen. Häufig wird auch „stilistische Eleganz" oder „rhetorische Brillanz" eines Textes gerühmt, ohne dass immer klar wäre, welche Eigenschaften des Textes diese lobenden Charakterisierungen verdienen. Ästhetische Gesichtspunkte im weiteren Sinne spielen traditionell z.B. auch in der Reaktion auf fremdsprachliche Einflüsse eine Rolle, wenn sie auf Textebene (Mischtexte) oder Wortebene (Hybridbildungen) zu Vermischungen zwischen Eigenem und Fremdem führen, die den „guten Geschmack" oder den „Schönheitssinn" des Betrachters verletzen.

Bei der Lektüre sprachkritischer Zeugnisse ist freilich zu beachten, dass dort gelegenlich sprachliche Sachverhalte als *schön* oder *unschön* bezeichnet werden, die nicht einmal einem weiten Begriff des Ästhetischen genügen.

Weniger die Substantive *Schönheit* und das *Schöne,* wohl aber das Adjektiv hat Gebrauchsweisen, in denen es auch nicht Ästhetisches bezeichnen kann. So sind bei der Klage über *unschöne/hässliche* Wörter oder Wortbildungen, wie Heringer (1984, 44) am Beispiel der Bildungen auf *-mäßig* illustriert hat, oft andere Eigenschaften der Wörter ausschlaggebend. Desgleichen betraf das, was den Befragten im Wettbewerb „Das schönste deutsche Wort" (Limbach [Hg.] 2006) an ihren Favoriten gefiel, in vielen Fällen nicht die ästhetische Qualität seiner Formgestalt, ja nicht einmal die Wortform überhaupt, sondern stattdessen die schätzenswerten Eigenschaften des Bezeichneten. Nur deshalb ist *Ferien* ein schöneres Wort als *Arbeit.*

Der Mehrwert, den die ästhetischen Elemente im engeren oder weiteren Sinne wegen ihrer Auffälligkeit auch in Sachtexten gegenüber den Formen der Versprachlichung haben, die einem automatisiert zuerst einfallen, besteht in ihrem Potential, Aufmerksamkeit zu erregen, das Bedürfnis nach Abwechslung zu befriedigen oder Bildhaftigkeit zu veranschaulichen. Aber auch die ästhetischen und quasi-ästhetischen Qualitäten sind für Texte in verschiedenen kommunikativen Domänen unterschiedlich wichtig, manchmal sogar innerhalb einer Textsorte. Redeschmuck im Sinne der Rhetorik, der im Genre Festvortrag eine erwünschte Eigenschaft ist, bringt den wissenschaftlichen Tagungsvortrag leicht in den Verdacht mangelnder Wissenschaftlichkeit („feuilletonistischer Stil").

1.4.4 Sprachethik

Der Wirksamkeit ethischer Werte geht Burkhardt (2002, 103ff.) beispielhaft in der Kritik an politischer Sprache nach, die sich, Burkhardt zufolge, „um ideologische und parteipolitische – nicht aber um moralische – Neutralität" (103) bemühen müsse. Ganz im Gegenteil sei sie zwar „linguistisch abgestützt, aber im wesentlichen moralisch/ethisch begründet" (ebd.). So gehe es „um Werte wie sachliche Angemessenheit, Aufrichtigkeit und Respekt vor dem Anderen, die selber als ethisch begründete Handlungs- bzw. Kommunikationsnormen zu betrachten sind" (ebd., 105). Auch Vorwürfe an den gegnerischen Sprecher bzw. Schuldzuweisungen wegen Inhaltslosigkeit, Verharmlosung, Verunklärung durch Pseudo-Begründungen oder mangelnde Aufrichtigkeit ließen sich ergänzen. In allen Fällen kann sich der Sprachkritiker (moralische) Normen zunutze machen, die er in der metakommunikativen Reflexion der normalen Sprecher selbst vorfindet.

Ethisch (wiewohl nicht selten zugleich auch funktional) vorwerfbar sind, etwas systematischer betrachtet, zum einen Diskrepanzen im Verhältnis von Sagen und Meinen, wofür zentral das Kriterium der *Wahrhaftigkeit* Anwendung findet, während Abweichungen von der *Wahrheit*, der referentiellen Korrektheit des Ausgesagten im Verhältnis zu dem Wirklichkeitsausschnitt, über den etwas ausgesagt wird, nicht generell vorgeworfen werden können. Weithin entschuldbar sind ja Abweichungen, die auf Irrtum („Das konnte ich doch nicht wissen!") oder auf Versehen („Das hab ich doch nicht absichtlich getan!") beruhen. Man kann zwar mit Gardt (2009, 15) die Auffassung vertreten, dass sowohl die Erwartung, dass sich jedes Sprechen „sachlich treffend auf die Welt bezieht" (referentielle Richtigkeit), als auch die Erwartung, dass das Sprechen „zuverlässig die wahren Absichten des Sprechers zu erkennen gibt" (kommunikatives Ethos) zu den „Universalien der Sprachreflexion" gehören; doch ist das Verfehlen der refentiellen Richtigkeit nicht vorwerfbar, solange der Sprecher nach bestem Wissen und Gewissen und nicht grob fahrlässig gehandelt hat. Der Gesichtspunkt der Wahrhaftigkeit aber, der in verschiedenen einschlägigen Veröffentlichungen Heringers (u.a. 2009 a+b) eine bedeutende Rolle spielt, kann als Gegenbegriff zur Lüge zweifellos in vielfältiger Weise in der Kritik am individuellen Sprachgebrauch, in der Sprachverwendungskritik also, zur Geltung gebracht werden, während er in der Sprachbrauchs- und Sprachsystemkritik Sinn nur unter der Voraussetzung gewinnt, dass das ethisch Vorwerfbare in die Elemente des sprachlichen Systems bzw. in die Regeln zu ihrer Verknüpfung selbst eingeschrieben sind. Ob es aber tatsächlich z.B. „lügende Wörter" als konventionalisierte Einheiten des Wortschatzes gibt, ist umstritten.

Im übrigen gilt für die ethischen Kriterien entsprechend, was schon für die Funktionalitätskriterien betont wurde. Auch ihre Verbindlichkeit ist in unterschiedlichen kommunikativen Kontexten unterschiedlich groß. Exemplarisch kann man das gut an einem Sammelband von Pappert u.a. (2008) über das sprachliche Verschlüsseln, Verbergen und Verdecken studieren. Die 21 Beiträge des Bandes belegen differenziert die Wirksamkeit der ethischen Prinzipien der „Klarheit des Ausdrucks" bzw. der „Wahrhaftigkeit" in vielen Textsorten und Typen von Kommunikationssituationen, belegen aber auch, dass die Formen des Verschlüsselns, Verbergens und Verdeckens in manchen kommunikativen Zusammenhängen ihre Vorwerfbarkeit verlieren (z.B. in der „Schönen Literatur") oder geradezu als legitim und angemessen gelten (z.B. in Todesanzeigen oder Nachrufen).

Ethisch vorwerfbar sind außerdem Einschränkungen der sprachlichen Handlungsfreiheit eines Kommunikationspartners, die das Prinzip der „kommunikativen Gleichberechtigung" (Heringer (2009b, 253) verletzen. Dazu gehört die Verweigerung einer dem Situationstyp und der sozialen Beziehung angemessenen Teilnahme an der Kommunikation durch Nicht-zu-Wort-kommen-lassen, Unterbrechungen oder Wort-Abschneiden u.ä. Andere Normen im Umgang mit dem Kommunikationspartner werden durch den Vollzug ethisch, z.T. auch juristisch vorwerfbarer Sprechhandlungen wie Beleidigen, Verleumden, Üble Nachrede, Beschimpfen, Schmähkritik u.ä. verletzt, die die „äußere Ehre" des Partners beeinträchtigen. Verallgemeinert gilt als ethische Handlungsmaxime das umfassende Kooperativitätsgebot, das Grice (1996) in seinen Konversationsmaximen ausdifferenziert hat.

Die bisher genannten unethischen Verhaltensweisen findet man alle im Konzept der „Argumentationsintegrität" von Groeben u.a. (zuletzt 2009) wieder. Die aus dem Konzept ableitbaren 11 Standards, mit denen „die generellen Ziele der Rationalität und Kooperativität konkretisiert und realisiert werden (ebd.,115), begründen elf Unterlassungsforderungen für: Stringenzverletzung, Begründungsverweigerung, Wahrheitsvorspiegelung, Verantwortungsverschiebung, Konsistenzvorspiegelung, Sinnentstellung in der Redewiedergabe, Unerfüllbarkeit von Forderungen, Behandlung eines Teilnehmers als Feind, Diskreditieren des Gegners, Behinderung der Beteiligung eines Teilnehmers, Abbruch der Diskussion. Die Werte, die mit dem Konzept der Argumentationsintegrität zur Geltung gebracht werden, haben nicht nur ethische, sondern zusätzlich zum Teil auch funktionale Begründungen, werden von den Verfassern aber zumindest *auch* zur Ableitung ethischer Forderungen verwendet. Das gleiche Nebeneinander funktionaler und ethischer Begründungen zeigen die Normen, die in polemischen Auseinandersetzungen metakommunikativ von den Streitenden selbst in Vorwürfen an den Gegner bzw. in der Verteidigung des eigenen Verhaltens thematisiert werden (Dieckmann 2005).

Wichtiger Gegenstand ethisch begründeter Kritik sind ferner die Funktionen, die Sprecher oder Schreiber ihren Äußerungen und Texten geben. Während das Kriterium der Funktionalität (s.o.) in der Überprüfung der Relation zwischen der Funktion, die der Äußerung übertragen wird, und den Formen ihrer Versprachlichung zur Anwendung kommt, werden ethische Kriterien herangezogen, wenn die Funktion selbst bewertet werden soll, wenn also nicht die gewählten Mittel im Fokus stehen, sondern das Wollen, für das die Mittel eingesetzt werden. Wenn jemand einen Sachverhalt klären will und in diesem Zusammenhang ein Wort mit vager Bedeutung wählt, das die Intention der Klärung nur unvollkommen erfüllt, dann kann die Wortwahl als dysfunktional kritisiert werden. Wenn der Sprecher jedoch den Sachverhalt aus bestimmten Gründen bewusst nur andeuten will, dann ist die Wahl eines vagen Wortes in Hinblick auf die Intention des Sprechers durchaus funktional. Man kann aber eventuell die Intention ihrerseits, z.B. als Verletzung des Kooperativitätsprinzips, kritisieren. Sehr schön zeigt sich der Unterschied zwischen der Anwendung des Kriteriums der Funktionalität und der (ethischen) Kritik der Funktion im „Streit über die Sprachkritik" (Sternberger u.a, 1970) in einer Kontroverse zwischen Sternberger und Kolb bzw. v. Polenz. In Abwehr der Kritik am „inhumanen Akkusativ" der *be*-Verben beschreibt Kolb die (funktionalen) Gebrauchsvorteile der Verben mit Akkusativobjekt, die er zusammenfassend als Vorzug einer „bequemen" Hantierung mit „geringstem Aufwand" kennzeichnet (ebd., 170f.), worauf Sternberger, die Verteidigung der Verben zurückweisend, entgegnet: „Es ist ja gerade diese verruchte Bequemlichkeit, [...], welcher der Sprachkritiker entgegenwirken und zu Leibe rücken möchte" (ebd., 201). – Umgekehrt verzichtet z.B. Stöckl (2008, 272) in einer neueren Untersuchung zur kommerziellen Werbung ausdrücklich auf die Bewertung der Funktionen, um die Funktionalität der Mittel genauer ins Blickfeld zu nehmen:

> „Wichtig ist es mir, diesen Mechanismus entgegen den typischen ideologiekritischen Verdächtigungen [...] nicht negativ zu bewerten. Akzeptiert man nämlich die soziale Funktion von Werbung erst einmal, so scheint – unter den gegenwärtigen Rahmenbedingungen – der semantische Mechanismus des Verbergens und Hervorhebens von Sachverhalten legitim."

Schließlich werden Sprache und Moral in Sprachkritik und Sprachpflege noch auf eine problematische Weise in Beziehung zueinander gebracht, die Maitz (2010, 13) zusammenfassend als „Diskriminierungspraktik" beschreibt und in der Sprachpfleger „die Befolgung [...] selbst erfundener Regeln zu einer moralischen Frage [...] erheben" und „auf diese Weise ganze Sprechergruppen unter moralischen Druck [...] setzen". Die „Befolgung von sprachpflegerischen Richtigkeits- und Reinheitsregeln" (ebd., 10) wird sozusagen zur moralischen Pflicht eines jeden Sprechers erhoben, was jede Abweichung von ihnen ethisch vorwerfbar macht. Steinfeld (2010, 44) verweist mit ähnlicher Zielrichtung auf Nietzsches Polemik gegen David Strauß, um zu zeigen, dass sich – auf „oft bestürzende Weise" – „immer wieder Sprachkritik und Moral" verknüpfen: „das Verlangen nach sprachlicher Richtigkeit mischt sich mit einer Prüfung der Redlichkeit: so als wäre jeder, der unbeholfen, unverständlich, fehlerhaft spricht oder schreibt, zugleich ein schlechter Mensch" (ebd.). Ein anderes Beispiel dafür ist Lichnowsky ([1949] 1964), die Menschen, die schlecht schreiben, für „vulgär", „unbelehrbar" und „eingebildet" hält (ebd., 11) und der Meinung ist, dass „fast jedes Sprachverbrechen zu gleichen Teilen absichtlich (also mit Frechheit) und unabsichtlich (also aus Dummheit) begangen wird" (12). Sie wirft den Schlechtschreibenden aber nicht ihre Dummheit vor und auch nicht ihr schlechtes Deutsch, sondern die Frechheit, es drucken zu lassen: „Auf das gedruckte Wort kommt es an; sobald nämlich schlechtes Deutsch gedruckt wurde, beginnt das Sprachvergehen Sprachverbrechen zu werden, und dann wäre dem Autor entweder böse Absicht nachzuweisen oder strafwürdige Unkenntnis" (12).

2. Die Möglichkeit linguistischer Sprachkritik – eine strittige Frage

2.1 Sprachkritik als linguistischer Gegenstand

Sprachkritik als Teil der öffentlichen Sprachdiskussion auf der einen Seite und linguistisch-fachwissenschaftliche Sprachforschung auf der anderen sind zwei deutlich getrennte Bereiche des Nachdenkens über Sprache, in denen unterschiedliche Personengruppen auf unterschiedlichen Foren sich der gleichen Sache mit unterschiedlichen Fragen, Methoden und Zielen zuwenden. Diese Trennung zeigt sich über die Sprachkritik hinaus in fast allen Zusammenhängen, in denen Sprache Gegenstand eines außerwissenschaftlichen Interesses ist. So beklagt Antos (1996, 6), dass der Linguistik im Gegensatz zu vielen anderen Disziplinen neben der Forschung und der Lehre generell ein ausgebildeter „tertiärer Wissenschaftssektor" fehle, in dem linguistische Erkenntnisse für die Lösung praktischer Probleme in der Gesellschaft fruchtbar gemacht werden könnten. Nicht dass es außerhalb der Linguistik kein Interesse an Erkenntnissen über Sprache unterschiedlichster Art gäbe; sie werden nur weithin von nicht-linguistischen Autoren befriedigt.

Dieser Zustand ist das nicht leicht zu behebende Ergebnis wechselseitiger Nicht-Beachtung. Trotz aller Klagen über die Wertungsabstinenz der Linguistik haben Sprachkritiker in den Medien selten zu erkennen gegeben, dass sie sich einer linguistischen Hilfestellung bedürftig fühlen. Was sie von der Linguistik erwarten, scheint primär Unterstützung bei den Bewertungen, zu denen sie auf Grundlage der in Anspruch genommenen eigenen Urteilsfähigkeit schon selbst gekommen sind: „Die eigenen Ansichten sollen von kompetenter Seite bestätigt, gleichsam ‚abgesegnet' werden" (Bär 2002, 224). – Auch in umgekehrter Richtung, von der Linguistik her betrachtet, ist die Haltung trotz verstärkter Bemühungen, der Sprachkritik in der Linguistik Raum zu verschaffen, im allgemeinen distanziert. Vorherrschende Meinung unter Linguisten dürfte sein, dass man in der Sprachkritik mit fragwürdigen Annahmen über die Sprache und mit unwissenschaftlichen Analyse- und Bewertungspraktiken konfrontiert wird und dass deshalb von ihr keine fruchtbaren Erkenntnisse über die Sprache zu gewinnen sind. In dieser Einstellung unterscheidet sich die Linguistik allerdings nicht grundsätzlich von anderen Wissenschaften, in denen das laienhafte Verständnis der jeweiligen Sachbereiche normalerweise ja auch nicht zum wissenschaftlichen Gegenstand gemacht wird. Freilich gibt es für die Linguistik vielleicht Gründe, dies doch zu tun: Der Mond zieht unbeirrt seine Bahn, gleichgültig welche Eigenschaften und Wirkungen ihm von astronomischen Laien zugeschrieben werden. Das aber, was Sprachkritiker und die normalen Sprachteilhaber im Blick auf Sprache für wahr halten, ist durchaus geeignet, die sprachlichen Sachverhalte selbst zu beeinflussen.

Soweit die Sprachkritik überhaupt in das Blickfeld der Linguistik gerät, kann sie entweder zum *Gegenstand linguistischer Analyse* gemacht werden oder sie kann von den Wissenschaftlern selbst als *linguistische Tätigkeit* ausgeübt werden.

Da sich Sprachkritik und Sprachwissenschaft auf den gleichen Phänomenbereich beziehen, für den die Linguistik zudem beansprucht, spezifische wissenschaftliche Kompetenz zu haben, liegt es nahe, Ziele, Methoden, Bewertungsmaßstäbe und theoretische Grundlagen der Sprachkritik allgemein oder auch einzelne Zeugnisse der Sprachkritik einer linguistischen Metakritik zu unterziehen. Ein bekanntes Beispiel aus der jüngeren Geschichte sind dafür die linguistischen Veröffentlichungen im „Streit über die Sprachkritik" in den 60er Jahren des vorigen Jahrhunderts; doch gibt es auch aus neuerer Zeit zahlreiche linguistische Aufsätze und Buchveröffentlichungen, die mit allgemeinerem Anspruch Probleme der Sprachkritik behandeln. Es gelingt der Sprachwissenschaft aber nur sehr begrenzt, sich in der öffentlichen Sprachdiskussion Gehör zu verschaffen, zu schweigen davon, dass sie mit ihren Auffassungen dort tatsächlich Wirkungen hervorrufen könnte. – Neben der metakritischen Beschäftigung mit Theorie und Praxis der Sprachkritik werden Zeugnisse der Sprachkritik gelegentlich auch als Quelle für linguistische Untersuchungen „alltagsweltlicher", „volks-" oder „laienlinguistischer" Auffassungen über Sprache genutzt.

Dass Linguisten sprachkritisch selbst tätig werden, ist bis heute selten. In einer neuen Bibliographie von Janich/Rhein (2010) sind im Abschnitt „(Sprach-)wissenschaftliche Sprachkritik" für die letzten Jahrzehnte zwar 107 Veröffentlichungen verzeichnet, doch täuscht diese Aufstellung. Lässt man die Einträge in der Liste beiseite, deren Autoren nicht Sprachwissenschaftler sind (u.a. Wustmann, Mauthner, Adorno), und konzentriert sich auf letztere, so thematisieren diese nur ausnahmsweise Sprache. In aller Regel beschäftigen sie sich auf der Metaebene mit wechselnden theoretischen, methodologischen, historischen o.a. Aspekten der Sprachkritik.

Die Widerstände gegen Sprachkritik als linguistische Tätigkeit sind also zweifellos noch größer als die gegen die Beschäftigung mit ihr als Untersuchungsgegenstand, obwohl der Gedanke, das kritische Geschäft nicht gänzlich sprachwissenschaftlichen Laien zu überlassen, sondern linguistische Fachkompetenz und sprachkritische Bewertung in einer Hand zu vereinen, seit 10-15 Jahren innerhalb der Linguistik wieder verstärkt Befürworter gefunden hat. Dagegen werden vor allem fünf Argumente vorgebracht, die im Prinzip jedes für sich die grundsätzliche Ablehnung einer sprachkritischen Aufgabe für die Linguistik begründen könnten:

- das wissenschaftstheoretische Argument der Wertfreiheit der Wissenschaft, das nur deskriptive, nicht aber wertende Äußerungen als wissenschaftliche Aussagen gelten lässt;
- das Argument, dass es eine linguistische Sprachbewertung zumindest deshalb nicht geben könne, weil die Linguistik über keine *fachspezifischen* Bewertungskriterien verfüge;
- das Argument, Sprachkritik sei unnötig, weil es an Sprache und Sprachgebrauch, richtig verstanden, nichts zu kritisieren gebe;
- das Argument, Sprachkritik sei sinnlos, weil Sprache und Sprachgebrauch durch Sprachkritik kaum beeinflussbar seien und diese daher erfolglos bleiben müsse;
- das Argument, dass die Sprache gemeinsamer Besitz der Sprachgemeinschaft sei und niemand legitimiert sei, seine partikularen Interessen und Vorstellungen zur Norm zu machen.

In der Diskussion dieser Argumente verfolge ich primär informierend-referierende Zwecke, ohne dezidiert eigene Meinungen zur Geltung zu bringen.

2.2 Widerstände gegen Sprachkritik als linguistische Tätigkeit

2.2.1 Das Prinzip der Wertfreiheit

Der Versuch, der Sprachkritik in der Linguistik gegen das Prinzip der Wertfreiheit Raum zu verschaffen, argumentiert seinerseits vor allem mit dem relativierenden Hinweis auf die Historizität des zur Debatte stehenden Wissenschaftsbegriffs, außerdem mit dem Nachweis, dass die Linguistik ohnehin in vielerlei Hinsichten faktisch Wertentscheidungen treffe und sich deshalb kaum ernsthaft auf Wertfreiheit berufen könne.

An der Historizität des heute vorherrschenden Wissenschaftsbegriffs, der die wissenschaftliche Begründbarkeit von Werturteilen zweifelhaft erscheinen lässt oder kategorisch ausschließt, kann kein Zweifel bestehen, und das Argument kann die grundsätzliche Veränderbarkeit des historisch Gewordenen bewusst machen, einschließlich der Möglichkeit, auf der Grundlage eines „neuen (erweiterten) Wissenschaftsbegriffs" wieder zu einer „Synthese von Wissenschaft und Wertung" (Frohning u.a. 2002, 6) zu gelangen. Damit hat man aber noch kein Argument dafür gewonnen, diese Möglichkeit auch zu nutzen. Mancher Linguist zieht es vor, an der Wertfreiheit der Wissenschaft als einer historischen Errungenschaft festzuhalten und die Linguistik als deskriptive Wissenschaft gegen Aufweichungen des Prinzips zu verteidigen.

Auch hinsichtlich des zweiten Punktes sind die erwähnten Nachweise faktischen Wertens für das Argumentationsziel, die Sprachkritik als wissenschaftliche Tätigkeit zu begründen, nicht immer überzeugend, da in der Diskussion z.T. sehr verschiedenartige Wertung implizierende Entscheidungen zu Unrecht in einen Topf geworfen werden. Dass Wissenschaftler z.B. schon bei der Wahl ihrer Gegenstände und Untersuchungsmethoden Wertentscheidungen treffen, ist zutreffend, aber ein schwaches Argument für das Ansinnen, die untersuchten sprachlichen Erscheinungen auch selbst zu bewerten. Ähnlich steht es mit der impliziten Normativität linguistischer Beschreibungen. Die Tatsache, dass linguistische Beschreibungen bei Rezipienten als Bewertungshandlungen erfahren werden können oder dass dies sogar unausweichlich geschieht, ist ebenfalls keine überzeugende Begründung für die Aufforderung an Linguisten, solche Bewertungen gleich selbst vorzunehmen. Man kann die Entdeckung der impliziten Normativität gerade umgekehrt auch zum Anlass nehmen, die Gefahr der Fehldeutung deskriptiver Aussagen durch ausdrückliche Thematisierung des Problems zu mindern.

Trotzdem bleibt die Rigidität, mit der sprachkritische Bewertungen mit Berufung auf das Deskriptivitätsprinzip von manchen Linguisten ausgeschlossen werden, problematisch, weil die strikte wissenschaftstheoretisch begründete Scheidung von Wissenschaft und Wertung schon in der Vergangenheit im abstrakten Reden über die Linguistik eine größere Rolle gespielt hat als in der tatsächlichen Lehre und Forschung. Zwar hat es in den vergangenen Jahrzehnten in Deutschland kaum linguistische Veröffentlichungen gegeben, die sich dezidiert als *sprachkritische* verstanden haben oder als solche rezipiert worden sind, jedoch haben sich seit der „pragmatischen Wende" Anfang der 70er Jahre linguistische Arbeitsfelder entwickelt, in denen zwischen Beschreibung und Bewertung der jeweiligen Gegenstände mehr oder weniger offene Grenzen bestanden. In zahlreichen soziolinguistischen, pragmatischen, textlinguistischen und gesprächsanalytischen Untersuchungen spielten Wertungen, keineswegs fahrlässig, sondern intendiert, eine unübersehbare Rolle, zumal wenn sich in der untersuchungsleitenden Begrifflichkeit Einfallstore für Bewertungen befanden wie

Unverständlichkeit, Verschleierung, Manipulation, Diskriminierung, Benachteiligung oder *Unterdrückung.* Die Untersuchungen zur (Un)Verständlicheit von Gesetzestexten oder von Formularen in der Verwaltung, von Beipackzetteln für Medikamente oder Bedienungsanleitungen für technische Geräte waren wie die Analyse von Kommunikationskonflikten in Arzt-Patient-Gesprächen oder von Strategien politischer oder kommerzieller Werbung genauso wie die Aktivitäten der feministischen Linguistik oft von vornherein kritisch motiviert.

Das linguistische Pochen auf Wertfreiheit der eigenen Analysen wird zusätzlich fragwürdig, weil Linguisten sogar im Kernbereich der Disziplin faktisch gegenüber Wertungen gar nicht so zurückhaltend sind, wie ihnen vorgeworfen wird und wie sie es z. T. selbst für sich in Anspruch nehmen. Es ist verschiedentlich mit Recht festgestellt worden, dass die linguistische Wertungsabstinenz vor allem *negative* Urteile betrifft, während es nachgerade typisch ist, dass Linguisten die negative Wertung von Sprachkritikern durch den Erweis der Funktionalität der fraglichen Sprachmittel zurückzuweisen versuchen, ohne sich immer bewusst zu machen, dass dieses Votum ebenfalls eine – wenn auch meist angemessene – Bewertung darstellt: Nicht nur, dass die Linguistik „registrierend gutheißt, was ist“ (Arntzen, zit. Sanders 1992, 5); weitergehend meint Gauger (1999, 99), dass die Linguisten „immer alles prima [finden], was sich in der Sprache ergeben hat.“ Der Umgang mit dem wissenschaftstheoretischen Problem der Wertung ist also in der linguistischen Analysepraxis auch hinsichtlich der Bewertung der jeweils analysierten sprachlichen Sachverhalte nicht ohne Widersprüche und Inkonsequenzen.

2.2.2 Der Mangel an linguistischen Bewertungskriterien

Ein zweiter Grund, der gegen die Möglichkeit einer linguistischen Sprachkritik ins Feld geführt wird und auch dann bestehen bliebe, wenn man Bewertungen nicht generell aus der Wissenschaft ausschließt, ist der behauptete Mangel an fachspezifischen Kriterien, die der Linguist zur Bewertung sprachlicher Sachverhalte heranziehen und für die er seine wissenschaftliche Autorität in Anspruch nehmen könnte. Dass die in der öffentlichen Sprachkritik häufigen Bezüge auf ethische, ästhetische, politische, religiöse oder rechtliche Werte nicht linguistisch begründet werden können, kann man als Konsens verbuchen. Umstritten ist, ob nicht daneben auch linguistische Bewertungskriterien entwickelt werden könnten. Auer (Podiumsdiskussion 2002) begründet seine Auffassung, dass Sprachkritik und Sprachwissenschaft „essentiell eigentlich nichts miteinander zu tun“

haben und „dass die Linguisten nicht in irgendeiner privilegierten Form Sprachkritik betreiben können" (ebd., 125), mit der allgemeinen Aussage, dass „wir Linguisten *aus dem Fach heraus* keine Evaluationskriterien entwickeln können, um guten oder schlechten Sprachgebrauch oder schöne oder hässliche Sprachstrukturen zu unterscheiden" (133). Im Falle der „aufklärerischen Sprachkritik", die an wirklich oder vermeintlich irreführenden oder auf andere Weise inadäquaten Bezeichnungen für bestimmte Gegenstände ansetzt, meint Auer (ebd., 134) zu Recht, dass solche Missverhältnisse von Linguisten nicht besser oder schlechter beurteilt werden können als von irgendeinem anderen vernünftigen Menschen. Wenn jemand Vorteile besitze, dann eher die Sachexperten des jeweiligen Objektbereiches. Sein Illustrationsobjekt *weil* mit Hauptsatzstellung legt allerdings nahe, dass Auer sogar die Überprüfung der Funktionalität alternativer grammatischer Strukturen, die in Prozessen des Sprachwandels zeitweise nebeneinander bestehen, nicht für möglich hält. Ähnlich äußert sich Gauger (2004), der in der Sprachkritik und in seiner eigenen sprachkritischen Tätigkeit sehr wohl eine „rationale, also Begründungen suchende Diskussion" (14) in Anspruch nimmt, aber wie Auer betont, dass die Positionen, die er in seinen Sprachglossen vertritt, von der Sprachwissenschaft her prinzipiell nicht begründbar seien. Was ihn von Auer unterscheidet ist, dass ihn diese Erkenntnis nicht davon abhält, trotzdem – sozusagen im Nebenberuf – als Sprachkritiker tätig zu werden. – Auf der anderen Seite ist Wimmer (1983, 10 u.ö.) der Auffassung, dass sich „Bewertungshandlungen bezüglich sprachlicher Phänomene" „sprachwissenschaftlich fundieren und m. E. auch sprachtheoretisch rechtfertigen" lassen. Auch in einem späteren Plädoyer für eine „linguistisch begründete Sprachkritik" visiert Wimmer (2003a, 420f.) eine Sprachkritik an, in der „a) die Analyse von sprachlichen Äußerungen nach linguistischen Methoden vorgenommen wird und insofern fundiert ist und [...] b) auch die Maßstäbe für die Beurteilung und Bewertung der analysierten Äußerungen aus linguistischen Theorien und Beschreibungen entwickelt werden." Ebenso entwirft Kilian (2001) ein Konzept „kritischer Semantik", „die nicht nur registriert und kommentiert, sondern, linguistisch begründet, das Registrierte kritisch interpretiert und insofern Stellung bezieht" (300f.), wobei die Stellungnahme „auf der Grundlage *linguistischer* Wertmaßstäbe zu erfolgen" habe (ebd. 310).

Sieht man genauer hin, stellt man fest, dass es sich bei den „linguistisch fundierten" oder „linguistisch begründeten" Bewertungen meist um Maßstäbe handelt, die nicht der Linguist begründet und an die zu bewertenden Sachverhalte heranträgt, sondern die er als wirksame Prinzipien bei den Sprechenden vorfindet. Diese Bewertungen sind, wie Gauger (1999, 98) schreibt, „nicht etwas von der Sprache selbst Verschiedenes; sie sind

Bestandteil der Sprache selbst." – In dieser Funktion spielen im Konzept Wimmers vor allem die Konversationsmaximen von Grice (1996) eine große Rolle. Auch können Entscheidungen über Richtigkeit und Falschheit in dieser Weise als sprachwissenschaftlich begründet angesehen werden, wenn z.B. ein syntaktisches Konstruktionsmuster des Deutschen wie die Zweitstellung des Verbs im unabhängigen Satz mit dem Argument gestützt werden kann, dass sie vom Sprecherkollektiv allgemein als richtig akzeptiert sei.

Es bleibt jedoch, auch wenn man gewisse Formen des Umgangs mit Wertbegriffen als wissenschaftlich unbedenklich zu akzeptieren geneigt ist, unter dem Strich die Tatsache bestehen, dass die Bewertungen, die in der öffentlichen Sprachkritik typischerweise vorkommen, in ihrer Mehrzahl linguistisch nicht begründbar sind. Der Sprachwissenschaftler hat also den Vorteil einer zuverlässigen Analyse der zur Debatte stehenden sprachlichen Phänomene für sich, für die Bewertung aber keine grundsätzlich anderen Grundlagen als die linguistischen Laien, die sich über Sprache kritisch Gedanken machen. Deshalb bleibt die Forderung an den Wissenschaftler, er solle die von ihm beanspruchte und die ihm zugesprochene besondere Autorität nur für Aussagen in Anspruch nehmen, für die er (fach)spezifische Kompetenz besitzt, bestehen. Das schließt eine sprachkritische Tätigkeit nicht aus; doch sollte der Wissenschaftler durch geeignete Formen metakommunikativer Kommentierung Sorge tragen, dass sich die Rezipienten über die wissenschaftliche Begründbarkeit der jeweiligen Aussagen keine falschen Vorstellungen machen.

2.2.3 Die Unnötigkeit der Sprachkritik

Ein dritter Hinderungsgrund für eine linguistische Beteiligung an der Sprachkritik ist die Auffassung, dass es an der Sprache eigentlich nichts zu kritisieren gebe, wobei *Sprache* allerdings stillschweigend mit dem kollektiven Sprachbesitz gleichgesetzt wird und weniger oder gar nicht an individuelle Sprachverwendung gedacht ist, für die sich Linguisten ohnehin weniger interessieren. In diesem Sinne attestiert Gauger (2004, 21) seinen sprachwissenschaftlichen Kollegen die „seltsame Naivität" zu glauben, in der Sprache sei etwas „allein deshalb gut oder in Ordnung, weil es sich tatsächlich durchgesetzt hat". Vor allem die daraus ableitbare These von der Unnötigkeit der Kritik trägt dazu bei, dass die Linguistik der öffentlichen Kritik auch dann nicht entginge, wenn sie die wissenschaftstheoretisch begründete Wertungsscheu ablegen oder mildern würde. Zimmer (2005, 34) hält sie sogar für das größere Ärgernis, wenn er meint, es sei „weniger die Indifferenz als die unterschwellig apologetische Tendenz der Linguistik, die die öffentliche Sprachkritik gegen sie aufgebracht hat".

Dass Linguisten weniger Anlässe zur Kritik wahrnehmen und selten bestätigen, was Sprachkritiker und andere Sprachfreunde für kritikwürdig halten, beruht zu guten Teilen auf wohlbegründeter Einsicht des Fachmanns für Sprache. Andererseits bekommt die These von der Unnötigkeit der Sprachkritik im Munde von Linguisten gelegentlich dogmatische Züge, oder sie wird zu eilfertig verwendet, um sich unbequeme Erwartungen in der Öffentlichkeit vom Halse zu halten. So gibt es zahlreiche linguistische Zurückweisungen der in der Sprachkritik ausformulierten oder implizierten allgemeinen Theorie vom Sprachverfall. Unterbelichtet oder gänzlich unreflektiert bleibt in solchen Stellungnahmen, wenn sie nach dem Rezept ‚Grober Keil auf groben Klotz' gefertigt sind, die Frage, ob es nicht unterhalb der allgemeinen Ebene durchaus Beispiele von Sprachwandel gibt, die als Verschlechterungen angesehen werden können. In der Sprachgeschichtsforschung werden ja mancherlei Prozesse des Sprachwandels als Reparaturen eines vorangegangenen Wandels erklärt, der also seinerseits ein Problem geschaffen haben muss (siehe dazu Kapitel II, 5). Verallgemeinert formuliert: In der Kritik fragwürdiger Formen der Sprachkritik bzw. bei der Distanzierung von ihnen bekommt der Gedanke zu wenig Raum, ob nicht eine bessere Sprachkritik, nämlich eine, die mit dem wissenschaftlichen Wissen über die Strukturen und Funktionen von Sprache und ihre Veränderungsmechanismen vereinbar ist, trotzdem eine sinnvolle Aufgabe sein könnte.

2.2.4 Die Erfolglosigkeit der Sprachkritik

Voraussehbare Erfolglosigkeit eines Bemühens ist nicht unter allen Umständen ein Grund zur Unterlassung, jedoch nimmt man zweifellos Anstrengungen eher auf sich, wenn eine gewisse Chance zum Erfolg besteht. Andernfalls wird der Aufwand fragwürdig oder gar sinnlos. Viele meinen, dass auch die Sprachkritik in dieser Gefahr steht, weil Sprache generell, insbesondere aber das, was kollektiver Besitz einer Sprachgemeinschaft geworden ist, durch Sprachkritik oder andere intentionale Akte kaum beeinflussbar ist. Begründet werden kann diese Ansicht im Rückblick auf sprachkritische Bemühungen in der Vergangenheit; doch bleibt das Ergebnis solcher Erfolgskontrollen auch in der Beurteilung der gleichen Aktivitäten nicht selten strittig. Das liegt zum einen an der Relativität des Begriffs *Erfolg*, zum anderen an der methodologischen Schwierigkeit, den speziellen Anteil der Sprachkritik an den sprachverändernden Wirkungsfaktoren insgesamt zu isolieren.

Es ist errechnet worden, dass von den Vorschlägen, die Campe (1801) in seinem Verdeutschungswörterbuch macht, 200 bis 300 Eingang in die deutsche Sprache gefunden haben (Schiewe 1998, 137 mit Berufung auf Kirkness 1975). Ist das viel oder wenig? Setzt man diese Zahl in Beziehung zu der Gesamtmenge (ca. 11000) der Fremdwortersetzungen Campes in diesem Wörterbuch, erscheint der Prozentsatz enttäuschend niedrig. Für den, der sich fragt, welcher anderen einzelnen Person es denn gelungen ist, die deutsche Sprache um mehrere hundert Wörter zu bereichern, mag Campes Erfolg trotzdem beeindruckend sein.

Das zweite, das methodologische Problem, ließe sich gut an der bis heute strittigen Beurteilung des Anteils illustrieren, den die sprachnormierende Arbeit der Grammatiker und Lexikographen im 17. und 18. Jahrhundert an der Herausbildung der deutschen Standardsprache gehabt hat. Zunächst ist zu sagen, dass die Rolle, die Sprachforscher und Sprachkritiker unter den Bedingungen der föderalen Uneinheitlichkeit in Deutschland in der Ausbildung der Standardsprache gespielt haben, im europäischen Vergleich von vornherein ungewöhnlich groß war, weil „in den deutschsprachigen Territorien, im Unterschied zu Frankreich und England, eine eigensprachliche Prestigenorm eines zentralen Fürstenhofes fehlte (v. Polenz (2000, 26). *Wie* wirksam dieser Einfluss gewesen ist, ist jedoch, wie schon gesagt, umstritten. Noch jüngst kam Kilian (2000) zum Ergebnis, dass „die Frage, inwiefern dieser Umbruch [zur deutschen Standardsprache als Leitvarietät] lediglich Ergebnis eines ‚Invisible-hand-Prozesses' (Keller) war oder aber durch Eingriffe von Sprachforschern maßgeblich gestaltet wurde, [...] nach wie vor einer Antwort [harrt]" (848). (Siehe neuerdings auch Cherubim [2011] über „Erfolg und Misserfolg von Sprachkritik" in der geschichtlichen Entwicklung des Deutschen.)

Auch der Nachweis, dass die faktische Entwicklung der deutschen Sprache im 19. und 20. Jahrhundert in mancherlei Hinsicht mit dem übereinstimmt, was Sprachforscher und Sprachkritiker im 17. und 18. Jahrhundert gefordert haben, belegt nicht schlüssig deren Erfolg, solange man keine Möglichkeit hat auszuschließen, dass besagte Entwicklungen auch ohne die sprachkritischen Bemühungen eingetreten wären. Es gibt deshalb erhebliche Interpretationsspielräume, die von den Kontrahenten in dieser Frage je nach Argumentationsziel in der einen oder der anderen Richtung genutzt werden können. Auch in den gegenwärtigen Überlegungen zur Sprachkritik und zu ihrer Berücksichtigung in der Linguistik nutzen die einen den Blick in die Vergangenheit, um die Bedeutung intentionaler Sprachbeeinflussungsakte für die Entwicklung der deutschen Sprache zu betonen, und leiten daraus plausibel eine große gesellschaftliche Bedeutung der Sprachkritik auch für die Gegenwart und die Zukunft ab (z.B. Schiewe in: Podiumsdiskussion 2002, 126f.). Die Gegenposition begreift Sprachwandel als sich selbst regulierenden oder als „Invisible hand"-Prozess und verweist auf die Erfolglosigkeit früherer sprachkritischer Bemühungen (z.B. Ayren ebd., 139f.).

Allerdings beruhen die Divergenzen in der Einschätzung der Erfolgsmöglichkeiten der Sprachkritik zum Teil auch auf ungeklärten begrifflichen Voraussetzungen: Der allgemein artikulierte Zweifel am Erfolg der Sprachkritik betrifft oft nur Sprachkritik mit dem Ziel, den kritikwürdigen Zustand zu beseitigen, indem man die Leser zu einem veränderten Sprachgebrauch auffordert. Belege für eine eher geringe Erfolgschance bei dieser Zielsetzung besagen nicht unbedingt etwas über die Möglichkeiten der Sprachkritik allgemein, die ja auch andere Ziele verfolgt. Die „aufklärerische" Sprachkritik, die mögliche Gefahren bestimmter Sprachgebräuche auf das Denken mindern oder beseitigen will, ist erfolgreich, wenn es ihr gelingt, die schädlichen Konsequenzen „manipulativen" Sprachgebrauchs durch Bewusstmachung beim Rezipienten zu entschärfen (vgl. Kapitel I, 1.3.2). Eine Veränderung des Sprachgebrauchs beim „Manipulator" ist dazu nicht erforderlich. – Auch unterschiedlich weite Begriffe von *Sprachkritik* (vgl. Kapitel I, 1.1) können einen täuschenden Dissens in der Einschätzung des Erfolgs ergeben – täuschend, weil ein vermeintlicher Dissens in der Sache in Wahrheit ein Dissens im unreflektierten Gebrauch des Wortes *Sprachkritik* ist. Zweifelsfrei ist das Wirkungspotential der Sprachkritik im weiten Sinne größer als bei der Wahl eines engeren Begriffs.

Einige Faktoren, die die Wirkungsmöglichkeiten intentionaler Sprachveränderungsversuche und in diesem Rahmen auch sprachkritischer Einflussnahmen tatsächlich *in der Sache* erhöhen bzw. mindern, halte ich in den folgenden Punkten fest:

- Die Zugänglichkeit für intentionale Beeinflussungsversuche ist in den einzelnen Erscheinungsformen der Sprache unterschiedlich groß und nimmt in der Reihenfolge *parole, langue, langage* ab. Richtet sich die Sprachkritik z.B. auf den Sprach*brauch*, auf sprachliche Gewohnheiten, die sich in der kommunikativen Praxis des Kollektivs herausgebildet haben, so sind Beeinflussungsversuche grundsätzlich schwer durchzusetzen; es sei denn, die sprachkritischen Einflussnahmen unterstützten etwas, was sich in der Kommunikation schon selbst abzeichnet.
- Sprachkritische Initiativen, die die geschriebene Sprache betreffen, sind im Allgemeinen wirkungsvoller als Einflussnahmen auf die gesprochene

Sprache, weil sowohl im Erwerb der geschriebenen Sprache als auch in der Produktion und Rezeption schriftlicher Äußerungen bewusste Planung stärker ausgeprägt ist und daher Impulse sprachkritischer Instanzen eher eine Chance haben, Berücksichtigung zu finden, als in der Kritik spontan gesprochener Sprache.

- Veränderungsversuche, die sektoral nur Teile der Kommunikationsgemeinschaft betreffen (z.B. Terminologisierungen in Wissenschaft oder Technik), sind in der Regel wirkungsvoller als solche, die gesamtgesellschaftliche Verbindlichkeit erhalten sollen.
- Veränderungsversuche, die die Unterstützung staatlicher Instanzen haben, sind wirkungsvoller als solche von Einzelpersonen, Vereinen oder Akademien, vor allem dann, wenn die Instanz zugleich Einfluss auf Spracherziehung und Sprachunterricht hat. Adelung und Campe gewannen im 18. Jahrhundert Einfluss, weil nationübergreifend keine staatlichen Instanzen in Deutschland vorhanden waren. Die Verdeutschung von Fremdwörtern durch den Allgemeinen deutschen Sprachverein am Ende des 19. Jahrhunderts bekam jedoch Durchschlagskraft wesentlich durch die Kooperation mit Behörden (Post, Bahn, Militär). Entsprechendes gilt für die Berücksichtigung feministischer sprachkritischer Anliegen in öffentlichen Stellenausschreibungen in den 80er Jahren des vorigen Jahrhunderts.

2.2.5 Das Legitimierungsproblem: Wem gehört die Sprache?

Als letzten Hinderungsgrund für die Entwicklung einer linguistischen Sprachkritik nenne ich das Problem ihrer Legitimierung. Auch wenn man die Frage, ob Sprachkritik nötig und möglich ist, positiv beantwortet hat, bleibt zu klären, wer gegebenenfalls angesichts welcher sprachlichen Sachverhalte die Legitimation besitzt, den Mitgliedern der Sprachgemeinschaft Vorschriften darüber zu machen, wie sie zu sprechen oder zu schreiben haben. In der öffentlichen Sprachdiskussion und auch bei den normalen Sprechern, die Institutionen der Sprachberatung kontaktieren, wird in der Regel weder die Notwendigkeit noch die Legitimität sprachpflegerischer und sprachkritischer Einflussnahmen bezweifelt. Der Sprachkritik wird vielmehr ausdrücklich die Aufgabe zugewiesen, auch gegen den feststellbaren faktischen Gebrauch der Sprecher zu bestimmen, was richtig und was falsch, was besser und was schlechter ist. Der Vorwurf an die Sprachwissenschaftler oder an den „Duden", diese Aufgabe zu vernachlässigen, ist ja seit längerem ein Topos der publizistischen Kritik. Wenn solche den Sprachgebrauch normierenden und regulierenden Einflussnahmen inhaltlich nicht die Zustimmung des Betrachters finden, stellt sich freilich auch in der öffentlichen Sprachdiskussion schnell ein Zweifel an der Legitimität der Eingriffe ein. Dafür kann die Kritik an der Rechtschreibreform in den 90er Jahren als Beispiel stehen.

Unter Linguisten gibt es sowohl gegen sprachnormierende Eingriffe des Staates wie gegen solche von Individuen oder Gruppen, sprachkritische Einflussnahmen eingeschlossen, deutliche Vorbehalte. Zugrunde liegt die „demokratietheoretische" Auffassung, dass eine Sprachgemeinschaft in dem, was sie kollektiv in der Kommunikation herstellt und verändert, souverän ist und dass deshalb keine andere Instanz das Recht hat, dem Kollektiv Vorschriften zu machen. Allerdings ist bei der Beurteilung sprachkritischer Initiativen die gesellschaftliche Sprachsituation zu berücksichtigen. Die – im Vergleich zu heute – stärkere sprachkritische Aktivität der deutschen Sprachgelehrten in der Neuzeit bis ins 19. Jahrhundert hinein hat nicht nur mit einem anderen Wissenschaftsbegriff oder einer anderen Einstellung zur Sprachkritik zu tun, sondern vor allem mit der Sprachsituation, auf die die Sprachforscher damals reagierten. Die sprachkritische Bewertung des Zustands der deutschen Sprache mit dem Ziel seiner Verbesserung war zu Zeiten, als es in Deutschland eine fest im Gebrauch verankerte überregionale Verkehrssprache für die relevanten Gesellschaftsbereiche noch nicht gab, als wichtige gesellschaftliche Aufgabe einfacher zu legitimieren als später, als zunächst für die schriftliche, im Laufe des 19. Jahrhunderts auch für die mündliche Kommunikation eine breite soziale Trägerschaft für die Standardsprache entstanden war. Es hat deshalb nur begrenzten Sinn, der heutigen Linguistik die Aktivitäten von Schottelius, Leibniz, Gottsched und Adelung als Vorbild zur Nachahmung zu empfehlen. Normierungsbestrebungen, die dazu beitragen, ein gesamtgesellschaftliches sprachliches Ausdruckssystem für die mündliche und/oder schriftliche Kommunikation zu etablieren, sind nicht nur wirkungsvoller, sondern auch leichter zu legitimieren als Veränderungsversuche, die auf den kollektiv gebilligten Sprachbrauch einer ausgebildeten sozialen Trägerschaft treffen. Eine Sprachkritik, die sich gegen den (kollektiven) Usus stellt, hat es auch in dieser Hinsicht schwerer als eine Sprachkritik, die dazu beitragen will, einen solchen Usus erst einmal zu schaffen. In diesem Sinne begründen auch Eisenberg und Siehr (1995) ihre Bedenken gegen die Übernahme des in den 20er Jahren in Osteuropa entwickelten, stark normativen *Sprachkultur*-Konzeptes in der DDR mit den unterschiedlichen Sprachsituationen: „Während dies [die Normativität] unter den Bedingungen einer – was den überregionalen Standard anbetrifft – noch instabilen und vielschichtigen Sprachsituation wie in der damaligen Sowjetunion und der Tschechoslowakei gut begründbar ist, mußte sich ein solcher Ansatz bei unreflektierter Übernahme anders darstellen" (14).

2.3 Neuere Vorschläge zur Etablierung der Sprachkritik als linguistische Aufgabe

In einem Aufsatz in der Zeitschrift „Aptum" kommt Peter v. Polenz (2005) auf die „linguistisch fundierte Sprachkritik" zu sprechen, deren Ausarbeitung in der germanistischen Sprachwissenschaft in den 80er Jahren vor allem mit den Namen Wimmer und Heringer verbunden war, in den 90er Jahren verändert mit Pörksen, Schiewe und anderen einen neuen Anlauf nahm und seit 2005 in der Zeitschrift „Aptum" ein Forum gewonnen hat. Die einschlägigen sprachkritischen Konzepte erscheinen v. Polenz (ebd., 107) als „Kompromissversuche" – Kompromiss, so ist anzunehmen, zwischen dem Versuch, der öffentlichen Kritik an der Wertungsabstinenz der Linguistik durch Lockerung des wissenschaftlichen Deskriptionsprinzips entgegenzukommen, und den fachinternen Anforderungen an Wissenschaftlichkeit. Das Problem, zwischen diesen beiden Erwartungen vermitteln zu müssen, besteht auch noch für die Vorschläge aus den letzten Jahren. Sie alle haben kompromisshafte Züge, auch wenn die einzelnen Autoren und Autorengruppen unterschiedliche Wege wählen, um den Kompromiss zu erreichen.

Man kann, um das Problem zu charakterisieren, auch auf das Bild vom Zwischen-den-Stühlen-Sitzen zurückgreifen. Auf der einen Seite sitzen einige Linguisten, die Sprachkritik nicht nur prinzipiell für unwissenschaftlich halten, sondern auch sonst nicht glauben, dass Sprachkritiker unser Wissen über Sprache in irgendeiner Weise bereichern könnten. Am anderen Ende sitzen einige Journalisten, denen es so offensichtlich zu sein scheint, dass es mit der deutschen Sprache rapide bergab geht, dass sie über gar nichts anderes mit sich reden lassen. Es gibt niemanden, der es beiden Gruppen zugleich recht machen könnte. Solange diese Stühle besetzt bleiben, kann man sich als sprachkritisch interessierter Linguist also nur irgendwo dazwischen ansiedeln. In diesem Sinne scheinen mir alle „Neueren Vorschläge" Kompromissversuche.

2.3.1 Der Linguist als „Sprachkritiker im Nebenberuf"

Als erste Möglichkeit, das wissenschaftstheoretische Problem bewertender Analyse zu entschärfen, nenne ich den Vorschlag, Linguisten sollten sich verstärkt als Sprachkritiker betätigen, ohne den Anspruch zu erheben, ihre Bewertungen als *linguistische* zu deklarieren. Der Linguist analysiert in dieser Konzeption die sprachlichen Phänomene kraft seiner Fachkompetenz und bewertet sie in Personalunion als Sprachkritiker, im Verständnis aber, dass nur die Analyse, nicht aber die Bewertung linguistisch begründbar ist. Solche *Sprachkritik von Linguisten*, die nicht beansprucht, *linguistische Sprachkritik* zu sein, findet nicht auf dem innerwissenschaftlichen Forum statt, sondern in größeren, medial vermittelten Öffentlichkeiten. Verwirklicht ist dieses Konzept z. B. von Hans-Martin Gauger, der sich verschiedentlich als Sprachkritiker zu Wort gemeldet hat, zugleich aber unmissverständlich seiner Auffassung Ausdruck gegeben hat, dass in der Sprachwissenschaft „in der Tat nur beschrieben (und erklärt) werden" dürfe und dass der Sprachwissenschaftler, der zusätzlich wertet, dies nicht als Sprachwissenschaftler tue (Gauger 1984, 51f., zuletzt auch Gauger 2004). Um zu verhindern, dass sich der Linguist als Sprachkritiker trotzdem in der Gemeinschaft der Wissenschaftler diskreditiert, regt Bär (2002, 241) als flankierende Maßnahme an, das wissenschaftsinterne Sprechen und Schreiben deutlich vom (sprachkritischen) Sprechen auf außerwissenschaftlichen Foren zu trennen, beide Tätigkeiten aber als gleichberechtigt anzuerkennen.

2.3.2 Sprachkritik als Teil der „Angewandten Linguistik"

Benachbart, aber weitergehend ist die Integration der Sprachkritik in die „Angewandte Linguistik". Sprachkritik wird in diesem Modell zwar innerhalb des Faches institutionalisiert, für die „eigentliche" Linguistik bleibt trotzdem das Deskriptivitätsprinzip unangetastet. Diese Lösung erscheint im Sammelband von Spitzmüller u.a. (2002) mit Fragezeichen schon im Untertitel. Auch Lanthaler u.a. (2003, 3) verorten die Sprachkritik „neben der deskriptiven Linguistik als Kern des Faches" in einem „anwendungsbezogenen Bereich der Sprachwissenschaft".

2.3.3 Abschwächung des präskriptiven bzw. des normativen Elements der Sprachkritik

Ein weiterer Versuch, die Akzeptanz für Sprachkritik innerhalb der Linguistik zu erhöhen, ist die Versicherung, dass die linguistisch begründete oder fundierte Sprachkritik zwar wertend sei, aber keine *präskriptiven* Absichten verfolge. Von manchen linguistischen Befürwortern der Sprachkritik wird für die eigene Tätigkeit nicht nur *Präskriptivität*, sondern sogar *Normativität* in Abrede gestellt (z.B. Kilian 2001, 312; Schiewe/Wengeler 2005, 7; Schwinn 2005, 40). Solche Versuche, sich durch begriffliche Differenzierungen aus dem Gefängnis der Dichotomie *deskriptiv* vs. *präskriptiv* zu befreien, scheitert freilich bei dem, der darauf besteht, dass das wissenschaftstheoretisch begründete Deskriptionsgebot nicht erst durch Präskriptivität und Normativität, sondern schon durch ihre Vorstufe, die Bewertung der beschriebenen Sachverhalte, verletzt wird.

2.3.4 Abschwächung des wertenden Elements im Rahmen eines weiten Begriffs von *Kritik*

Eine wirksamere Entlastung vom wissenschaftstheoretischen Postulat der Wertfreiheit erreicht man deshalb, wenn ‚Wertung' seinen Status als definitorisches Merkmal des Begriffs *Sprachkritik* verliert oder zumindest an dessen Ränder verlagert wird. Dies geschieht vor allem in der Berufung auf die älteren Traditionen des Begriffs *Kritik* (vgl. Kapitel I, 1.1), nach denen eine Analyse *kritisch* genannt werden kann, insofern sie Sachverhalte klärt, trennt und unterscheidet, ohne dass der Kritiker notwendig eine eigene Bewertung abgeben müsste, zu schweigen von einem Akt des Bemängelns im Sinne der gegenwärtig dominanten Bedeutung von *kritisieren*. In der „linguistisch begründeten Sprachkritik" der 80er Jahre (kritisch dazu Roth 2004) ist in diesem Sinne generell die *Analyse* betont worden, z.B. wenn Heringer (1982b, 27) ausdrücklich sagt: „Haben wir aber die Analyse, so ist auch alles getan." Anders Schiewe/Wengeler (2005), die daran festhalten, dass metasprachliches Reden über Sprache (nur) dann zur Sprachkritik gehöre, wenn es „zusätzlich noch eine Bewertung des Gegenstands der Aussage" enthält (3). Als „implizite Sprachkritik" akzeptieren allerdings auch sie Untersuchungen wie das Projekt „Kontroverse Begriffe" (Stötzel/ Wengeler 1995), in denen „mittels einer Text- oder Diskursanalyse Sprachgebrauchsmuster oder aber konkurrierende Sprachgebräuche rekonstruiert und analysiert werden", „ohne damit auch ein ausdrücklich benanntes Werturteil zu verbinden" (Schiewe/Wengeler 2005, 6). Der deskriptive Nachweis konkurrierender interessenabhängiger Wirklichkeitskonstruktionen relativiert den Wahrheitsanspruch der beteiligten gesellschaftlichen Gruppierungen, ohne dass der Wissenschaftler über die Beschreibung hinaus selbst eine solche Bewertung explizit formulieren müsste. Die linguistische Beschreibung wird „kritisch durch Deskription" (Wengeler 2011).

Auf diese Weise werden mancherlei linguistische Forschungen unter den Begriff *Sprachkritik* subsumierbar, die selbst diesen Anspruch gar nicht erheben. Doch dürfte solche Sprachkritik nicht die Erwartungen erfüllen, die manche Kritiker in den Medien an die Linguistik haben.

2.3.5 Verlagerung der Bewertung auf den sprachkritischen Rezipienten

In einigen Plädoyers für eine linguistische Beteiligung an den Aufgaben der Sprachkritik bleibt die Bewertung notwendiger Bestandteil der sprachkritischen Tätigkeit, jedoch wird dieser Teilakt nicht vom Wissenschaftler, sondern vom Rezipienten der sprachwissenschaftlichen Analyse vollzogen. Mit seiner Analyse führt der Sprachwissenschaftler den Leser bis an den Punkt heran, an dem dieser die Bewertung der aufgezeigten alternativen sprachlichen Möglichkeiten und die eigene Entscheidung für eine von ihnen, „linguistisch begründet", selbst vornehmen kann. Die sprach*kritische* Nutzanwendung ist also Sache des Lesers oder Hörers. Mit den Worten von Schiewe/Wengeler (2005, 6) macht die linguistische Analyse „die Bedingung der Möglichkeit eines begründeten Urteils" aus und regt bei den Sprachteilhabern einen reflektiert-sprachkritischen Umgang mit der Sprache an. Auch dann, wenn die linguistische Analyse das Ziel hat, über die Ideologie- und Interessenabhängigkeit der Sprachverwendung oder – grundsätzlicher – über die sprachliche Konstitution der Wirklichkeit aufzuklären, ergreift der Linguist angesichts konkurrierender Sprachgebräuche nicht selbst Partei, sondern korrigiert allenfalls ein Sprachbewusstsein, das die Perspektivität jeglichen Sprechens übersieht.

2.3.6 Beschränkung auf „Sprachnormenkritik"

Das letzte hier zu besprechende Konzept „linguistisch begründeter" oder „fundierter" Sprachkritik besteht in der Beschränkung der Sprachkritik auf Sprachnormenkritik. In der Sprachnormenkritik (vgl. Kapitel I, 1.2) werden Versuche bewertet, auf Sprache und Sprachgebrauch normierend Einfluss zu nehmen. Kritisiert werden entweder die normierenden Instanzen selbst oder die metasprachlichen Sätze, mit denen sie das Ziel, durch Reglementierung der Sprache ihre eigene Sichtweise auf die Welt zu fördern, zu verwirklichen suchen.

Solche Bewertungen sind, wissenschaftstheoretisch betrachtet, ohnehin unproblematisch, weil das Deskriptionsgebot nur für Aussagen über die Elemente des jeweiligen disziplinären Gegenstandsbereichs gilt, in der Linguistik also über die sprachlichen Tatsachen. Die gesamte Theorie- und Methodenkritik und jegliche Kritik am wissenschaftlichen Umgang mit den untersuchten Sachverhalten, wie sie z.B. in Rezensionen stattfindet, wird vom Deskriptionsgebot nicht erfasst. Und da sich die Sprachnormenkritik, etwa bei Wimmer, analog auf einer Meta-Metaebene abspielt, sind auch hier Bewertungen nichts Ungewöhnliches. Eine sprachnormenkritische

Aufforderung wie „Leave your language alone" (Hall 1950) beispielsweise, mit der Linguisten auf das Deskriptionsgebot verpflichtet werden sollten, stellt selbst keine Verletzung des Gebots dar.

2.4 Resümee

Die Sprachkritik hat in der Linguistik in den letzten 10-15 Jahren zumindest als Diskussionsgegenstand an Bedeutung gewonnen und die Meinung, dass Sprachkritik in der Linguistik nichts zu suchen habe, ist zumindest nicht unbestritten. Ganz im Gegenteil gibt es inzwischen deutliche Indizien für eine Institutionalisierung der Sprachkritik in der Sprachwissenschaft des Deutschen: die Gründung einer Zeitschrift (Aptum, 2005ff.), das Erscheinen einer Einführung für den akademischen Unterricht (Kilian/Niehr/Schiewe 2010), die Organisation spezieller Vortragsreihen (Freiburg 2001/02; Druckfassung: Spitzmüller u.a. 2002) und Tagungen (Greifswald 2007; Druckfassung: Schiewe 2011) und u.a.m. Wie verbreitet die grundsätzliche Ablehnung immer noch ist, lässt sich schwer bestimmen, weil die, die ihr ablehnend gegenüberstehen, nicht unbedingt Anlass haben, ihre Ablehnung auch kundzutun. In der Wahrnehmung haben die Befürworter einer linguistisch fundierten Sprachkritik in der Diskussion natürlicherweise ein Übergewicht.

Die bleibenden Schwierigkeiten, die linguistische Fachkollegen immer noch haben, über die Möglichkeit „linguistischer", „linguistisch begründeter" oder „linguistisch fundierter" Sprachkritik auf einen Nenner zu kommen, zeigt exemplarisch die Podiumsdiskussion zwischen Auer, Ayren, Gauger, Hupka, Schiewe und Roth, die im Tagungsband von Spitzmüller u.a. (2002, 125-151) protokolliert ist und auf die ich verschiedentlich Bezug genommen habe. Lässt man rückblickend die vorgeschlagenen Modelle zur Aufnahme der Sprachkritik in die Tätigkeit von Linguisten Revue passieren, so sollte man allerdings meinen, dass Linguisten, die überhaupt einen lohnenden Anlass für Sprachkritik wahrnehmen, in dem „Angebot" auch einen Modus finden, den sie mit ihrem wissenschaftlichen Gewissen vereinbaren können!

Neben den innerdisziplinären Differenzen besteht weiterhin eine Kluft zwischen der Linguistik und der publizistischen Sprachkritik, die zu schließen nicht allein der Linguistik aufgebürdet werden kann. Das Ansinnen, die in der öffentlichen Sprachkritik diagnostizierten Gefahren für die Entwicklung der Sprache in der Sache linguistisch zu bestätigen, stellt für Linguisten eine im Zweifelsfall größere Hürde als das wissenschaftstheoretische Problem dar. Zu viele Sorgen um die deutsche Sprache, die in der publizistischen Sprachkritik traditionell artikuliert werden, stellen sich als übertrieben oder gänzlich unbegründet heraus, wenn man die sprachlichen Phänomene mit linguistischen Augen betrachtet. Es bleiben zwar genügend Anlässe für den (linguistischen oder nicht linguistischen) Sprachkritiker, doch betreffen sie in der Regel weniger Gefahren für die Sprache als Zumutungen für die Sprecher und Hörer, Schreiber und Leser.

II. Wege und Abwege. Metakritische Analysen

1. Kritik auf unsicherem Grund. Der Mangel an Analyse

1.1 Eine *Sprache können* und eine *Sprache kennen*. Sprachkompetenz und Analysekompetenz

Es scheint nicht der Erwähnung wert, dass man „über die sprachlichen Sachverhalte, über die man urteilt, Bescheid wissen sollte, wenn und bevor man darüber urteilt" (Eichinger 2009b, 201), denn warum sollte für die Sprache nicht gelten, was sonst allgemeine Zustimmung findet. Traut man dem in diesem Zusammenhang häufig zitierten Ausspruch Goethes „Ein jeder, weil er spricht, glaubt, auch über die Sprache sprechen zu können" (Goethe [4]1960, 511), so scheint das von Eichinger angesprochene Prinzip jedoch schon damals nicht unangefochten gegolten zu haben, und auch heute herrscht in manchen Zeitungsredaktionen offenbar die Vorstellung, dass man für die Berichterstattung in Politik, Wirtschaft, Wissenschaft etc. spezielle Kenntnisse brauche, dass aber über Sprache jeder sich auslassen könne und auf jeden Fall keine Hilfestellung der zuständigen Wissenschaft benötige. Auch gelegentliche Talkrunden über Probleme der Sprache in Rundfunk und Fernsehen sind in der Vergangenheit ohne jede Beteiligung von Sprachwissenschaftlern ausgekommen.

Es ist freilich eine Überlegung wert, ob die Sprache nicht wirklich eine Ausnahme darstellt, insofern der muttersprachliche Sprecher ja in der Tat seine Sprache in hohem Grade beherrscht, ohne auf Experten irgendwelcher Art angewiesen zu sein. So kann man gegen Goethes Ausspruch und die darin enthaltene Kritik ein zeitlich benachbartes und gleichfalls berühmtes Diktum Jacob Grimms stellen, der in einer Auseinandersetzung mit dem muttersprachlichen Schulunterricht seiner Zeit das Argument vorbrachte, dass „jeder Deutsche, der sein deutsch schlecht und recht weiß, d.h. ungelehrt, [...] sich nach dem treffenden ausdruck eines Franzosen: eine selbsteigene, lebendige grammatik nennen und kühnlich alle sprachmeisterregeln fahren lassen" darf (Grimm [1818] 1986, 139). Jedoch handelt es sich bei den großen Fähigkeiten, die Grimm und, mit ihm einig, heutige Linguisten dem Muttersprachler zusprechen, um ein anderes Vermögen als das Sprechen „über die Sprache", das Goethe im Blickfeld hat.

Jemand, der als Kind in der kommunikativen Praxis Deutsch lernt und diese Sprache als seine Muttersprache erwirbt, entwickelt ein relativ sicheres Gefühl für Normgerechtes und Abweichendes und braucht keine linguistischen Bücher, um sagen zu können, ob ein Satz richtiges oder falsches Deutsch ist. Darüber entscheidet er auf der Grundlage seines Sprachgefühls intuitiv, ohne die Regeln beschreiben zu können oder zu müssen, von denen er selbst oder ein anderer Sprecher gegebenenfalls abgewichen ist. *Sprachgefühl* bestimmt Henne (1982, 137) als „Urteilsfähigkeit", die sich „in sprachlich geronnener Erfahrung" ausgebildet hat. Sie befähigt sowohl dazu, in der eigenen Produktion von Äußerungen mit der eigenen Sprache richtig und situationsangemessen umzugehen, als auch, die eigenen und fremden Äußerungen hinsichtlich ihrer grammatischen Richtigkeit und ihrer Angemessenheit in den jeweiligen kommunikativen Zusammenhängen zu beurteilen. Da das Sprachgefühl an die kommunikative Erfahrung des individuellen Sprechers gebunden ist, hängt seine Zuverlässigkeit davon ab, inwieweit der Beurteilende selbst aktive oder passive Erfahrungen in dem Kommunikationsbereich hat, in den die zu beurteilende Äußerung eingebettet ist. Wer mit wissenschaftlichen Texten wenig oder gar keine Erfahrung hat, kann auch nicht erfahren und gelernt haben, was in solchen Texten eine übliche und angemessene Ausdrucksweise ist. Das Gleiche gilt entsprechend für Tischreden auf der Jubiläumsfeier einer Firma, Stammtischgespräche in einem Lokal in Bayern, Vorlagen für eine Ausschusssitzung des Deutschen Bundestages etc. etc. Neben solchen durch die Grenzen der kommunikativen Erfahrung gesetzten Einschränkungen ist zu beachten, dass das im Begriff der *muttersprachlichen Sprachkompetenz* gefasste intuitive Wissen zwar Regelabweichungen als solche registriert, jedoch nicht die Möglichkeit verschafft, das im Sprachgefühl erweckte Unbehagen zu begründen und zu erklären. Nicht zuletzt das ist aber vom Sprachkritiker zu verlangen, der deshalb eines andersgearteten Wissens über Sprache bedarf.

Die Unterscheidung verschiedener Arten sprachlichen Wissens erscheint z.B. bei Kilian (2009) als Unterscheidung von „Sprache-Können" und „Sprache-Kennen". Sprache-Können ist Ziel und Endprodukt des „sprachlichen Lernens" im gerade besprochenen Sinne und besteht vor allem in der Fähigkeit zur erfolgreichen Lösung kommunikativer und kognitiver Aufgaben. „Der Begriff der ‚sprachlichen Bildung' erfasst demgegenüber den Erwerb und die Erzeugung sprachlichen Wissens zum Zwecke des Sprache-Kennens" (106), das zu einer „distanzierten Reflexion, sowie, schließlich, zur Kritik von Sprache und Sprachgebrauch befähigen [soll]" (ebd.). Wie man sieht, ist die sprachkritische Fähigkeit ein Aspekt des Sprache-Kennens und nicht des Sprache-Könnens. Beide sind in hohem Maße voneinander unabhängig. Das professionell hohe Niveau des Sprache-Kennens bei Linguisten bietet keine Gewähr für ein besonders hohes Niveau im Sprache-Können, das sich in der eigenen praktischen Produktion und Rezeption sprachlicher Äußerungen und Texte ausweist. Und umgekehrt hat ein Schriftsteller und Sprachkünstler nicht schon deshalb ein höheres Maß an Kenntnis seiner Sprache, weil er Schriftsteller ist. Auch er muss sich die „sprachliche Bildung" aneignen. Und das gilt verallgemeinert: „Die meisten Menschen *können* zwar ihre Sprache gebrauchen, *kennen* sie aber in ihren inneren Formen und Strukturen nicht – ihr Aufbau, ihre Besonderheit, ihre Entwicklung ist ihnen ‚ein Geheimnis'" (Domke/Kilian 2009, 6; Binnenzitat J. Grimm). Das Gleiche gilt, wie Gauger (2004, 81) zu bedenken gibt, für die einzelnen sprachlichen Zeichen: „Wir wissen, wenn wir es kennen oder – besser – *können,* was ein Wort bedeutet, was aber eben nicht heißt, daß wir es explizit im Sinne einer runden Definition darlegen könnten".

Nun könnte man einwenden, dass die Produktion und Rezeption sprachlicher Äußerungen zwar in der spontan-mündlichen Kommunikation weithin unbewusst abläuft, dass aber in formelleren Situationen und vor allem in schriftlicher Kommunikation immer auch bewusste Planung eine mehr oder weniger große Rolle spielt, dass also auch die normalen Kommunikationsteilnehmer in den Formulierungs- und Korrekturprozessen zum Teil eine reflektierende Haltung einnehmen. Doch wird die Entscheidung zwischen verschiedenen Ausdrucksmöglichkeiten auch dann weithin erfolgreich vom Sprachgefühl gesteuert. Sogar wenn in solchen Situationen Wörterbücher, Grammatiken oder andere Sprachratgeber herangezogen werden, geschieht das, um punktuell eine Lösung für ein konkretes Formulierungsproblem zu finden. Auch das reflektierte Wissen bleibt, wie Eichinger (2009b, 255) es ausdrückt, einer „handlungsimplizierten" Perspektive verhaftet, ohne Interesse an verallgemeinertem Wissen, wie es für die „handlungsentlastete", distanzierte Haltung des Sprachwissenschaftlers charakteristisch ist und für die Beurteilungen des Sprachkritikers sein sollte, wenn er über richtig und falsch, besser und schlechter zu *argumentieren* beginnt. Auf Sprachkritiker, die allein im Vertrauen auf ihr Sprachgefühl ihre sprachkritischen Urteile fällen und zu begründen versuchen, trifft generell zu, was Eisenberg vom Sprachglossenschreiber behauptet: „Dass etwas schlechtes Deutsch ist, merkt er. Warum etwas schlechtes Deutsch ist, weiß er kaum einmal" (Eisenberg 2009, 19). Eine Folge ist, dass die Begründungen, die Sprachkritiker für ihre Kritik vorbringen, häufig auch dann nicht überzeugen, wenn sie mit sicherem Sprachgefühl ein sprachliches Phänomen als fragwürdig identifiziert haben.

Die begrenzten Kenntnisse – über Strukturen und Funktionen menschlicher Sprache allgemein; über die Strukturen eines einzelnen sprachlichen Systems; über die Formen, Funktionen und den Gebrauch der sprachlichen

Mittel; über die faktisch vorkommende Variation und die Anforderungen, denen die sprachlichen Mittel in wechselnden Kontexten ausgesetzt sind, sowie über die Richtung der zu einer bestimmten Zeit waltenden Sprachwandelprozesse – beeinträchtigen ganz entscheidend die Qualität der sprachkritischen Bewertungen. Man kann sich sogar fragen, ob das eigentliche Problem der öffentlichen Sprachkritik nicht überhaupt weniger in der Bewertung als in der unzuverlässigen Erfassung der sprachlichen Erscheinungen liegt, die zum Gegenstand der Bewertung gemacht werden. Die bewertenden Schlussfolgerungen, die Sprachkritiker aus ihren Beobachtungen ziehen, wären oft durchaus diskutabel, wenn denn die Beobachtungen selbst eine solide Grundlage für die Diagnose darstellten. Verständlichkeit z.B. ist zweifellos eine nützliche Kategorie für die sprachkritische Bewertung. Und auch die Beantwortung der Frage, ob und inwieweit Wörter mit mehreren Bedeutungen die Verständlichkeit der Äußerungen beeinträchtigen, in denen sie vorkommen, ist eine lohnende Aufgabe. Bevor man den polysemen Gebrauch eines bestimmten Wortes mit dem Kriterium der Verständlichkeit kritisiert, sollte man aber prüfen, ob es in der praktischen Kommunikation denn tatsächlich Hinweise auf ein durch Polysemie erschwertes Verständnis gibt.

Wenn es der Linguistik gelänge, sich mit ihrer beschreibenden Analyse im öffentlichen Diskurs Gehör zu verschaffen, so wäre vielleicht nicht, wie Heringer provokativ-pointiert behauptet hat, „alles getan" (Heringer 1982b, 27), aber doch die Hauptsache. Eisenberg (2009, 19) sagt mit guten Gründen substantiell das Gleiche: „Was aus welchen Gründen richtiges und sogar was gutes Deutsch sei, erschließt sich in einem erstaunlichen Maß durch systematische Analyse." Und weiter: „Das exzessiv diskutierte ‚Dürfen Sprachwissenschaftler werten?' erledigt sich weitgehend. Die Sprachwissenschaftler erklären, wo etwas aus welchen Gründen hingehört, das genügt" (ebd., 20). Auch diese Einschätzung könnte man zwar misstrauisch als rationalisierenden Ausdruck der linguistischen Scheu vor Bewertungen deuten. Sie ist aber schlichtweg wahr. Wenn man den sprachlichen Sachverhalt strukturell und funktional verstanden hat, dann bleibt es, z.B. im Falle der Existenz von Varianten, immer noch eine Aufgabe, zu einer (wertenden) Entscheidung zu kommen, welche der Möglichkeiten man für den eigenen Sprachgebrauch wählen soll. Der zuverlässig analysierte sprachliche Sachverhalt ermöglicht es sprachwissenschaftlichen Laien aber meistens, diese Entscheidung selbst zu treffen.

In der „Arbeitsteilung" zwischen Sprachwissenschaft und Sprachkritik („Die Sprachwissenschaft *beschreibt, was ist (und war)*, die Sprachkritik *bewertet* und sagt, *was sein soll*. Beide üben zugleich Verzicht – die Sprachwissenschaft verzichtet auf Wertungen, die Sprachkritik auf Deskription

[...]") hat die Sprachkritik, soweit man diese Beschreibung von Kilian/Niehr/Schiewe (2010, 15) zu akzeptieren bereit ist, den problematischeren Teil erwählt. Die Symmetrie in der Charakterisierung der Aufgaben und der beiderseitigen Verzichtshandlungen geht verloren, wenn man sich die Konsequenzen für die Erfüllung der jeweils gewählten Aufgabe vergegenwärtigt. Der Verzicht auf Bewertung schränkt den Wert der sprachwissenschaftlichen Arbeit in ungünstiger Weise ein, tangiert aber nicht die Qualität der sprachwissenschaftlichen Beschreibung der sprachlichen Tatsachen, während eine diskutable Bewertung ohne Beschreibung prinzipiell kaum möglich scheint. Zwar muss der Sprachkritiker die sprachlichen Phänomene, die er bewerten will, nicht jedes Mal in extenso selbst beschreiben; doch setzt eine begründete Bewertung notwendig eine eigene oder eine fremde Erfassung der strukturellen und funktionalen Eigenschaften des zu Kritisierenden voraus. Diese Vorbedingung wird in der praktischen Sprachkritik jedoch zu wenig beachtet; die Defizite in der Analyse werden oft nur notdürftig durch argumentative Grundmuster verdeckt, zu denen die folgenden gehören:

- Der Sprachkritiker begnügt sich mit behauptenden Aussagen über die Richtigkeit und Falschheit oder die relative Güte sprachlicher Sachverhalte (besser/schlechter), ohne seine Urteile zu begründen. Der Leser weiß dann gar nicht, wie der Kritiker zu seinem Urteil gekommen ist. Sowohl Lichnowsky ([1949] 1964) als auch Weigel ([10]1986) konfrontieren den Leser in dieser Weise immer wieder mit Äußerungen, in denen sie uns mitteilen, was sein muss bzw. nicht sein kann oder darf, ohne zu erläutern, wie sie zu dieser Auffassung gekommen sind, obwohl nicht selten von der Kritik auch Sprachgebrauchsweisen betroffen sind, die im Sprecherkollektiv durchaus üblich sind. So akzeptiert Weigel ([10]1986, 73) *Konfrontation* nur in der Bedeutung des Gegenübergestelltwerdens zweier oder mehrerer Personen (*jemand konfrontiert jemanden mit etwas oder jemandem*), nicht aber im Sinne einer (konfliktären oder kontroversen) Auseinandersetzung zwischen zwei oder mehreren Gegnern. Es scheint völlig klar, warum das Wort diese zweite Bedeutung nicht haben kann oder darf. Wer es nicht weiß, erfährt es aber auch von Weigel nicht.
- Der Sprachkritiker beruft sich als Minimalbegründung auf sein (besonderes) Sprachgefühl. Da dieses zwar Unbehagen signalisiert, aber weder sichere Hinweise darauf enthält, welche Eigenschaft des sprachlichen Sachverhalts die Irritation hervorgerufen hat, noch ob und wie das Gefühl der Störung objektiviert werden kann, können die eventuell zur Unterstützung bemühten Argumente den Charakter nachträglicher Rationalisierungen nicht verleugnen.

- Die Bewertung wird nicht aus der Analyse der kritisierten Sachverhalte entwickelt, sondern aus Erwägungen des gesunden Menschenverstandes abgeleitet – „Polysemie führt zu Missverständnissen!" – der, wie bekannt, nicht selten trügerisch ist.
- Verbreitet ist auch die argumentative Fundierung der Kritik in Theoremen alltagsweltlicher Sprachauffassungen mit unsicherem theoretischen und empirischen Status (vgl. dazu Kapitel II, 2).
- Der Sprachkritiker versucht, seine wertende Einschätzung aus der Beschreibung des sprachlichen Sachverhalts zu entwickeln, bemüht aber zur Bewertung des Einzelfalls ad hoc ein Argument, das – ernst genommen – auch zahlreiche benachbarte Fälle der Kritik aussetzen müsste. Es bleibt für den Leser aber oft unklar, ob der Sprachkritiker die Parallelen in gleicher Weise behandeln würde oder ob er sich mit den Konsequenzen, die seine Argumentation für die Bewertung anderer sprachlicher Erscheinungen hat, nur nicht auseinandergesetzt hat (Beispiele von Sick im folgenden Abschnitt).

Zur Illustration solcher Fragwürdigkeiten in der Sprachbeschreibung und im argumentativen Umgang mit den sprachlichen Tatsachen ziehe ich einige Glossen Bastian Sicks heran. Sick habe ich wegen seiner Aktualität gewählt, nicht wegen einer besonders ausgeprägten Fehlerhaftigkeit. Im Gegenteil dokumentieren viele seiner Glossen einen vergleichsweise hohen Sachverstand.

1.2 Das Beispiel Bastian Sick

1.2.1 Der Gebrauch von *offenbar* (und *offensichtlich*) im Sinne von ‚dem Anschein nach'

Die Wortform *offenbar* wird im gegenwärtigen Deutsch als Adjektiv mit der Bedeutung ‚offen zutage tretend', ‚klar ersichtlich' verwendet, übereinstimmend mit den entsprechenden Bedeutungen des Verbs *offenbaren* und des Substantivs *Offenbarung*: „Das ist ein offenbarer Irrtum."/„Das Ergebnis macht den Irrtum offenbar." Als Adverb hingegen wird *offenbar* verwendet, um auszudrücken, dass etwas ‚allem Anschein nach'/'wie es scheint' der Fall ist. Wer auf die Frage „Warum ist sie nicht gekommen?" eine der folgenden Antworten gibt: „Offenbar ist sie immer noch krank"/„Sie hat es sich offenbar doch anders überlegt"/„Offenbar ist ihr etwas dazwischen gekommen", der drückt vorzugsweise aus, dass es *nicht* klar ersichtlich ist, warum sie nicht gekommen ist, dass es (für ihn) aber Anhaltspunkte gibt, die darauf schließen lassen, dass der jeweils angegebene Grund zutrifft. Und diese Bedeutung von *offenbar* ist in der deutschen Gegenwartssprache nicht eine mögliche neben der erstgenannten, sondern – adverbial gebraucht – in den zitierten Antworten die übliche. Man mag sich wundern über den Bedeutungsunterschied des gleichen sprachlichen Ausdrucks in adjektivischer und adverbialer Verwendung, mag sich auch angeregt fühlen, nach den Ursachen dieser Bedeutungsdifferenzierung zu forschen. Kein Zweifel aber kann darüber bestehen, dass sie in der deutschen Gegenwartssprache eine sprachliche Tatsache ist und deshalb z.B. auch die Bedeutungsangaben im Universalwörterbuch ([4]2001) leitet. Sick (2009, 227) allerdings schreibt zur Verwendung von *offenbar* (und *offensichtlich*): „Es ist allerdings nicht richtig, diese Adjektive im Sinne von ‚vermutlich' oder ‚möglicherweise' zu gebrauchen. Was offenbar oder offensichtlich ist, das liegt auf der Hand, ist augenscheinlich, erwiesen, erkennbar, nachweislich."

Sick spricht von *Adjektiven*, nicht ausdrücklich auch von *Adverbien*; doch da *möglicherweise* und *vermutlich* nur bzw. auch als Adverbien gebraucht werden, scheint er die fragliche Bedeutung generell als ‚nicht richtig' ausschließen zu wollen. Daraus nun ist zu entnehmen, dass der faktische Sprachgebrauch für Sick *offenbar* kein ausreichender Grund ist, ihn auch als Sprachkritiker zu akzeptieren (es sei denn, er wäre sich über die Gebräuchlichkeit und Regelhaftigkeit der kritisierten Bedeutung im adverbialen Gebrauch gar nicht im Klaren). Das Kriterium indes, das ersatzweise seine Kritik stützen soll, wird nicht expliziert. Manches ist denkbar: Besteht er auf der *Wörtlichkeit* der Ausdrücke? Besteht er auf der *ursprünglichen Bedeutung*? Besteht er auf dem Prinzip der *Analogie* und fordert deshalb die gleiche Lexem-Bedeutung für Verb, Substantiv, Adjektiv und Adverb? Die Fragen sind für den Leser nicht beantwortbar. Die (sprachliche) Welt, in der das existiert, was Sick als richtig behauptet, bleibt unbekannt.

1.2.2 *Sinn machen* als „falscher Anglizismus"

Sick (2009, 55f.) greift ein Paradebeispiel zeitgenössischer Fremdwortkritik auf, kritisiert die Lehnübersetzung *Sinn machen* aber nicht, weil sie ein – eventuell sogar überflüssiger – Anglizismus ist, sondern weil es ein „falscher", d.h. falsch gebildeter sei. Warum ist die unter Einfluss von engl. *to make sense* entstandene Bildung dt. *Sinn machen* falsch? Sick meint, *machen* habe „die Bedeutung von fertigen, herstellen, tun, bewirken" und gehe zurück auf eine idg. Wurzel, „die für ‚kneten' [von Teig] steht" (ebd. 55). Er fährt fort: „Etwas Abstraktes wie Sinn lässt sich jedoch nicht kneten oder formen.

Er ist entweder da oder nicht" (ebd., 55). Sein Argument für Falschheit der Bildung ist also, dass sich das deutsche Verb *machen* (im Unterschied zu engl. *make*, das freilich die gleiche Vorgeschichte hat!) semantisch nicht mit *Sinn* als Akkusativobjekt verträgt. Die behauptete Unverträglichkeit trifft für die alte, heute nicht mehr bekannte Bedeutung ,kneten' sicherlich zu, ist auch für ,fertigen' und ,herstellen' diskutabel, für die im Falle von *Sinn* relevante Gebrauchsweise von *machen* in der Bedeutung ,bewirken', ,verursachen', ,hervorrufen' aber kaum. In dieser Gebrauchsweise gibt es im Deutschen viele nicht auf englischen Einfluss rückführbare Verbausdrücke, in denen *machen* mit „etwas Abstraktem" verbunden ist: *Angst, Eindruck, Freude, Mühe, Mut, Sorge, Spaß machen*. Sollen wir angesichts dieser Beobachtung nun annehmen, dass Sick auch diese zusammengesetzten Verbausdrücke für falsch hält, oder ist er zur Begründung seines Missfallens an *Sinn machen* nur dem ersten besten Einfall gefolgt, ohne zu überprüfen, ob sein Argument trägt bzw. welche Konsequenzen es für die Bewertung verwandter sprachlicher Erscheinungen hat?

Dass man es anders und besser machen kann, zeigt die Behandlung von Substantiven mit dem Präfix *Rück-* durch Leonhardt (1986, 34-36). Ihn stören Bildungen wie *Rückantwort, Rückstau, Rückerstattung* und *Rückerinnerung*, bei denen die Vorsilbe überflüssig scheint, weil die Bedeutung ,rück' schon im Grundwort enthalten ist. Er kritisiert sie verallgemeinert mit dem Argument, sinnvoll seien solche Bildungen nur, „wenn auch die entgegengesetzte Richtung denkbar ist", die komplementär mit Hilfe von *hin-, vor-, fort-* o.ä. ausgedrückt werden kann. Damit entzieht er andere Komposita mit *Rück-* der Kritik: *Rückspiel* (*Hinspiel*), *Rückflug* (*Hinflug*), *Rückschritt* (*Fortschritt*), *Rücksitz* (*Vordersitz*). Da die sprachliche Wirklichkeit meistens komplexer ist als die Regel, die einem zu ihrer Beschreibung zunächst einfällt, und da sie nur begrenzt mit Logik zu fassen ist, ist es immer gut, sich rechts und links zu vergewissern, ob die gefundene Regel trägt. Genau das tut Leonhardt und findet im zweiten Schritt weitere *Rück*-Wörter, die seiner Regelbeschreibung nicht genügen, weil es entweder ein entsprechendes *Hin-* oder *Vor*-Wort nicht gibt oder weil es nicht das Gegenteil bedeutet. Da Leonhardt sie aber trotzdem nicht mit *Rückantwort* in den Topf der schlechten werfen will, versucht er, mit ihnen auf andere Weise sprachkritisch fertig zu werden.

1.2.3 Kann man Menschen *evakuieren*?

Sick ([3]2009, 143) kritisiert eine bestimmte Gebrauchsweise von *Evakuierung* mit den Worten: „Hartnäckig hält sich auch die Überzeugung, dass die Evakuierung von Menschen eine geeignete Maßnahme zur Verhütung von

Katastrophen sei". Anschließend zitiert er als Beleg für diese Überzeugung einen Beispielsatz, in dem davon die Rede ist, dass die *Bewohner* einiger Berggemeinden *evakuiert* worden sind und kommentiert diesen mit den Worten: „Welch grausige Vorstellung! Evakuieren bedeutet wörtlich *die Luft heraussaugen*, im bekannteren übertragenen Sinne: *etwas leer machen*. Städte, Häuser und Dörfer kann man evakuieren, aber keine Menschen"; es sei denn, es handle sich um „aufblasbare Gummipuppen". Diese Darstellung ist um Witzigkeit bemüht und fördert das Infotainment, erkauft das aber mit sachlichen Fehlern und argumentativen Fragwürdigkeiten.

Die „grausige Vorstellung" vermittelt sich nur dem, der wie Sick dem Wort *Evakuierung* im ersten Satz die Bedeutung ‚die Luft heraussaugen' zuordnet, was diejenigen, die das Wort in der kritisierten Weise verwenden, mit Sicherheit nicht tun. Zudem sind Sicks Angaben zur Bedeutung des Ausdrucks mehr als fragwürdig. Weder ist ‚Luft heraussaugen' die wörtliche Bedeutung von *evakuieren* (Wo versteckt sich die Bedeutung ‚Luft' hinter dem Wortlaut von lat. *evacuare*, frz. *evacuer*, dt. *evakuieren*?), noch ist die Bedeutung ‚etwas leer machen' als Übertragung aus ihr entstanden. Umgekehrt ist ‚Luft heraussaugen' eine sekundäre fachsprachliche Spezialisierung der allgemeinen Bedeutung ‚ausleeren, entleeren'.

Stellt man sich nun die Frage, ob man Menschen evakuieren kann, auf der Ebene, auf die sie in diesem Zusammenhang gehört, die sprachliche, so kann die Antwort im Blick auf den sozial akzeptierten Sprachbrauch nur lauten: Man kann sowohl von Häusern oder Städten als auch von Menschen oder Tieren sagen, dass sie evakuiert werden oder evakuiert worden sind. Das Deutsche Universalwörterbuch ([4]2001, 500; ähnlich auch das Fremdwörterbuch des Duden-Verlags) verzeichnet die Gebrauchsweise „die Bewohner (aus einem Gebiet, Haus) evakuieren" unter 1a an erster Stelle, die alternative Gebrauchsweise: (durch Evakuierung der Personen) „ein Gebiet evakuieren" unter 1b an zweiter Stelle. Und das ist keine jüngere „Sprachschluderei", sondern hat Tradition. Meyers Großes Konversationslexikon (Bd. 6, [6]1904, 194) verzeichnet für *Evakuation* (mit der Bedeutungsangabe ‚Räumung, Ausleerung') einen medizinisch-fachsprachlichen Gebrauch, der mit dem Beispiel „Entleerung angesammelten Eiters" (und nicht etwa: „Entleerung einer Wunde von angesammeltem Eiter") erläutert wird. Ausführlich informiert dieses Sachlexikon auch über die Rolle der *Evakuation* im Kriegssanitätswesen. Auch dort ging es bei der *Evakuation* um „die planmäßige Zurückschaffung der Verwundeten und Kranken aus den Feldlazaretten nach den rückwärts gelegenen Krankenanstalten" (und nicht um die *Evakuation der Feldlazarette*). Genauso waren die *Evakuierten* in den letzten Jahren des zweiten Weltkrieges nicht die von Bombenangriffen bedrohten Städte, sondern die Frauen, die Kinder und die „Ausgebombten", die zum eigenen Schutz in ländliche Gegenden (temporär) ausgesiedelt wurden, euphemistisch auch die Juden, die nach dem Osten in die Vernichtungslager deportiert wurden.

Wie so oft steht man vor der Frage, ob der Sprachkritiker den dargelegten Gebrauch des Wortes *Evakuierung* gar nicht kennt, sich zumindest nicht vergegenwärtigt hat, oder ob die Üblichkeit des Gebrauchs für ihn kein relevanter Gesichtspunkt für die Entscheidung über richtig und falsch ist. Nimmt man das zweite an, stellt sich wieder die Anschlussfrage, welches andere Kriterium bei Sicks Entscheidung ausschlaggebend gewesen sein könnte. Nicht ganz fernliegend wäre in diesem Fall der Gedanke, dass es doch „logischer" wäre, beim Gebrauch von *etwas evakuieren* im Sinne von ‚etwas entleeren' das obligatorische Akkusativobjekt mit dem Gegenstand zu füllen, der entleert wird, und die Angabe des Inhalts, von dem der Gegenstand geleert wird, auf geeignete Weise zusätzlich zu benennen? Das kann man so sehen, und es ist schon vor ca. 65 Jahren vom Bearbeiter der 11. Auflage der „Sprachdummheiten" (Wustmann ^{11}1943) so gesehen worden. Man müsste sich allerdings wie bei allen Nachweisen „unlogischer" sprachlicher Sachverhalte grundsätzlich Gedanken darüber machen, welche Zielrichtung eine auf dem Kriterium Logik aufgebaute Kritik angesichts der Tatsache haben kann, dass natürliche Sprachen nicht systematisch logischen Prinzipien folgen und wegen der Art und Weise, wie sie entstehen und sich wandeln, auch nicht folgen können. Diese Erkenntnis zu fördern könnte eine lohnende sprachkritische Aufgabe sein. Das ist aber etwas anderes, als Logik zum Entscheidungskriterium für sprachliche Richtigkeit und Falschheit zu machen. Welche Begründung Sick selbst für seine Kritik hat, bleibt der Spekulation überlassen. Sicher ist allein, dass er meint, man könne nicht tun, was doch allenthalben getan wird, nämlich Menschen zu evakuieren bzw. genauer: das Wort *Evakuierung* für die Maßnahme der Aus- oder Umsiedlung von Menschen zu verwenden.

1.2.4 Wo die *richtigen* Wörter leben

Es konnte nicht ausbleiben, dass Sick wie einige Generationen von Sprachkritikern vor ihm auf den Gebrauch von *scheinbar* und *anscheinend* als semantisches Problem stieß (Sick 2009, 146). Die „Zwiebelfische" liegen schließlich nicht in unausschöpfbarer Menge auf der Straße! Im Sinne der Vorläufer formuliert er auch die sprachkritisch geforderte Unterscheidung: „‚Anscheinend' drückt die Vermutung aus, dass etwas so ist, wie es zu sein scheint [...]. ‚Scheinbar' hingegen sagt, dass etwas nur dem äußeren Eindruck nach, nicht aber tatsächlich so ist [...]." Jeder versteht, was gemeint ist. Für die meisten ist es nicht einmal etwas Neues, denn fast jeder hat schon einmal von dieser Unterscheidung gehört – sogar die, die ihr im eigenen Sprachgebrauch unreflektiert nicht folgen.

Ich möchte die Aufmerksamkeit an dieser Stelle auf einen speziellen Aspekt lenken, nämlich auf die Art und Weise, wie Sick seine Bedeutungsangaben formuliert (siehe im Übrigen Kapitel II, 3). Wörtlich interpretiert, scheint es so, als ob das Wort *anscheinend* etwas ausdrückt bzw. das Wort *scheinbar* etwas sagt, während in Wirklichkeit ja die Sprecher etwas ausdrücken bzw. etwas sagen. Nun kann man die Meinung vertreten, das sei eine durchaus übliche Weise, sich auszudrücken. Das ist zuzugeben. Immerhin aber ist interessant, dass bei einer Ersetzung der Wörter, die in Subjektposition im Satz Sicks etwas tun, durch die Sprecher, die mit Hilfe der Wörter etwas tun, die entstehende deskriptive Aussage: „Der Sprecher (der *scheinbar* verwendet) sagt, dass etwas nur dem äußeren Eindruck nach, nicht aber tatsächlich so ist" – inhaltlich inkorrekt wird. Anlass der Kritik Sicks am Gebrauch von *scheinbar* war ja gerade die Beobachtung, dass die Sprecher *scheinbar* allzuhäufig gerade nicht dazu verwenden, um einen Eindruck als täuschend zu charakterisieren. Möglich hingegen und den Intentionen des Sprachkritikers angemessener wäre eine Aufforderung des Inhalts, die Sprecher *sollten* das Wort *scheinbar* (nur) im Sinne der angegebenen Bedeutung verwenden – eine Aufforderung allerdings, die ein nachfragendes Warum nahelegt und den Kritiker unter Begründungszwang setzt. Das ist viel weniger oder gar nicht der Fall, wenn Wörtern oder grammatischen Konstruktionen selbst die gewünschten Tätigkeiten oder Eigenschaften zugesprochen werden, was möglicherweise erklärt, warum die Redeweise von den Wörtern, die – unabhängig von den Sprechern – dies oder jenes tun, in der öffentlichen Sprachkritik so beliebt ist. In der gleichen Glosse glaubt Sick feststellen zu können: „In den wenigsten Fällen, in denen *scheinbar* gebraucht wird, ist *scheinbar* auch wirklich gemeint." Hier ist der Sprecher als der, der das Wort gebraucht und etwas meint, impliziert, aber es scheint so, als könnte sich das Wort (mit der von Sick erwünschten Bedeutung) auch gegen die Absichten der Sprecher durchsetzen. In Wirklichkeit ist es so, dass diejenigen, die *scheinbar* im kritisierten Sinne gebrauchen, sehr wohl meinen, was sie sagen, und die Hörer verstehen, was sie meinen; nur verbinden sie mit *scheinbar* eine Bedeutung, die Sick mit vielen anderen für „falsch" hält.

Eine ähnlich schiefe Ausdrucksweise, wenn nicht sogar Denkweise, zeigt sich in Sicks Behandlung des Gebrauchs von *Rausschmiss* (Sick 2009, 197f.) und anderen umgangssprachlichen Ausdrücken auf normalsprachlicher Stilebene. Natürlich kann man sich kritisch gegen den erweiterten Gebrauch des Wortes *Rausschmiss*, das bislang eher auf niederer Stilebene gebräuchlich war, wenden, wie man verallgemeinert Gründe gegen Tendenzen zur Einebnung des tradierten Systems von Stilebenen geltend machen kann, die sich auch am Gebrauch von *Scheiße, bescheißen, verarschen* (was man, wie man allenthalben hört, „sich auch selber kann") oder der modisch beliebten Versicherung, *etwas gehe einem am Arsch vorbei*, belegen lassen. Sick formuliert seine Kritik als Behauptung, dass *Rausschmiss* wie *bescheißen, verarschen* Vulgärsprache sei, mit der ergänzenden Erläuterung: „nur weiß das heute anscheinend kaum noch jemand. Aber ist Unkenntnis ein Argument für Unbedenklichkeit?" (198). Auch hier klingt es so, als hätten die Wörter eine Existenz unabhängig von den Sprechern, als gäbe es einen Ort, wo *Rausschmiss* ein Wort der Vulgärsprache war, ist (und bleibt?), wie immer die Sprecher der Sprache damit umgehen. In Wirklichkeit existiert das Wort nur im Gebrauch, und wenn sich dort als Konsequenz eines erweiterten Gebrauchs im Bewusstsein der Sprecher die Indizierung des Wortes als Element der Vulgärsprache abschwächt, dann hört es allmählich auf, ein Vulgärwort zu sein. Es gibt keine (sprachliche) Welt, in der diese Indizierung weiterhin Geltung haben könnte.

Ich ergänze noch einmal ein Beispiel von Mechtilde Lichnowsky ([1949] 1964), die den Satz: „Der Minister wurde am Bahnhof verabschiedet" mit dem Kommentar versieht:

> „Diese Vorsilbe ‚ver' mit dem Grundbegriff ‚Abschied' bedeutet, daß der arme Minister seinen Posten verloren hat, daß er den Abschied erhielt, daß er abgesägt wurde. Der Autor weiß offenbar nicht, daß das Passivum ‚verabschiedet werden' nur diese eine Bedeutung haben kann. [...] Dagegen steht es einem jedem frei, sich selber zu verabschieden, das heißt Abschied nehmen (ohne den Artikel ‚den'), Lebewohl sagen" (13).

Die Verwendung von „jemanden verabschieden" im Sinne von ‚jemanden zum Abschied begleiten, jemandem Lebewohl sagen' ist relativ jung. Das Grimmsche Wörterbuch gibt sie in Band 25, der 1956, also ungefähr zur gleichen Zeit erschien, als Lichnowsky ihre Kritik veröffentlichte, noch nicht an. In der Sache ist die Beurteilung des Wortgebrauchs im zitierten Satz durch Lichnowsky also nicht abwegig. Ihr sprachkritischer Beitrag steht hier aber als Beispiel für eine ungenaue und irreführende Redeweise. In diesem Satz meint der Sprecher mit dem Wort *verabschieden* etwas anderes; es bedeutet nicht, was Lichnowsky behauptet, und auch die damaligen Hörer bzw. Leser haben das verstanden. Sogar dann, wenn ihnen die neuere Bedeutung noch nicht vertraut war, dürften sie zumindest gemerkt haben, dass von etwas anderem die Rede war als vom „Absägen" eines Ministers, weil sie, nicht weniger schlau als Lichnowsky selbst, wussten, „daß sich das Sägewerk kaum in der Öffentlichkeit eines Bahnhofs abspielen dürfte" (ebd.).

1.2.5 Studierende in den Ferien

Sicks (2009, 177) Behandlung des Ausdrucks *Studierende* ist, benachbart der Glosse zu *Sinn machen,* ein Beispiel für das methodisch fragwürdige Verfahren, in der Kritik eines sprachlichen Sachverhalts ein Argument zu bemühen, das in gleicher Weise gegen andere, ähnlich geartete Ausdrucksweisen vorgebracht werden könnte, ohne darüber Auskunft zu geben, ob der Kritiker seine Kritik verallgemeinert verstanden wissen will, oder warum er gegebenenfalls den einen Sachverhalt für kritikwürdig hält, die anderen aber nicht.

Die neuere Bezeichnung *Studierende* wurde vor dem Hintergrund der feministischen Sprachdiskussion gebräuchlich, um den traditionellen Ausdruck *Studenten* zu ersetzen, weil dieses Wort, wenn es als Oberbegriff verwendet wird, die Studentinnen „verschweigt", während *Studierende* die Geschlechtsdifferenzierung durch vorangestellte bestimmte oder unbestimmte Artikel leicht ermöglicht und zugleich die umständliche Doppelnennung *Studenten und Studentinnen* überflüssig macht. Für Sick ist die neue Bildung ein „grammatischer Missgriff". Zur Begründung bringt er das Argument vor, *Studierender* sei nur, „wer im Moment auch wirklich studiert, so wie der Lesende gerade liest und der Arbeitende gerade arbeitet. Ein Leser kann auch mal fernsehen und ein Arbeiter Pause machen. Der Lesende aber ist kein Lesender mehr, wenn er das Buch aus der Hand legt und so ist auch der Studierende kein Studierender mehr, wenn er zum Beispiel auf die Straße geht, um gegen Sparmaßnahmen zu demonstrieren." Eingeklagt wird mit dem Kriterium der Sprachrichtigkeit die prototypische Bedeutung, die die Verbform des Partizip Präsens, vorwiegend als Adjektiv verwendet, in Sätzen wie „Mariechen saß weinend im Garten" hat. Kann man diese Bedeutung aber ohne weiteres auf die substantivierten Bildungen übertragen? Nach Sicks Deutung des richtigen Gebrauchs sind ja nicht nur die *Studierenden* falsch. Auch im Falle der *Vorsitzenden* (von Vereinen), der Gemeinschaft der *Lehrenden und Lernenden* (an den Universitäten), der *Suchenden* (denen die Veranstaltungen der Gemeinde ans Herz gelegt werden) oder der *Fahrenden* früherer Zeiten wird eine Eigenschaft oder eine Tätigkeit angegeben, die die bezeichnete Gruppe von Personen in besonderer Weise charakterisiert und zu einer Gruppe macht, ohne dass wir beim Gebrauch der Ausdrücke die Bedingung stellten, dass ihre Mitglieder die jeweilige Tätigkeit rund um die Uhr in allen Lebenslagen ausüben müssten. Der Vorsitzende bleibt *Vorsitzender*, auch wenn er sich nach der Sitzung ermüdet zur Ruhe legt; der Fahrende *Fahrender*, auch wenn er sich vorübergehend an einem Ort aufhält. Das Gleiche gilt für nominale Ausdrücke, die in gleicher Funktion aus Adjektiv + Substantiv gebildet werden: Mitglieder der *schreibenden Zunft* und der *arbeitenden Bevölkerung* gehören im üblichen Verständnis auch dann zu der bezeichneten Gruppe, wenn sie Ferien machen; entsprechend die *fahrenden Musikanten* und die *zahlenden Mitglieder* einer Vereinigung, desgleichen bei den Amtsbezeichnungen *Regierender Bürgermeister* und *Vorsitzender Richter*. Und sicherlich kann man von einem Menschen auch sagen, er führe eine *sitzende Lebensweise*, wenn er zum Zeitpunkt der Bemerkung gerade beim Joggen ist, um dieser Lebensweise etwas entgegenzuwirken.

Lernbegierig wüsste man nun wieder gerne, ob Sick die Parallelfälle übersehen hat oder ob er sich ihrer bewusst ist und sie gleicherweise als „grammatischen Missgriff" bezeichnen würde. Oder wie er gegebenfalls begründen würde, dass die eine Form akzeptabel, die andere aber inakzeptabel ist.

1.2.6 Zum Umgang mit Fremdwörtern

Es ist ein bekanntes Faktum, dass entlehnte Wörter früher oder später formal und inhaltlich in jeder Hinsicht (Aussprache, Schreibung, Beugung, grammatisches Geschlecht, Wortbildung, Bedeutung) an die Prinzipien der entlehnenden Sprache angeglichen werden. Für den sprachkritischen Umgang mit solchen Integrationsprozessen gibt es zwei Extrempositionen. Die eine folgt in der Beurteilung der mehr oder weniger integrierten Formen der grundsätzlichen Auffassung, dass die entlehnende Sprachgemeinschaft souverän entscheide, in welcher Form und mit welchen Inhalten und Funktionen das betreffende Wort im Rahmen der aufnehmenden Sprache verwendet werden soll. Fuchs (2010), der Kriterien für die Beurteilung von „Strategien des Umgangs mit fremdem Wortgut" als ‚gelungen' bzw. ‚missraten' entwickelt, nimmt in seinen Katalog von acht Bedingungen, die eine Wortübernahme als ‚gelungen' ausweisen, unter Punkt 4 die „Anpassung an die systemischen Eigenschaften der entlehnenden Sprache" (224) auf. Eine Rücksichtnahme auf die systemischen Eigenschaften der Herkunftssprache kommt weder in dem Katalog noch irgendwo sonst in diesem Aufsatz vor. Die andere Position orientiert sich (partiell) an den systemischen

Eigenschaften der Herkunftssprache und errichtet damit, gewollt oder nicht gewollt, eine sprachliche Hürde, die nur der meistern kann, der über entsprechende Fremdsprachenkenntnisse verfügt, und die die anderen als ungebildet entlarvt.

Sick ([3]2009, 43f.) akzeptiert bei der Pluralbildung von *Babys, Hobbys, Ladys* das dem Englischen nicht gemäße *y* (statt *ie*) mit dem Argument, dass bei entlehnten Wörtern im Sinne der erstgenannten Position die deutsche Grammatik und nicht die der Herkunftssprache gelte. Die deutschen Pluralbildungen *Gnocchis* und *Spaghettis* andererseits bezeichnet er als nicht korrekt, da *Gnocchi* und *Spaghetti* im Italienischen schon Pluralformen seien (ebd., 103). Den gleichen Einwand erhebt er gegen *Visas, Praktikas, Solis, Internas* u.a. (ebd., 57-61). Es ist zuzugeben, dass die beiden Vorgänge unterschiedlicher Art sind. Wird bei der ersten Wortgruppe ein Plural gebildet, der abweicht von der Pluralform, die die Wörter in der Herkunftssprache haben, werden im zweiten Fall Pluralformen der Herkunftssprache als Singularformen in der entlehnenden Sprache verwendet. Ungeklärt bleibt aber, warum das Prinzip der Freiheit der entlehnenden Sprache im ersten Fall, nicht aber im zweiten gelten soll.

2. Der Einfluss alltagsweltlicher Sprachtheorien auf die sprachkritischen Bewertungen

Unter den in Kapitel II, 1 eingangs genannten argumentativen Strategien zur Begründung sprachkritischer Bewertungen befand sich auch der Bezug auf Elemente alltagsweltlicher Sprachtheorien. Sie zur Kenntnis zu nehmen ist schon deshalb von Interesse, weil sie, wie Spitzmüller (2011, 171) ausführt, die Vorstellung fragwürdig machen können, bei den ‚Laien' bestünde eine Art Wissensdefizit, das wünschenswerterweise mit dem linguistischen Expertenwissen aufzufüllen sei. Der Linguist, der es sich zur Aufgabe macht, einem fachfremden Publikum die Erkenntnisse seiner Wissenschaft nahezubringen, trifft bei jenem nicht auf ein füllbares Vakuum, sondern auf schon ausgebildete Wissenssysteme, auf „lebensweltlich fundierte Formen von Orientierungswissen", die allerdings „mit dem Expertenwissen schlicht nicht kompatibel sind" (ebd.).

Ich skizziere zunächst einige dieser Ansichten über Sprache und diskutiere anschließend ihre problematische Nutzung in der sprachkritischen Bewertung konkreter sprachlicher Sachverhalte.

2.1 Hauptelemente alltagsweltlicher Sprachtheorien

In der Literatur zu den „volkslinguistischen", „laienlinguistischen", „alltagsweltlichen" Ansichten über Sprache und den dort herrschenden Kriterien zur Bewertung sprachlicher Sachverhalte werden Eigenschaften einer guten oder sogar idealen Sprache beschrieben, die in der alltagsweltlichen Reflexion über Sprache über Jahrhunderte hin eine wesentliche Rolle gespielt haben. Die Daten, die in solchen Veröffentlichungen (vgl. z.B. Brekle 1985, Antos 1996, Buhofer 1989, Welte/Rosemann 1990, neuerdings auch Kilian/Niehr/Schiewe 2010 in Kapitel 3.3) jeweils berücksichtigt werden, stammen aus ganz unterschiedlichen historischen und gesellschaftlichen Praxiszusammenhängen und sind entsprechend heterogen. Überraschend einheitlich sind jedoch die Ergebnisse hinsichtlich der grundlegenden Sprachauffassung. Die Verfasser stoßen weithin auf die gleichen „Theorie"-Elemente. – Synoptisch aus unterschiedlichen Quellen zusammengefasst, skizziere ich vier grundlegende Annahmen in alltagsweltlichen Sprachtheorien.

2.1.1 *„Sprachen sind das Produkt einer (absichtsvollen) Schöpfung und damit etwas vom Ursprung her Geregeltes und Festgesetztes.“*

Der Glaube an das Geschaffensein der Sprache und ihre normative Bestimmtheit durch einen Urheber ist Bestandteil vieler Sprachursprungsmythen, die eine Instanz vorsehen, die die Sprache in einem individuellen Schöpfungsakt oder im Wege einer Vereinbarung absichtsvoll geschaffen hat. Die Instanz – Gott, Götter, Adam, weise Vorväter – variiert, üblicherweise aber sind es nicht gewöhnliche, sondern besondere Wesen, denen das große Werk zugetraut wird. So wie schon Sokrates dem Hermogenes in Platons Dialog „Kratylos“ (Platon 1957, 144) zu bedenken gibt, dass „die ersten, welche Namen festgesetzt haben, gar nicht gemeine Leute gewesen [seien], sondern von den Himmelskundigen und Hochfliegenden welche“. Der Rückschluss von einem hochkomplexen und sinnreich funktionierenden Gebilde wie der Sprache auf die Existenz eines Schöpfers hat bis heute suggestive Überzeugungskraft, gegenüber dem die alternative Deutung einer Autogenese der Sprache, die den vorfindlichen Zustand einer Sprache als kollektiv im Gebrauch hergestelltes Ergebnis eines historischen Entwicklungsprozesses begreift, es ähnlich schwer hat wie Darwins Evolutionstheorie bei den Kreationisten und die naturwissenschaftlichen Welt(entstehungs)erklärungen gegenüber den kosmologischen und teleologischen Gottesbeweisen.

Mit der Grundannahme des Geschaffenseins verbinden sich mit einer gewissen Plausibilität weitere Vorstellungen über wesentliche Eigenschaften des Schöpfungsprodukts Sprache bzw. Erwartungen an sie:

- Für den, der Sprache als Ergebnis einer sinnvoll erdachten Schöpfung betrachtet, müssen Stabilität und Unveränderlichkeit hohe Werte sein. Auf den Wortschatz bezogen, führt die These der Geregeltheit daher zu der Vorstellung, „daß Wörter genau eine fest umrissene Bedeutung haben“ (Niehr/Funken 2009, 132) bzw. haben sollten. Es herrscht als Idealvorstellung die eine „zementierte Bedeutung“ (Hundt 2010, 180), die sich ohne Kontext allein aus der Wortform erschließt. Diese eine *richtige* Bedeutung wird gern mit der *ursprünglichen* identifiziert.
- Sprachliche Veränderungen andererseits erscheinen nur ausnahmsweise als sinnvoll. Die Verbindung zwischen dieser Auffassung und dem vorausgehenden Punkt stellt Durrell (2011, 179) her, der von der verbreiteten Meinung spricht, Sprache als einen „fixen und unveränderlichen Organismus oder Gegenstand“ anzusehen, was insbesondere eine „Grundannahme für die herrschende Ideologie von Standardsprachen“ in der europäischen Neuzeit gewesen sei. Im Lichte dieser Überzeugung, so fährt er fort, sei jeglicher Wandel und jegliche Variation innerhalb einer

Sprache als „Sprachverderb oder Korruption zu werten". Im Allgemeinen hat Sprachwandel in diesem Denken also grundsätzlich eine negative Konnotation und wird, soweit er wahrgenommen wird, „einseitig als Störung der Funktionsfähigkeit von Sprache oder als Indikator kultureller Depravation (Sprachverfall) interpretiert" (Cherubim 2003, 238).

- Da die Sprache von alleine nicht entstehen konnte, ist die Annahme plausibel, dass sie auch weiterhin sorgfältiger Beobachtung und normierender Festlegungen (durch Duden, Linguisten, Sprachkritiker, Sprachwächter aller Art) bedarf, um Beschädigungen im Gebrauch, die durch Dummheit oder Nachlässigkeit der Sprecher hervorgerufen werden, zu reparieren. Die Überschätzung des Anteils intentionaler Sprachnormierungsakte an der Entstehung und dem historischen Wandel der Sprache korreliert mit einer Überschätzung des Normierungsbedarfs der jeweils gegenwärtigen Sprache.
- Eine naheliegende Konsequenz ist schließlich die Erwartung, dass in allen Zweifelsfällen sprachkritische Entscheidungen nach richtig und falsch möglich sind, durch die unerwünschte sprachliche Variation beseitigt werden kann.
- Eng verbunden mit dem Glauben an die Sprache als Produkt einer Schöpfung und sich fast zwangsläufig aus ihm ergebend ist schließlich die Annahme, dass der Schöpfer sich bei seiner Schöpfung etwas gedacht haben muss. Was er sich gedacht hat, folgt in den Punkten 2.1.2 bis 2.1.4.

2.1.2 *„Eine gute Sprache bildet auf allen Ebenen die Struktur der Wirklichkeit ab."*

Es herrscht eine „unreflektiert abbildtheoretische Grundlegung" der Sprache (Holly 2009, 308); „Die Ordnung der Worte [entspricht] der Ordnung des Seins" (Schrodt 1995, 31).

Die Orientierung an einer sprachunabhängig erkannten Wirklichkeit ist sozusagen das Grundprinzip, das die Schöpfer der Sprache bei ihrer Erfindung haben walten lassen: „Das Zeichen soll stehen für etwas, von dem man auch vorsprachlich zu wissen scheint, wie es wirklich ist." (Holly 2009, 308). Genauer gefasst handelt es sich bei dieser Beziehung in aristotelischer Tradition um eine doppelte Repräsentation: „Einmal bilden die (für alle identischen) Erkenntnisinhalte die (für alle identischen) Dinge ab, um ihrerseits durch die Worte in verschiedenen Sprachen verschieden abgebildet zu werden" (Ludwig Jäger, zit. Holly ebd.). An die Stelle der Welt der Dinge kann als Bezugspunkt alternativ die Struktur vernunftgemäßen Denkens treten. Was die Sprache abbilden soll, sind in diesem Fall, z.B. in der Sprachkritik

Schopenhauers ([1851] 1989), die Gedanken als Elemente der Struktur und deren vernunftgemäße Beziehungen zueinander.

Dass die realen Sprachen die Welt der Dinge bzw. der Begriffe nicht wirklich im angedeuteten Sinne adäquat abbilden, wird in der Sprachkritik durchaus nicht übersehen, bieten die wahrgenommenen Diskrepanzen doch gerade die Anlässe zur sprachkritischen Reflexion. Jedoch werden die vielfältigen Störungen in der Abbildung als Ergebnis eines allmählichen Verfalls gedeutet, der das ursprüngliche Verhältnis zerstört hat. Oder der *ursprüngliche* Zustand behält sogar für die Gegenwart seine Verbindlichkeit, wenn er gegen den heutigen Sprachgebrauch zum weiterhin geltenden *eigentlichen* und *richtigen* deklariert wird.

2.1.3 *„Zwischen den Elementen und Strukturen der Sprache und den Elementen und Strukturen der Wirklichkeit besteht eine Eins-zu-Eins-Beziehung."*

Eineindeutigkeit in der Beziehung zwischen den Elementen der Sprache und den Elementen der Wirklichkeit liegt vor, wenn einem sprachlichen Zeichen nur ein Bezeichnetes und einem Bezeichneten nur ein Zeichen entspricht. Zusätzlich wird die erwünschte Eins-zu-Eins-Beziehung, die das allgemeine Abbildverhältnis im Sinne von 2.1.2 konkretisiert, auch als *systemimmanente Gleichförmigkeit* verstanden. Durch sie wird Eineindeutigkeit in den innersprachlichen Beziehungen zwischen Formen und Funktionen hergestellt, insofern gleiche Formen immer die gleiche Funktion haben und umgekehrt.

Welche weitreichenden Konsequenzen dieses Kriterium in der Kritik an natürlichen Sprachen hat, wird deutlich, wenn man sich klarmacht, was alles als Abweichung von der gewünschten Eins-zu-Eins-Beziehung in ihrer zweifachen Deutung zu werten ist:

- Ausdrucksvariation für die gleiche Bedeutung (Synonymie)
- Mehrfachbedeutung sprachlicher Ausdrücke (Polysemie, Homonymie)
- „Lücken" im Wortschatz (z.B. nicht-lexikalisierte Ober- oder Unterbegriffe)
- Nebeneinander unterschiedlicher Formklassen in Deklination und Konjugation
- Vorkommen der gleichen Wortform in mehr als einer Wortart
- unterschiedliche syntaktisch-semantische Beziehungen zwischen den Gliedern von Komposita bei „gleicher" Form etc.

Da das Prinzip der Eineindeutigkeit als etwas gilt, was dem Wesen der Sprache gemäß ist, wird es in seiner Bedeutung als Wertkriterium nicht von der Tatsache tangiert, dass die heutigen Sprachen offensichtlich nicht systematisch nach diesem Prinzip aufgebaut sind. Sowohl beim Vergleich verschiedener Sprachen als auch im Vergleich verschiedener Varietäten bzw. Stadien einer Sprache begründet die relative Annäherung an das Prinzip der Eineindeutigkeit im Kleinen wie im Großen viele sprachkritische Werturteile.

2.1.4 *„Die Form sprachlicher Zeichen ist von deren Inhalt motiviert."*

Überträgt man das Abbildprinzip auf die Beziehung zwischen Form und Inhalt des einzelnen sprachlichen Zeichens, so ergibt sich daraus die Forderung, die Form des Wortes solle an den Eigenschaften des Bezeichneten orientiert, also *motiviert* sein. Auch diese Spielart des Abbildprinzips ist im alltagsweltlichen Sprachdenken weit verbreitet – Antos (1996, 329) spricht von einem „Natürlichkeitssyndrom" der Volkslinguitik – mit der Konsequenz, dass der „natürliche" Zusammenhang motivierter Wörter gegenüber einer „arbiträren" Verbindung der beiden Seiten als ursprünglich und höherwertig gilt. Je durchsichtiger die Form für den Inhalt, desto besser. Eine bloß durch Konvention gesicherte Beziehung erscheint als Verfallsprodukt.

Die kulturelle Reichweite dieses „Natürlichkeitssyndroms" kann man daran ermessen, dass es z.B. auch der „Richtigstellung der Begriffe" zugrundeliegt, die Konfuzius als wichtigste Maßnahme dem empfiehlt, der mit der Leitung des Staates betraut wird. Konfuzius (2008, 387f.) hält die Begriffsverwirrung für „eine der schlimmsten Übelstände", weil „ohne adäquate Begriffe der Mensch der Außenwelt hilflos und machtlos gegenübersteht (ebd., 211). Als Beispiel für eine nicht-adäquate Bezeichnung nennt Konfuzius die „Eckenschale ohne Ecken". Der Kommentator gibt dazu die Erläuterung, „daß ein Opfergefäß, das früher eckig gewesen war, aber im Laufe der Zeit abgerundet hergestellt zu werden pflegte, noch immer mit der alten Bezeichnung genannt wurde, die dem Wesen nun gar nicht mehr entsprach" (ebd., 210f.). Zweifellos besteht diese Diskrepanz zwischen Ausdruck und Inhalt, aber hat sie auch die befürchteten Konsequenzen? Wer lässt sich, wenn er das Wort *Buchstabe* hört, davon beirren, dass die bezeichneten Schriftzeichen weder einem Stab ähneln noch mit Buchenholz etwas zu tun haben? Wer nimmt die Diskrepanz überhaupt wahr?

Die unverminderte Wirksamkeit dieser Auffassung zeigt sich in der neueren Sprachkritik z.B. in Versuchen, die *eigentliche* Bedeutung aus der Wörtlichkeit des Ausdrucks abzuleiten, auch wenn sich das mit dem tatsächlichen Gebrauch des Wortes kaum vereinbaren lässt, sowie an der Kritik von Wörtern, die dem Prinzip nicht genügen: Weil sich Adelung in der Bedeutungsbeschreibung auf die Wörtlichkeit der Ausdrücke verlässt, erschien ihm das Wort *Feldzug* (wieso *Feld*?) als falsch oder unklar, genauso wie Wustmann das Wort *fertigstellen* (wieso *stellen*?). Ganz ähnlich fragt Weigel ([1974] [10]1986] in seiner Kritik an „etwas nachvollziehen (können/nicht können)": „wieso *nach*, wieso *voll*, wieso *ziehen*? (ebd., 84). Oft richtet sich die Hochschätzung der wörtlichen Bedeutung auch gegen die nicht-wörtliche Verwendung mehr oder weniger demotivierter Ausdrücke. Nur so ist die Kritik von Schneider ([2]1984) im Abschnitt „Schludereien und Marotten" (205-221) an *Attentatsversuch, Eigeninitiative, Frontlinie* und *kontrovers diskutieren* zu verstehen, bei welchen Ausdrücken das eine Glied (z.B. *Versuch*) etwas ausdrückt, was in der wörtlichen Bedeutung des anderen (*Attentat*) schon enthalten ist. Nur: die heutigen Sprecher des Deutschen gebrauchen das Wort *Attentat* nicht im Sinne seiner wörtlichen Bedeutung!

2.2 Alltagsweltliche Sprachtheorien als ungedeckter Scheck

Die beschriebenen Elemente alltagsweltlicher Sprachtheorien, vor deren Folie natürliche Sprachen generell unter den Verdacht der Imperfektibilität geraten müssen, begegnen – unsystematisch und oft nur implizit – auch in sprachkritischen Veröffentlichungen. Und so problematisch ihre Rolle in der sprachkritischen Bewertung in vielen Fällen ist, die Theorieelemente selbst kann man nicht auf einfache Weise als falsch zurückweisen. Sie sind mehr als schlecht begründete *Meinungen über Sprache,* weil sie im wirklichen Sprachleben, z.B. im ontogenetischen Spracherwerb wie auch in den Prozessen gesellschaftlichen Sprachwandels, z.T. selbst sprachliche Fakten schaffen.

Das Prinzip der systemimmanenten Gleichförmigkeit produziert z.B. als unbewusst wirksame Kraft im primären Spracherwerb die bekannten Übergeneralisierungen der Kinder überall dort, wo in einer Sprache für die gleiche Funktion mehrere formale Lösungen ausgebildet sind. Kinder wollen ihre Sprache offenbar möglichst regelmäßig und tendieren daher zur Herstellung einer Eins-zu-Eins-Entsprechung von Form und Funktion, indem sie z.B. möglichst *eine* Pluralregel, generell *ein* Muster für Deklination und Konjugation generalisieren (Butzkamm/Butzkamm 1999, 232f.). Gerdes (2010) vermutet dafür sogar „prähistorische Wurzeln" und berichtet von Experimenten mit Affen, die schon als vormenschliche

Erwartung nahelegen: „Wenn schon verschiedene Symbole, dann sollten sie auch verschiedene Bedeutungen tragen" (ebd., 15). Das Abbildprinzip im Sinne von 2.1.4 ist in den späteren Phasen des Spracherwerbs z.B. in der Tendenz zum phonetischen Prinzip beim Schreibenlernen wirksam. – Im kollektiven Sprachwandel schafft die Wertschätzung des Eins-zu-Eins-Prinzips sprachliche Fakten, wenn eine bestehende Synonymie historisch durch sekundäre Bedeutungsspezialisierung der beiden Ausdrücke aufgehoben wird („Synonymenflucht"). In der sprachgeschichtlichen Zunahme der „regelmäßigen" schwachen Verben zu Lasten der starken kann man entsprechend eine Wirkung des Analogieprinzips vermuten. Ähnlich steht es mit den bekannten volksetymologischen Sinndeutungen, in denen sich das „wahrscheinlich universale Phänomen des menschlichen Strebens nach Motivation bzw. Remotivation von Wörtern" (Antos 1996, 99) auswirkt. Nicht selten gelingt es, die zunächst irrtümliche Annahme einer motivierten Beziehung zwischen Ausdruck und Inhalt zu einer sprachlichen Tatsache zu machen, indem Lehnwörter oder auch einheimische Ausdrücke, die durch historischen Wandel ihre frühere Motivation verloren haben und daher in der Form keine Hinweise auf ihre Bedeutung enthalten, durch formale Angleichung an lautlich oder semantisch ähnliche Ausdrücke (re) motiviert werden (*Armbrust, Hängematte*). Die Rolle, die der Motiviertheit im alltagsweltlichen Sprachdenken zugesprochen wird, wird, zumindest für abgeleitete und zusammengesetzte Wörter, auch dadurch unterstützt, dass jede neue Erweiterung, die der Wortschatz durch Wortbildung heute erfährt, in der Tat durch motivierte Bildungen geschieht. Demotivierung setzt immer erst im Gebrauch ein.

Für die Beurteilung der alltagsweltlichen Sprachtheorien ist es schließlich auch nicht ganz unerheblich, dass wichtige Bestandteile hier und da auch in der Wissenschaft affirmativ eine Rolle spielen. Zum Beispiel nimmt die sogenannte Natürlichkeitstheorie in der Morphologie an, dass, wenn ein Wandel im Formensystem einer Sprache stattfindet, dieser – in umstrittenem Ausmaß – eine Tendenz zur Verstärkung (1) einer 1:1-Beziehung zwischen Formen und Funktionen und (2) eines ikonischen Verhältnisses zwischen Ausdruck und Inhalt habe (kritisch dazu Werner 1987). Letzteres zeigt sich z.B. darin, dass ein inhaltliches Mehr möglichst mit einem ausdrucksseitigen Mehr korreliert, wie es typischerweise für Pluralformen gilt, die ja eine Mehrzahl von Gegenständen oder Sachverhalten bezeichnen. Vergleichbar stellen Keller/Kirschbaum (2003, 159) auch beim Bedeutungswandel von Wörtern eine Tendenz zur Aufgabe von Bedeutungsvarianten fest, die sie – analog zum schon eingeführten Begriff der *Homonymenflucht* – *Polysemenflucht* nennen.

Wiewohl die beschriebenen Annahmen also als solche nicht grundsätzlich falsch sind, wirken sie in der sprachkritischen Analyse als „ungedeckte Schecks". Einige Fehlerquellen „laienlinguistischer" Sprachkritik im Umgang mit den in Kapitel II, 2.1 skizzierten alltagsweltlichen Sprachtheorien behandle ich in den folgenden Punkten 1-4.

(1) Die Theorieelemente werden nicht selten als wahre Sätze über den Bauplan menschlicher Sprache(n) vorausgesetzt und ohne weitere Begründung unmittelbar zur Grundlage der Bewertung von Abweichungen im konkreten Sprachgebrauch der Sprecher oder auch in den Sprachen selbst gemacht. Die Abweichungen werden im ersten Fall als individuelle Fehler, im zweiten als kollektiv bewirkter Verderb der *eigentlichen* Sprache gedeutet, die zu schützen die Sprachkritik als Aufgabe übernimmt. Wenn Leonhardt (1986, 130) die Aufforderung ausspricht: „Keiner sollte zwei verschiedene Wörter jemals so verwenden, als ob sie ganz dasselbe bedeuteten", dann scheint die Vorstellung zu herrschen, dass Synonymie im Bauplan der Sprache eigentlich nicht vorgesehen ist – Eine gute Sprache kennt nichts Überflüssiges! – und nur deshalb existiert, weil zwei Wörter fahrlässig so verwendet werden, als bedeuteten sie „ganz dasselbe". Ist man dieser Ansicht, stellt sich dem Sprachkritiker die Aufgabe, sich auf die Suche nach den verschiedenen Bedeutungen zu machen, die zwei Wörter (z.B. *selber* und *selbst*) *eigentlich* haben, auch wenn sie, wie der Kritiker meint: *fälschlich*, mehr oder weniger synonym verwendet werden.

Das alltagsweltliche Denken scheint in der Frage der Synonymie allerdings ausnahmsweise die Unterstützung der Linguistik zu haben, in der die Auffassung, dass es Synonymie eigentlich gar nicht gebe, weit verbreitet ist. Dem liegt ein Testverfahren zugrunde, das kaum ein synonymie-verdächtiges Wortpaar überlebt, nämlich ob die fraglichen Wörter *in allen Kontexten* auswechselbar und womöglich auch noch statistisch gleich wahrscheinlich sind. In diesem Sinne mag es Synonyme nicht oder kaum geben. Das sollte aber nicht die Tatsache verdunkeln, dass wir in der alltäglichen Kommunikation bei den meisten Äußerungen die Wahl zwischen mehreren Ausdrücken haben, die wir auswechselbar verwenden können, ohne dass die Aussage des Satzes verändert wird (*monoton/eintönig, Meer/Ozean, Lift/Fahrstuhl*). Das Synonymenwörterbuch in der 12-bändigen Duden-Reihe, das dafür Hilfestellung gibt, hat in der 5. Auflage einen Umfang von 801 Seiten!

Weitergehend nimmt Leonhardt an späterer Stelle die Behandlung dreier alter sprachkritischer Bekannten (*als/wie, anscheinend/scheinbar, derselbe/der gleiche*) zum Anlass, über die Vermeidung von Synonymie hinaus ein allgemeines Stilgesetz zu formulieren, „wonach der bewußt Schreibende es ebenso vermeiden sollte, für dieselbe Sache zwei verschiedene Wörter zu verwenden (synonym), wie er bemüht sein sollte, zu ‚differenzieren', also nicht zwei verschiedene Sachen mit demselben Wort zu benennen (homonym)" (ebd., 148). Ob die Empfehlung für einen einzelnen Text oder für den Sprachgebrauch des bewusst Schreibenden generell ausgesprochen wird, ist mir unklar geblieben, genauso wie die Beantwortung der Frage, was in dem einen oder dem anderen Fall damit gewonnen wäre.

(2) Die Theorieelemente bekommen, über ihre Qualifizierung als ‚dem Bauplan des Schöpfers entsprechend' hinaus, eine implizite Begründung, wenn die behaupteten Eigenschaften der Sprache zugleich als „ideal" bezeichnet werden, an denen gemessen alle sprachkritisch festgestellten Abweichungen unter kognitiv- bzw. kommunikativ-funktionalen Gesichtspunkten als minderwertig einzuschätzen sind.

Lichnowsky ([1949]1964) beispielsweise besteht in der Beurteilung deutscher Komposita auf völliger Durchsichtigkeit der Struktur, die gewährleisten soll, dass die Wortbildungen schon „für sich betrachtet, also außerhalb eines Satzes", d.h. gänzlich kontextlos, „einen klaren Begriff darstellen" (28). Dieses Erfordernis, das zahllose Komposita nicht nur wegen ihrer Demotivierung, sondern wegen der meistens mehrdeutigen Beziehung, die die Teile miteinander eingehen, nicht erfüllen, sieht Lichnowski z.B. durch *Feindflug* verletzt, weil man nicht erkennen könne, ob das Bestimmungswort vom Adjektiv *feindlich* oder vom Substantiv *Feind* abgeleitet ist, und weil – im zweiten Fall – nicht ersichtlich sei, ob Flug *des* Feindes, *zum* Feind, *gegen* den Feind oder *dorthin*, wo der Feind ist oder vermutet wird, gemeint ist. Die tatsächliche Bedeutung ‚Flug gegen den Feind' hält sie im übrigen für „*sprachlich* nicht möglich (29). Worin die Idealität der kontextlosen „Klarheit" angesichts der Tatsache besteht, dass uns so gut wie nie ein Wort kontextlos begegnet, bleibt unbesprochen.

Verallgemeinert: Es bleibt fast immer ungeprüft, ob denn und in welchen Hinsichten eine Sprache, die den genannten Prinzipien entspricht, besser wäre als die, die uns faktisch zur Verfügung stehen. Wäre es wirklich wünschenswert, eine Sprache zu haben, in der die Eins-zu-Eins-Beziehung systematisch verwirklicht wäre? Wie würden wir z.B. fertig mit der erheblich vergrößerten Wortmenge, wenn, um Polysemie zu vermeiden, für jedes gedankliche Konzept eine eigene Wortform existieren müsste? Ist es nicht zumindest ökonomischer, Wortformen als „Mehrzweckwörter" zu haben, die durch den jeweiligen (sprachlichen und situativen) Kontext und das Weltwissen monosemiert werden? – Wäre es wirklich ein Vorteil und worin bestände er, wenn das gesamte sprachliche Zeichensystem auf einer „motivierten" Beziehung von Ausdruck und Inhalt beruhte? Der ein- und zweisilbige Basiswortschatz des Deutschen besteht heute fast durchweg aus unmotivierten Zeichen (*Ball, Haus, Tür; Vater, Mutter, Katze; sitzen, stehen liegen; rot, grün, bunt*). Welche Vorteile für das Erlernen oder den Gebrauch hätte es, wenn statt ihrer motivierte Bildungen zur Verfügung ständen? Und für welche Bedeutungsinhalte wäre so etwas überhaupt denkbar?

(3) Bleiben also die Vorzüge der vorgestellten Idealsprache ungeprüft, so auch die Nachteile der als Abweichungen kritisierten sprachlichen Erscheinungen. Die These, dass Abweichungen von der Eins-zu-Eins-Beziehung die Verständlichkeit verringern und die Gefahr von Missverständnissen erhöhen, bleibt im wesentlichen Behauptung, solange nicht in der Analyse faktischer Kommunikationsereignisse belegt wird, dass jene die befürchteten Wirkungen tatsächlich haben. Sowohl die Anfälligkeit polysemer Wörter für Missverständnisse als auch die größere Verständlichkeit motivierter Wortbildungen kann man mit Grund in Zweifel ziehen. Zwar ist es nicht schwer, einzelne Beispiele zu finden, bei denen die Mehrdeutigkeit eines Wortes unter bestimmten Bedingungen das Verstehen einer Äußerung erschwert, besonders wenn die Wahrscheinlichkeit, dass zwei Bedeutungen eines Wortes im gleichen kommunikativen Kontext vorkommen können, etwa gleich groß ist. Das dürfte z.B. der Fall sein bei *grundsätzlich* im Sinne von ‚prinzipiell ohne Ausnahme' vs. *grundsätzlich* im Sinne von ‚im Grundsätzlichen, aber mit Einschränkungen'. Ein anderes Beispiel ist *das heißt/d.h* in seiner Funktion zur Verknüpfung von Aussagen. Der Ausdruck stiftet je nachdem ganz unterschiedliche Beziehungen zwischen den Aussagen:

- Die zweite Ausssage wird deklariert als *Paraphrase* der ersten für den gleichen Inhalt.
- Mit der zweiten Aussage wird die erste inhaltlich *erläutert.*
- Die zweite stellt eine *Folgerung* aus dem im ersten Teil Gesagten dar.
- In der zweiten Aussage wird das im ersten Teil Behauptete zurückgenommen („Ich komme um fünf; das heißt – da kann ich ja gar nicht.").

Wenn irgendein Ausdruck, dann ist *d.h.* Kandidat für das Phänomen semantischer Überlastung. Doch sogar diese Fügung wird durch den jeweiligen Kontext, unterstützt durch wechselnde Intonation, meistens monosemiert.

Normalerweise bietet Polysemie, die in allen natürlichen Sprachen massenhaft vorkommt, ohne uns beim Gebrauch der Wörter überhaupt bewusst zu werden, keinerlei kommunikative Probleme, weil das Äußerungs- und Wortverstehen in der normalen Kommunikation anders funktioniert als in den Beispielsituationen, die Sprachkritiker konstruieren, um uns ihre Thesen plausibel zu machen. – Es funktioniert sogar anders, als es die linguistische Redeweise von der *Monosemierung* bzw. der *Disambiguierung* mehrdeutiger Wortformen durch den sprachlichen und außersprachlichen Kontext bzw. durch das Sachwissen, das die Sprecher von der Welt haben, suggeriert. Die linguistischen Fachbegriffe legen eine zeitliche Abfolge nahe, in der zuerst ein mehrdeutiges Wort die kommunikative Szene betritt, das anschließend durch den Kontext monosemiert wird. In Wirklichkeit ist dieser Fall ganz untypisch. Normalerweise sind ein situativer Kontext und ein sprachlicher Vor-Text schon da, bevor die Produktion oder Rezeption eines polysemen oder eines homonymen Wortes ansteht, und dessen passende Bedeutung wird von vornherein gemäß dem Kontext selektiert, ohne dass die Möglichkeit, dass das Wort noch etwas anderes bedeuten könnte, auch nur entfernt das Bewusstsein erreicht.

(4) Selbst wenn man die Idealität der alltagstheoretisch konstruierten Sprache akzeptieren würde, ist sie als Folie für die sprachkritische Bewertung real existierender Sprachen und ihres Gebrauchs ungeeignet, weil die Bauprinzipien der realen Sprachen sich nicht nur in Details, sondern grundlegend unterscheiden. Das lässt sich stellvertetend am Prinzip der Analogie belegen. Wandruszka (1971, 43-52) hat zur Überprüfung der Wirksamkeit des Analogieprinzips beispielhaft die „Formalstruktur“ des Adverbs in verschiedenen Sprachen untersucht und kam zum Ergebnis, dass es in allen Sprachen Ansätze zu einem analogischen System gibt, immer aber vermischt mit asystematischen Anomalien oder ersetzt durch koexistierende Teilsysteme. In keiner der untersuchten europäischen Sprachen gibt es eine konsequente Kategorisierung des Adverbs mit systematischer Unterscheidung zum Adjektiv, in keiner besteht zwischen Formen und Funktionen eine „zwingende Konsequenz“ (52). Zum Schluss verallgemeinert er seinen Befund beim Adverb auf den Sprachbau insgesamt:

> „In allen Bereichen der menschlichen Sprachen ergibt sich so immer wieder das gleiche Bild. Jede unvoreingenommene Untersuchung bestätigt von neuem den Befund: Im Unterschied zu jeder Kunstsprache, zu jeder kybernetischen Sprache sind unsere natürlichen Sprachen nicht dem Gesetz der systematischen Konsequenz unterworfen“ (54f.).

„Fähigkeit zur Analogie, d.h. Gleiches durch Gleiches zu bezeichnen, und die Fähigkeit zur Anomalie, d.h. Einzelnes als Einzelnes zu bezeichnen“ (ebd., 55), sind also widersprüchlich miteinander verbunden.

Dies gilt für natürliche Sprachen in allen sprachlichen Teilsystemen. Im Flexionssystem beispielsweise könnte eine 1:1-Beziehung zwischen Form und Funktion hergestellt werden, wenn, von der Funktion aus betrachtet, die Form *uniform* wäre und, von der Form ausgehend, die Funktion *transparent*. In der Realität der deutschen Gegenwartssprache gibt es von diesem Prinzip nicht nur viele Abweichungen, die Abweichungen sind vielmehr der Normalfall, während nur wenige Flexionsmorpheme uniform bzw. transparent sind. Nübling und Mitautorinnen (2006, 50) nennen als Beispiele *-st* als Form für die 2. Pers. Sing. in der Verbflexion und *-end* als Ausdruck für das Part. Präs. Der Normalfall ist die Existenz von Homonymen (als Verstoß gegen die Transparenz), und die Existenz von Allomorphen (als Verstoß gegen die Uniformität). Beispiel für Letzteres ist die Pluralbildung in der deutschen Substantivdeklination, in der sieben Allomorphe existieren. Sonderformen von „Abweichungen" sind Portmanteau-Morpheme, durch die mit einer nicht segmentierbaren Form mehrere Funktionen gleichzeitig ausgedrückt werden (In *ich les-e* indiziert das Endungs-e zugleich Person und Numerus), ferner: Mehrfachausdruck einer Funktion (Umlaut+*er*-Endung in *Wörter* für Plural) und Nullausdruck einer Funktion (gleiche Form für Singular und Plural: der Löffel/die Löffel).

Als Beispiel für Homonymie möge – über die Flexion hinaus – die Verwendung der Lautfolge *-er* dienen (vgl. Nübling 2006, 52). Sie hat Funktionen in der Pluralbildung von Substantiven (*Kind/Kind-er*), in der starken Flexion als Form für den Nom. Sing. Mask. (*ein kindlich-er Spaß*), in der Komparativbildung von Adjektiven (*kindlich/kindlich-er*), als Fugenelement in der Kompositabildung (*Kind-er-zimmer*), als polysemes Derivationssuffix in der Ableitung von Substantiven vor allem von verbalen Basen (Nomina agentis: *Lehr-er*, Nomina instrumenti: *Koch-er*, Nomina acti: *Seufz-er*).

Wie also sprachkritisch umgehen mit den Anomalien? – Eduard Engel ([30]1922, 58f.), ein bekannter Sprachkritiker zu Anfang des 20 Jahrhunderts, belegt die eingeschränkte Wirksamkeit des „Hauptbeweismittel[s] der Sprachschulmeisterei", der Analogie, am Beispiel der Unterscheidung von *her* und *hin*, *herab* und *hinab*:

> „Alle Schreiber mit gesundem Sprachgefühl beachten den Unterschied zwischen ‚her' und ‚hin', ‚herab' und ‚hinab' usw. In großen Teilen Deutschlands verwechseln auch die Sprechenden, selbst die ungebildeten, niemals ‚her' und ‚hin'. Dennoch spricht und schreibt man allenthalben trotz Analogie und Logik, ja trotz der sinnlichen Anschauung nicht ‚hinablassend', sondern ‚herablassend' [...]. Ana-

> logie, Logik und Sinnhaftigkeit fordern hinablassend; die Sprache, ‚unser' aller Meisterin, folgt ihrem eignen Gesetz und sagt herablassend."

Engel begreift diese Abweichung als Wirken von „uns verborgenen, aber gewiß sehr guten Gründen des Sprachgeistes" (ebd., 59), obwohl man über das Fehlen von Analogie und Sinnhaftigkeit bei diesem Beispiel eventuell streiten kann. Bei den deiktischen Ausdrücken *her* und *hin* kommt es auf die Perspektive an, aus der man die metaphorisch bezeichnete Haltung der Herablassung betrachtet. Aus der Perspektive dessen, der „von oben herab" behandelt wird, entspricht ja auch *herablassen* der Grundregel. – Betz (1968) stellt fest, dass das Kriterium der Analogie, unbesonnen verwendet, oft in die Irre führt, weil längst nicht alles, was analog ist, auch richtig (im Sinne der Gebrauchsnormen!) ist, und betrachtet Analogie als ein Zusatzkriterium, das sinnvoll angewendet werden kann, wenn es zwei Gebrauchsvarianten gibt, die hinsichtlich ihrer anderen Merkmale gleichwertig sind.

Das Ergebnis, das die Betrachtung des Kriteriums Analogie erbracht hat, ist auf andere Annahmen in den alltagsweltlichen Sprachtheorien verallgemeinerbar, insbesondere auch auf das Ein-zu-Eins-Prinzips im Wortschatz. Die Verletzung dieses Prinzips durch das Vorkommen einer Wortform in mehr als einer Wortart wird neben vielen anderen von Storz (1982, 124) am Beispiel von *trotzdem* kritisiert. Den Gebrauch dieses Wortes als nebensatzeinleitende Konjunktion weist er mit dem Argument ab, dass der Ausdruck „woanders", nämlich als Adverb, benötigt werde. Die Möglichkeit, beide Aufgaben zusammen zu erfüllen, wird nicht in Betracht gezogen, nicht einmal erwähnt. Nun ist diese Ausprägung des Eins-zu-Eins-Prinzips den wirklichen Verhältnissen vergleichsweise nahe, insofern die große Masse der Wörter des Deutschen dem Kriterium tatsächlich genügt. Immerhin gibt es, auch neben der Wortbildung durch Konversion, bei der ein Wortartenwechsel der gleichen Wortform systematisch auftritt, zahlreiche Parallelfälle: Wie *trotzdem* existieren *seitdem, indessen, insofern, insoweit* und *damit* als Adverb und Konjunktion; *an* und *innerhalb* (*von*) als Adverb und Präposition und zahlreiche Wörter (*offensichtlich, sicher, vermutlich, wahrscheinlich, scheinbar* etc.) zugleich als Adverb und Adjektiv ohne Formveränderung. Gelegentlich hat eine Wortform sogar Funktionen in drei Wortarten: *bis* als Adverb, Präposition und Konjunktion; *allein* als Adverb, Adjektiv und Konjunktion. Verwunderlich ist, dass sich alle Welt an *trotzdem* stört; kaum jemand aber die anderen Fälle zur Kenntnis nimmt und sich fragt, ob er das Argument, dass seiner Kritik an *trotzdem* dient, verallgemeinern will oder mit welchen Gründen er die anderen Abweichungen von der Kritik ausnehmen will.

Die „ideale" Sprache, die das schöne Gegenbild für die korrumpierte Wirklichkeit abgibt, ist zu weit von den tatsächlichen Sprachen und ihren Leistungen als Gefäß des Denkens und als Kommunikationsmittel entfernt. Der erwünschte Ersatz setzt u.a. ein einheitliches Design voraus, die Entstehung sozusagen aus einem Guss, und da dieses Erfordernis im Gedanken der „geschaffenen Sprache" (Theorielement 1) erfüllt ist, kann das alltagsweltliche Sprachbewusstsein unbeirrbar an der Möglichkeit der „idealen" Sprache festhalten:

> „Der fundamentalste und zugleich folgenreichste Mythos, der von Sprachpflegern (zumindest implizit) vertreten und verbreitet wird, besagt nichts anderes, als dass es die ‚ideale Sprache' überhaupt gibt – zumindest aber geben kann. Und wenn es sie augenblicklich evtl. nicht gibt, dann nur deswegen, weil die Sprache von ihren Sprechern nicht angemessen verwendet und gebührend gepflegt wird" (Maitz 2010, 6).

In Wirklichkeit sind historische Sprachen, wie Mauthner ([1901/02] 1982, 27) metaphorisch sagt, „geworden wie eine große Stadt", in der zu jedem Zeitpunkt Elemente nebeneinander bestehen, die in verschiedenen Zeitepochen entstanden sind, und in der jede Tendenz zur Entstehung von Eins-zu-Eins-Beziehungen durch erneuten Sprachwandel wieder durchbrochen werden kann, z.B. weil der Wandel neue „konfligierende Analogien" (Strecker 2009, 242) schafft. Es ist deshalb illusorisch zu hoffen, durch sprachkritische Impulse eine „natürliche" Sprache wie das Deutsche, das Englische, das Spanische usw. (über die Normierung enger fachlicher Kommunikationsbereiche hinaus) im Sinne der beschriebenen Prinzipien zu konstruieren. Welchen Sinn soll dann aber die Orientierung der sprachkritischen Bewertung an den Prinzipien der „idealen Sprache" haben? Natürlich kann man durch Vergleich zweier Sprachen oder mit dem Maßstab der idealen Sprache absolute oder relative Grenzen menschlicher Sprachen aufdecken; nur – so lässt sich mit Steinfeld (2010, 176) fragen – „Wohin führen solche Vergleiche? Wir haben keine andere Sprache, als die, die wir haben." Dieser wird mit den skizzierten alltagsweltlichen Theorie-Elementen „ein idealer Zustand, der nie bestand, als Maßstab entgegengehalten" (ebd., 243) – ein Zustand auch, der durch Sprachkritik und Sprachnormierung sogar dann nicht herstellbar wäre, wenn die offene Frage nach seiner Idealität im positiven Sinne beantwortet worden wäre.

3. Das Exempel *scheinbar* und *anscheinend*. Zum sprachlichen Umgang mit möglicherweise täuschenden Eindrücken

In der Sprachkritik besteht die Neigung, Aussagen über die Funktionalität bzw. Dysfunktionalität grammatischer oder lexikalischer sprachlicher Mittel aus allgemeinen Anschauungen über ideale Eigenschaften menschlicher Sprachen oder aus vermeintlichen Erfordernissen einer ungestörten Kommunikation sozusagen theoretisch abzuleiten, ohne genauer in Augenschein zu nehmen, wie wir mit den fraglichen grammatischen Mustern oder Wörtern in der realen Kommunikation faktisch umgehen und welche Aufgaben sie dort erfüllen. Das ist einerseits verständlich, weil eine sorgfältige Analyse des Sprachgebrauchs meistens so aufwendig wäre, dass man sie z.B. von einem Sprachglossenschreiber nicht ernsthaft erwarten kann. Andererseits jedoch zeigt sich immer wieder, dass zunächst ganz vernünftig und plausibel klingende sprachkritische Urteile nur begrenzt überzeugen, wenn man sie am wirklichen Sprachgebrauch kontrolliert. Als Illustrationsobjekt für das Defizit an Analyse wähle ich die altbekannte semantische Unterscheidung zwischen *scheinbar* und *anscheinend*, die für die kommunikative Praxis, wie sich zeigen wird, ein geringfügiges Problem darstellt, in den Sprachglossen aber bis heute zu den Paradebeispielen für falsches Deutsch zählt. Sie gehört im übrigen auch zu den nicht eben zahlreichen Beispielen sprachkritischer Reflexion, bei denen sich die außerlinguistischen Sprachkritiker und die Sprachwissenschaftler, die sich dazu geäußert haben, unter dem Strich einig sind. Beide Gruppen halten es gegen den verbreiteten andersartigen Gebrauch für besser, wenn die gewünschte Unterscheidung bewahrt bliebe bzw. sich durchsetzte.

Das Wortpaar dient also als weiteres Exempel für die in Kapitel II, 1 behauptete Unzuverlässigkeit der sprachlichen Analyse, auf der die sprachkritische Empfehlung zur Unterscheidung von *anscheinend* und *scheinbar* ruht. Der Nachweis dieser Unzuverlässigkeit erledigt freilich nicht ohne weiteres auch die Empfehlung selbst; diese könnte ja – mit anderen Begründungen – trotzdem sinnvoll sein. Es mag also sein, dass Leser und Leserinnen nach Lektüre des Kapitels geneigt bleiben, im eigenen Sprachgebrauch dieser Unterscheidung zu folgen, die bisher zu keiner Zeit im Deutschen sicher verankert war. Das Kapitel soll auch niemanden daran hindern. Ziel ist einzig die Aufdeckung des „unsicheren Grundes", auf dem die sprachkritische Empfehlung in diesem wie in vielen anderen Fällen ruht.

3.1 Inhalt der sprachkritischen Empfehlung

Obwohl die Unterscheidung allgemein bekannt scheint, zeigt sich bei näherem Zusehen, dass die sprachkritische Empfehlung bzw. der behauptete Unterschied im (guten) Gebrauch der beiden Ausdrücke nicht einheitlich bestimmt wird. Eindeutig und übereinstimmend sind nur die Aussagen zu *scheinbar*. Das Wort soll adverbial oder attributiv allein verwendet werden, um auszudrücken, dass etwas einen bestimmten Eindruck macht, in Wirklichkeit aber anders geartet ist, als es (zunächst oder oberflächlich) scheint. Für das oppositionelle Wort *anscheinend,* das in der Gegenwart fast ausschließlich adverbiell gebraucht wird, konkurrieren hingegen zwei Bedeutungsangaben. Die eine enthält die Grundaussage, *anscheinend* werde zum Ausdruck der relativen Gewissheit verwendet, dass etwas tatsächlich so geartet ist, wie es sich darstellt; die andere besagt, mit *anscheinend* beziehe man sich allein auf den äußeren Anschein, ohne damit ein Urteil über dessen Beziehung zur Wirklichkeit zu verbinden. Unter den Vertretern der ersten Auffassung besteht intern eine weitere Differenz darin, dass sie sich in den lexikographischen Bedeutungserklärungen selten mit dem vagen Begriff der relativen Gewissheit begnügen, sondern den Grad der Sicherheit genauer festlegen, überraschenderweise aber an verschiedenen Punkten der Skala zwischen denkbarer Möglichkeit und Offensichtlichkeit (*vermutlich* vs. *wahrscheinlich* vs. *offenbar* vs. *offensichtlich*). Diese Unstimmigkeit hat m.E. ihren Grund weniger in unterschiedlichen Gebrauchsweisen des Wortes *anscheinend* als in einer methodischen Unsauberkeit. Man findet *anscheinend* in der Tat in Sätzen bzw. Satzfolgen verwendet, deren Sprecher bzw. Schreiber die Wahrscheinlichkeit der Übereinstimmung von Anschein und Wirklichkeit von Fall zu Fall unterschiedlich bestimmen. Doch ist die Tatsache, dass dies möglich ist, gerade Indiz dafür, dass der Grad der Sicherheit *nicht* in der Bedeutung des Wortes *anscheinend* festgelegt ist (und also auch nicht in die Bedeutungsbeschreibung gehört), sondern satzinhaltlich oder mit Hilfe kontextueller sprachlicher Mittel angezeigt wird.

Es bleibt die größere Differenz in den Bedeutungsbeschreibungen hinsichtlich der Frage, ob der, der *anscheinend* verwendet, relative Gewissheit über die Übereinstimmung von äußerem Eindruck und Wirklichkeit ausdrückt oder ob er nur etwas über den äußeren Anschein aussagt. Prominentes Beispiel für die zweite Auffassung ist Wustmanns Bedeutungserklärung, die zugleich das erste – bekannte – Zeugnis der sprachkritischen Beschäftigung mit dieser Unterscheidung ist: „Mit scheinbar wird ein Anschein gleich für falsch erklärt, mit augenscheinlich wird er gleich für richtig erklärt, mit anscheinend wird gar kein Urteil ausgesprochen" ([2]1896, 322).

Eine weitere Unklarheit in der sprachkritisch eingeführten semantischen Unterscheidung betrifft die Frage, wer entscheidet, ob dem Eindruck mit relativer Gewissheit zu trauen ist oder ob er täuscht, und damit auch entscheidet, welcher der beiden Ausdrücke in der gegebenen Situation der richtige ist. Die naheliegende Direktive ist, die Welterfahrung des Sprechers zum Zeitpunkt seiner Äußerung als Bezugspunkt zu nehmen. Das Kriterium hat aber, mechanisch angewendet, die unliebsame Konsequenz einer negativen Bewertung des Wortgebrauchs auch in Fällen, in denen der jeweilige Sprecher es aus einleuchtenden Gründen vorzieht, den thematisierten Sachverhalt aus einer anderen Perspektive als seiner eigenen zum Sprechzeitpunkt darzustellen.

Ich illustriere das Gemeinte an einem Beispiel: Weigel ([10]1986) erläutert den gewünschten Bedeutungsunterschied anhand einer kleinen Episode aus einer fiktiven Wüstenwanderung: „In einiger Entfernung von uns war anscheinend eine Oase. Wir gingen weiter und sahen: Dort war nur scheinbar eine Oase. Eine Fata Morgana hatte uns getäuscht" (105). Als der Wüstenwanderer diese Episode erzählt, weiß er, dass die wahrgenommene Oase eine optische Täuschung war. Da sie dies nicht erst nach dem Weitergehen der Gruppe, sondern schon zu dem Zeitpunkt war, als die Gruppe sie in einiger Entfernung wahrzunehmen meinte, hätte der nachträgliche Erzähler *scheinbar* auch schon im ersten Satz verwenden können (– oder sollen?). M.E. wäre es aber unbefriedigend, *anscheinend* als falsch zu deklarieren. Der Wechsel der Perspektive bringt die im Zeitverlauf veränderte Wahrnehmung der Gruppe, einschließlich der enttäuschten Erwartung, lebendiger und anschaulicher zum Ausdruck, als es geschehen könnte, wenn das innere Geschehen konsequent aus der Sicht des nachträglichen Erzählers berichtet würde. – In ähnlicher Weise können auch verschiedene Personen zum gleichen Zeitpunkt die Welt unterschiedlich erfahren: Was für den einen *anscheinend* der Fall ist, ist es für den anderen *nur scheinbar*. Und es ist in solchen Erzählsituationen der Erzähler, der entscheidet, aus wessen Perspektive er das Geschehen, von dem er erzählt, betrachtet wissen möchte.

3.2 Sprachkritische Argumente für die semantische Unterscheidung

Mit dem möglichen Nachweis, dass die gewünschte Unterscheidung in der Geschichte des Deutschen entgegen verbreiteten Annahmen zu keinem Zeitpunkt den Status einer Gebrauchsnorm erlangt hat, ließe sich nur bedingt gegen die sprachkritische Empfehlung argumentieren. Sie könnte ja auch dann sinnvoll sein, wenn die Unterscheidung in der Sprache überhaupt nicht existierte. Es gilt also, die sprachkritischen Argumente gegen die sogenannte Vermischung oder Verwechslung der Wörter, von denen mir die beiden folgenden die wichtigsten zu sein scheinen, auf ihre Überzeugungskraft zu überprüfen.

3.2.1 Die Eins-zu-Eins-Beziehung von Formen und Funktionen und die Gefahr von Missverständnissen

Es gibt, besonders in der „philosophischen Sprachkritik", aber auch im alltagsweltlichen Denken (vgl. Kapitel II, 2), ein ausgeprägtes Misstrauen gegenüber Störungen in der als ideal empfundenen Eins-zu-Eins-Beziehung von sprachlichen Formen und sprachlichen Inhalten bzw. Funktionen. Dazu zählen im lexikalischen Bereich Synonymie und Polysemie bzw. Homonymie, die folgerichtig als etwas gelten, was einer guten Sprache fremd ist. Sowohl Synonymie wie Polysemie spielen auch im kritisierten Gebrauch der Wörter *scheinbar* und *anscheinend* eine Rolle, insofern sie zwar nicht generell als austauschbar anzusehen sind, aber teilsynonym verwendet werden, was bei *scheinbar* auch die Polysemie erhöht.

Die sprachtheoretisch-grundsätzliche Kritik an Synonymie und Polysemie wird oft mit der Begründung untermauert, dass jene in der praktischen Kommunikation die Gefahr von Missverständnissen erhöhen. Dass polyseme Ausdrücke bei der Rezeption eines Satzes unter Umständen zu Missverständnissen führen können, ist zweifellos korrekt, doch ist die Mehrfachbedeutung sprachlicher Ausdrücke als solche eine Grundtatsache natürlicher Sprachen, die die Kommunikation in der Regel nicht gefährdet, ja nicht einmal erschwert, weil der Kontext die in der konkreten Sprechsituation gemeinte Bedeutung zuverlässig konkretisiert. Dass dies im Falle von *scheinbar* und *anscheinend* gerade nicht ausreicht, ist der von den Beispielsätzen der Glossenschreiber immer wieder suggestiv erzeugte Eindruck. Doch sind die Sätze, die den Lesern zum Stolpern vorgelegt werden, oft weit vom wirklichen Sprachgebrauch entfernt, z.B. wenn das Täuschung ausdrückende *scheinbar* aus heiterem Himmel an den Anfang einer Äußerung platziert wird. Es gibt keine deutlichen Indizien dafür, dass Missverstehen in unserem Umgang mit den Wörtern *scheinbar* und *anscheinend* oder – verallgemeinert – mit der Problemsituation möglicherweise täuschender Eindrücke ein relevantes Problem ist. Das sieht in den künstlichen Beispielsituationen mancher Glossen nur deshalb anders aus, weil die Glossenschreiber die Existenz der sprachkritisch gewünschten Unterscheidung im

Sprachbesitz der Beteiligten (und der Leser) zu Unrecht unterstellen und ihre Beispielfiguren dann prompt über den abweichenden Sprachgebrauch stolpern.

3.2.2 Die Notwendigkeit der gedanklichen und sprachlichen Differenzierung

Das zentrale Argument zur Unterstützung der sprachkritischen Empfehlung ist sicherlich die behauptete Notwendigkeit der gedanklichen und/oder der sprachlichen Differenzierung der Konzepte, die nach Meinung der Kritiker in den Wortinhalten der beiden Ausdrücke lexikalisiert sein sollten. Die negativen Konsequenzen, die die beklagte „Vermischung" hat, betreffen bei manchen „nur" den sprachlichen Ausdruck, bei anderen weitergehend sogar die Möglichkeit, den Unterschied zu denken. Ferner gibt es auf beiden Ebenen die starke These der Verunmöglichung neben der schwächeren der Erschwernis.

Es liegt jenseits allen vernünftigen Zweifels, dass die gedankliche Unterscheidung in vielen Zusammenhängen von Bedeutung ist. Von dort bis zu der Auffassung Schneiders: „Wer anscheinend und scheinbar nicht auseinanderhalten kann, vermag nicht mehr zu trennen, ob einer dem glaubhaften Anschein nach oder nur scheinbar krank ist" (Schneider, zit. Sanders 1992, 108), ist es aber ein langer Weg. Sowohl auf der kognitiven wie der kommunikativen Ebene ist, wenn überhaupt, nur die weichere These (Erleichterung bzw. Erschwernis) diskutabel. Was immer es mit der „Sprachgebundenheit des Denkens" auf sich hat, die These, wir könnten eine begriffliche Unterscheidung kognitiv nur erfassen, wenn sie lexikalisiert ist, d.h. wenn uns die deutsche Sprache auch zwei Wortformen zur Verfügung stellt, lohnt nicht einmal die Mühe genauerer Betrachtung. Erwägenswert ist allein die schwächere Version, nach der die Existenz eines Lexems eine „mnemotechnische Hilfe für die Kognition" (Betz 1968, 26) sein kann, weil Sachverhalte, für die wir eine eigene Bezeichnung haben, unserer Erfahrung einfacher und schneller zugänglich sind.

Auch auf der sprachlichen Ebene ist die starke These, nach der der gedankliche Unterschied ohne die gewünschte lexikalische Unterscheidung von *scheinbar* und *anscheinend* nicht ausgedrückt werden könne, gänzlich verfehlt, gibt es doch zahlreiche Möglichkeiten, die kognitive Differenzierung mit anderen sprachlichen Mitteln zu vollziehen. Faktisch ist es sogar so, dass wir, vor das Problem ungesicherter Eindrücke gestellt, in der Mehrzahl der Fälle weder auf *anscheinend* noch auf *scheinbar* zurückgreifen, sondern auf das Verb *scheinen*, die Substantive *Schein* oder *Anschein* oder auf ganz andere sprachliche Alternativen. Diskutabel ist auch hier nur die Erleichterung durch die Möglichkeit, „so knapp zwischen echtem und falschem Anschein zu scheiden" (Betz 1975, 29f.) bzw. „mit dem geringstmöglichen Aufwand, nämlich mittels eines einzigen Wortes" (Sanders 1992, 108), die Relation von Eindruck und Wirklichkeit zu bestimmen.

Der Gewinn an Sprachökonomie hält sich freilich in Grenzen, weil es im Deutschen eine ganze Reihe mehr oder weniger fester Zwei- oder Dreiwortwendungen gibt, die die Aufgabe, die den Ausdrücken *anscheinend* und *scheinbar* zugesprochen wird, mit geringem Mehraufwand zu leisten imstande sind. Zum Ausdruck eines täuschenden Eindrucks stehen u.a. *zum Schein, unter dem Schein/Anschein, den Anschein erwecken, sich den Anschein geben; ein falscher, trügerischer, äußerer, oberflächlicher, anfänglicher Schein/Anschein* zur Verfügung. Zum Ausdruck relativer Gewissheit ist der Rückgriff auf Wendungen wie *allem Anschein nach; nach allem, was man sagen kann* oder die Nutzung spezifizierender Adjektive bzw. Adverbien (*vermutlich, wahrscheinlich, offenbar* usw.) möglich. Selbst wenn *anscheinend* in der Linie der bisherigen Tendenzen irgendwann in der Zukunft ganz aus dem Sprachbesitz verschwinden sollte und *scheinbar* konkurrenzlos beide Aufgaben zu übernehmen hätte, bestände immer noch die Möglichkeit, durch die Voranstellung eines *nur* oder *bloß* mit geringstem Aufwand zweifelsfrei zu kennzeichnen, was vom berichteten Eindruck zu halten ist.

3.3 Gute Gründe, die sprachkritisch gewünschte Differenzierung zu unterlassen

Die Befürworter der sprachkritischen Unterscheidung gewinnen ihr argumentatives Potential nicht zuletzt aus der nicht weiter reflektierten Annahme, dass es immer dann, wenn das Problem eines möglicherweise täuschenden Eindrucks auftritt, erforderlich, mindestens aber wünschenswert sei, dass der potentielle Sprecher sich (1) gedanklich klar macht, wie die Beziehung von Eindruck und Wirklichkeit geartet ist, und dass er das Ergebnis für den Kommunikationspartner (2) auch sprachlich expliziert. Besonders vor diesem Hintergrund erweisen sich die Vorzüge des Wortpaares *anscheinend* und *scheinbar*, wenn man es im Sinne der Sprachkritiker verwendet, weil man mit dem Verb *scheinen* oder mit den Substantiven *Schein* und *Anschein* als sprachlichen Alternativen nur ausdrücken kann, dass etwas einen bestimmten äußeren Eindruck macht, wobei, wie das Grimmsche Wörterbuch (Bd. 14 [1893], 2447) unter Punkt 4 notiert, „das innere wesen, die wahre beschaffenheit unbestimmt gelassen wird." Allerdings gibt es beim Verb mindestens eine grammatische Konstruktion, nämlich den Gebrauch von *scheinen* mit Dativobjekt, mit der der Sprecher systematisch einen hohen Grad subjektiver Gewissheit ausdrückt („Mir scheint, dass X der Fall ist"), ohne dass man diese Eigenschaft verallgemeinert von *scheinen* überhaupt behaupten kann. Pafel (1989) unterscheidet diesen „subjektiven" Gebrauch von *scheinen* mit Dativobjekt, bei dem etwas über mentale Zustände von Personen ausgesagt wird, von einem „objektiven", bei dem, genauso wie mit *anscheinend, scheinbar* oder *scheint's,* behauptet wird, dass es „Indizien oder Gründe [gibt], die dafür sprechen, dass ein bestimmter Sachverhalt zutrifft" (167).

Die eingangs erwähnte Annahme ist so stark verankert und die resultierenden Erwartungan an die Sprecher scheinen so selbstverständlich, dass sich viele sprachkritisch motivierte Autoren gar keine andere Erklärung für den Verzicht auf die Unterscheidung denken können als gedankliche oder sprachliche Schluderei. Die Meinung, dass nur solche Motive erklären können, warum ein Sprecher „entweder in eine der unentschiedenen Sprachformen" ausweicht „oder die in anscheinend-scheinbar angelegte Differenzierung wieder rückgängig" macht (Betz 1968, 26), ist jedoch höchst fragwürdig, weil sich die Erwartung, dass die Beziehung zwischen Eindruck und Wirklichkeit kognitiv zu klären und kommunikativ zu vermitteln ist, als Normalfall des Sprachgebrauchs weder faktisch bestätigen noch als Forderung rechtfertigen lässt. Es gibt nicht nur viele einzelne Vorkommen, sondern Kategorien von Fällen, in denen die Beziehung zwischen Eindruck und Wirklichkeit sprachlich nicht expliziert wird, ohne dass dieser Befund eine negative Bewertung verdiente. Dazu gehören:

3.3.1 Die Beziehung zwischen Schein und Sein ist unbekannt

Der Sprecher hat von einem für die gegenwärtige Kommunikation relevanten Sachverhalt einen Eindruck, weiß jedoch zum Zeitpunkt des Sprechens nicht, in welcher Beziehung der Eindruck zur Wirklichkeit steht. Da das Wissen von der (äußeren) Erscheinung eines Sachverhalts für den Sprecher und seine Adressaten in mancherlei Hinsicht auch dann bedeutsam sein kann, wenn man keine Möglichkeit hat zu erkennen, wie der Sachverhalt in Wirklichkeit geartet ist, beschränkt sich der Sprecher notgedrungen darauf zu sagen, wie jener sich darstellt, ohne das Problem weiter zu bearbeiten. Dazu nutzt er vornehmlich Formen des Verbs *scheinen;* die in der Unterscheidung von *anscheinend* und *scheinbar* gewünschte Differenzierung kann der Sprecher ja gerade nicht vollziehen, weil sie ein Urteil über die Beziehung zwischen Schein und Sein voraussetzt. – Diese Problemsituation und ihre sprachliche Lösung findet man u.a. recht häufig in der Medienberichterstattung über Vorkommnisse (Kriege, Putsche, Naturkatastrophen u.ä.) in fremden Ländern, wenn die berichtende Instanz entweder nur Informationen aus zweiter oder dritter Hand zur Verfügung hat oder wenn ein nicht beteiligter Beobachter ohne Zugang zu Hintergrundinformationen darauf angewiesen ist, allein seine eigene Wahrnehmung der Oberfläche des Geschehens zu verarbeiten: Etwas scheint der Fall. Genaueres lässt sich zum gegenwärtigen Zeitpunkt noch nicht sagen.

3.3.2 Die Beziehung zwischen Schein und Sein ist irrelevant

Der Sprecher berichtet über eigene Eindrücke in der Vergangenheit oder solche anderer Personen und verzichtet darauf, über die Beziehung zwischen den beschriebenen Eindrücken und den wirklichen Sachverhalten, auf die sie sich beziehen, eine Aussage zu machen, auch wenn er zum Zeitpunkt des Sprechens darüber Auskunft geben könnte, weil diese Information für seine gegenwärtigen kommunikativen Zwecke nicht relevant ist. Ein prototypischer Fall für diese Situation sind Handlungserklärungen, in denen bestimmte Handlungen mit der Realitätseinschätzung der Handelnden erklärt werden. Zwei Beispiele dafür aus Goethes „Campagne in Frankreich“:

> „Alle waren einig, daß man so schnell wie möglich nach Paris vordringen müsse. Die Festungen Montmedy und Sedan hatte man unerobert sich zur Seite gelassen, und schien von der in dortiger Gegend stehenden Armee wenig zu befürchten“ (Goethe [1792]1960, 214). „[...] da man gegen nichts strenger ist als gegen erst angelegte Irrtümer, es auch bedenklich schien, dergleichen Papiere irgend einem Zufall auszusetzen, so vernichtete ich das ganze Heft in einem lebhaften Steinkohlenfeuer“ (ebd., 316).

Mit der referierten Einschätzung der Gefahrlosigkeit erklärt Goethe im ersten Zitat den aus der Einschätzung resultierenden Marsch nach Paris. Ob die Einschätzung wirklich zutraf oder, wie Goethe zum Zeitpunkt des Schreibens der Passage wusste, auf Täuschung beruhte, ist für die Handlungserklärung selbst nicht bedeutsam. Die Vernichtung des fraglichen Heftes erklärt Goethe im zweiten Zitat wiederum mit seiner damaligen Einschätzung, obwohl er diese zum Zeitpunkt des Schreibens nicht mehr teilt.

In solchen Fällen ist es nicht nur unnötig, den möglichlicherweise täuschenden Charakter der berichteten Eindrücke zu thematisieren, sondern schädlich, weil das zu erklärende Handeln ja allein von der Wahrnehmung der Handelnden und nicht von den tatsächlichen Verhältnissen abhängt. Man tut deshalb gut daran, eventuelle Bezüge auf die wahren Sachverhalte, wenn man sie aus anderen Gründen für sinnvoll hält, deutlich abzusetzen: „was sich, *nebenbei gesagt*, als Irrtum/als unbegründet/als übertrieben/als unnötig/ als Täuschung erwies" o.ä.

3.3.3 Die Beziehung zwischen Schein und Sein ist ohnehin klar

Der Sprecher beschränkt sich darauf zu beschreiben, wie sich etwas darstellt und wählt dazu Ausdrücke, die die Beziehung offenlassen, weil von vornherein klar ist, dass die thematisierten Sachverhalte Teil einer Welt sind, die nicht mit der wirklichen übereinstimmt (Traum, Phantasie, Fiktion, Sinnestäuschung). Dazu zwei Beispiele aus der Welt der Sinnestäuschungen:

> „Etwas, das sich mit der Schnelligkeit des Blitzes oder des Lichts von dem einen Ende eines Sandkörngens bis zum andern bewegt, wird uns zu ruhen scheinen" (Lichtenberg 1994, 160).
>
> „Die weißen Segelchen erscheinen wie auf eine Glasscheibe gesetzt, das Wasser nicht als tragende Masse [...] (Frisch 1965, 47 über seinen Blick auf einen See vom Flugzeug aus).

Das Bemerkenswerte, auf das das Interesse gelenkt wird, ist in beiden Zitaten der beschriebene Sinneseindruck selbst. Dass er, in Bezug zur Wirklichkeit gesetzt, täuscht, versteht sich, ist aber nicht der ausdrücklichen Erwähnung wert.

3.3.4 Die Beziehung zwischen Schein und Sein soll offen bleiben

Der Sprecher beschränkt sich darauf zu beschreiben, wie sich etwas darstellt, obwohl er über die Zuverlässigkeit oder Unzuverlässigkeit der Eindrücke Auskunft geben könnte, weil er ein Interesse daran hat, diese Frage (temporär) offen zu lassen. Auch diese Variante ist, von Schluderei und Nachlässigkeit weit entfernt, funktional, kann aber je nach Funktion, die im

Einzelfall vorliegt, eine negative Bewertung auf sich ziehen. Eher als lässliche Sünde wird man die Strategie betrachten, wenn sie zur Förderung der Spannung beim Erzählen eingesetzt wird. Das geschieht gattungstypisch besonders ausgeprägt in der Kriminal-Literatur, in der die Autoren immer wieder Situationen konstruieren, in denen die ermittelnden Personen Eindrücke gewinnen, die sie selbst nicht recht deuten können, oder indem sie den Leser über die Qualität irgendwelcher Indizien auch dann noch grübeln lassen, wenn Detektiv oder Kommissar das Rätsel oder Teilrätsel im Kopf längst gelöst haben. Es gibt kaum eine Textart, in der das unaufgelöste Problem von Schein und ungewissem Sein und die zugehörigen sprachlichen Mittel der Darstellung so häufig auftreten wie im Kriminalroman.

Zusammengenommen steckt in den vier „guten Gründen" eine Teilerklärung dafür, dass die Ausdrücke *scheinbar* und *anscheinend* in der sprachlichen Bearbeitung von Situationen, in denen der Sprecher nur indirekt über Indizien aus der eigenen Wahrnehmung oder aus dem von anderen Gehörten Zugang zu einem Sachverhalt hat, eine untergeordnete Rolle spielen. Statistisch betrachtet, kommen die Substantive *Schein* und *Anschein* und vor allem Formen des Verbs *scheinen* in den fraglichen Zusammenhängen unvergleichlich häufiger vor. In einer stichprobenhaften Durchsicht von Texten aus dem 18. bis zum 20. Jahrhundert bewegte sich das Verhältnis in der Größenordnung von (10–20):1. Die als Vorzug aufgefasste und sprachkritisch befürwortete Differenzierung verwandelt sich ja in einen Nachteil für den Sprecher, der seine Eindrücke mitteilen will, aber nicht entscheiden will oder kann, ob und inwieweit der Eindruck ein zuverlässiges Bild vom wahren Sachverhalt vermittelt. Ist eine semantische Differenzierung lexikalisiert, schafft das nicht nur die Möglichkeit zur genaueren Unterscheidung, die Wörter erzwingen sie auch. Im vorliegenden Fall verwehrt die sprachkritisch gewollte Unterscheidung die Möglichkeit, adverbiell oder attributiv auszudrücken, wie sich etwas darstellt, ohne zugleich ein Urteil über die Beziehung zur Wirklichkeit abzugeben.

Überraschenderweise zeigt sich über die beschriebenen vier Punkte hinaus, dass die Sprecher sogar dann, wenn sie die Beziehung zwischen Eindruck und Wirklichkeit kennen *und* mitteilen, zur Kennzeichnung der alternativen Möglichkeiten andere sprachliche Mittel bevorzugen. Auch in diesem Fall sind Ausdrücke, die die Beziehung zur Wirklichkeit möglichst unentschieden lassen, den Ausdrucksbedürfnissen offenbar zuträglicher als *anscheinend* und *scheinbar* in der sprachkritisch befürworteten semantischen Gegenüberstellung. Das findet seine Erklärung in der Art und Weise, wie die Problemsituation in der Kommunikation faktisch bearbeitet wird.

3.4 Die gedankliche und sprachliche Bearbeitung des Problems möglicherweise täuschender Eindrücke

Als Grundtatsache ist zunächst festzustellen, dass in Situationen, in denen wir vor dem Problem möglicherweise täuschender Eindrücke stehen, die kognitive Klärung und die Entscheidung darüber, wie der gewonnene Eindruck einzuschätzen ist, eine zeitliche Dauer hat. In diesem Prozess kann man verschiedene Phasen unterscheiden, für die es eine quasi-natürliche Reihenfolge gibt: Wir nehmen (a) etwas wahr; es stellen sich (b) Zweifel über die Zuverlässigkeit des Wahrgenommenen ein; wir suchen (c), soweit sich diese Möglichkeit überhaupt bietet, nach zusätzlichen Indizien, die die Zuverlässigkeit bzw. die Nicht-Zuverlässigkeit der Wahrnehmung stützen könnten, um dann (d) ein Resümee zu ziehen. Das Resümee kann – in unterschiedlichen Graden – die relative Gewissheit über die Zuverlässigkeit des Wahrgenommenen enthalten, aber auch die Erfahrung einer Täuschung und schließlich auch die Erkenntnis der Unmöglichkeit, darüber zu einem Ergebnis zu kommen.

Sofern der Sprecher das Reden oder Schreiben nicht zur allmählichen Verfertigung der Gedanken nutzt, ist er in der sprachlichen Darstellung nicht an die Chronologie des kognitiven Prozesses gebunden. Er könnte die Reihenfolge durchaus umkehren, indem er z.B. mit dem Ergebnis des Gedankengangs – der Eindruck täuscht – beginnt, um im zweiten Schritt die Indizien zu nennen, die ihn zu diesem Schluss geführt haben. Die Textanalyse zeigt aber eine starke Tendenz, die sprachliche Darstellung parallel zur Chronologie der kognitiven Verarbeitung der Eindrücke zu konzipieren – was Konsequenzen auch für die Wahl der sprachlichen Mittel hat.

Der Sprecher beginnt also mit der Artikulation seiner Eindrücke, wobei er, soweit er überhaupt auf Elemente der Wortfamilie *schein-* zurückgreift, Ausdrücke wählt, die die Beziehung zwischen Eindruck und Wirklichkeit offen lassen. In dieser Phase kann u.a. *anscheinend* (in der sprachkritisch gewünschten Bedeutung) auftreten, nicht aber *scheinbar*. Deshalb sind die Beispielsätze der Sprachkritiker, in denen das Wort *scheinbar* zum Ausdruck der Täuschung die Problemsituation möglicherweise täuschender Eindrücke ohne jede Vorbereitung *einleitet*, so irreführend. Begegnet einem die Wortform *scheinbar* in dieser Position, kann man daraus mit hoher Wahrscheinlichkeit schließen, dass sie in sprachkritisch unerwünschter Weise verwendet wurde, um auszudrücken, dass etwas der Fall zu sein scheint.

Es folgen die Artikulation des Zweifels und die Problemformulierung, bevor der Sprecher zur eigentlichen Bearbeitung kommt, indem er entweder seine relative Sicherheit bezüglich der Übereinstimmung von Schein und Sein mit der Anführung einschlägiger Indizien begründet (*denn, da, weil, insofern, immerhin* etc.) oder indem er mit sprachlichen Mitteln, die eine adversative Komponente enthalten (*doch, aber, nur, dennoch*), Indizien vorbringt, die für eine Täuschung der Eindrücke sprechen. Beide Möglichkeiten können auch kombiniert auftreten. Dazu drei Textstellen aus einem Sammelband mit Texten zur französischen Revolution (Kursivierungen und eckige Klammern vom Verf. hinzugefügt):

> „Zur Zeit wenigstens *scheint* [Eindruck] das Parservolk von dem Gefühl seiner neuerlangten Majestät mächtig durchdrungen zu seyn, *da* [Indizien dafür], laut der neuesten Berichte, das bloße Gerücht, daß eine Partey in der Nationalversammlung sey die dem Könige das Veto zugestehen wolle, beynahe einen neuen Aufstand in Paris veranlaßt hätte. Wir werden *allem Anschein nach* [resümierend], noch manche sonderbare, für den Ruhm und das Glück der französischen Nation nicht gleichgültige Wirkungen der Majestätsrechte, in deren Besitz das Volk sich gesezt hat, zu sehen bekommen" (Stammen/Eberle 1988, 35f.).

> „Ich sprach von einem Sandkorn; aber dieser unwürdige Auftritt in den Tuillerien könnte ja wol füglich für einen Edelstein gelten. So *scheints* [Eindruck]. *Indeß* [Indizien dagegen] war es doch wirklich nur, wie ich sagte, ein erbärmlicher kleiner Umstand, welcher diesen unwürdigen Auftritt in den Augen der Pariser zu einem ganz abscheulichen machte [...]" (ebd., 57).

> „Hier *scheint beym ersten Anblick* [Eindruck] alles ausgemacht, daß es keiner Einwirkung des bewaffneten Volks bedurfte. [Indizien dafür:] Der König hatte die Stände gesetzmäßig berufen. Geistlichkeit und Adel waren bereitwillig, die Steuerfreyheit [...] aufzugeben. Es *schien* [bestätigter Eindruck] alles geschehen, *und doch* [Indizien dagegen] wie wenig war im Grunde bey der Lage der Sachen, bei der Stimmung der Gemüter, wirklich geschehen. Die Hauptfehler rührten im Anfange von der Seite des Hofes her: [...]" (ebd., 86f.).

In dieser argumentativen Stützung haben weder *anscheinend* noch *scheinbar* eine sinnvolle Funktion, es sei denn, die herangezogenen Indizien würden selbst wieder mit dem Vorbehalt des Scheinens behauptet.

Zum Schluss kann, muss aber nicht ein Resümee gezogen werden: „also ist X sehr wahrscheinlich/daher spricht alles dafür, daß X" vs. „also war X eine Täuschung/war X nur scheinbar". Das Resümee ist fakultativ, weil der Leser es aus den zuvor genannten Indizien meist selbst ziehen kann. Wird das Ergebnis ausdrücklich resümiert, so kann das im Falle festgestellter Täuschung neben anderen Möglichkeiten gut mit *scheinbar* bewerkstelligt werden. *Anscheinend* hingegen ist in der letzten Phase unwahrscheinlich, weil nach der Abwägung des Für und Wider eine deutlichere Festlegung auf einen bestimmten Grad der Sicherheit des Wissens gefragt ist, als es *anscheinend* leisten kann.

3.5 Was bleibt?

Der Wert der semantischen Differenzierung zwischen *anscheinend* und *scheinbar* im Sinne der zu Beginn des Kapitels referierten sprachkritischen Empfehlung wird zum einen mit der erhöhten Gefahr von Missverständnissen begründet, die eine (teil-)synonyme Verwendung hervorrufen soll, zum anderen mit den kognitiven und sprachlichen Vorzügen, die die Differenzierung als Denkhilfe bzw. als ökonomisch verwendbare Wortalternative erbringen soll. Das sind zweifellos sinnvolle und auch unmittelbar einleuchtende Bewertungskriterien. Es ist ein erstrebenswertes Ziel, Missverständnisse, die durch sprachliche Ausdrucksmittel verursacht werden, möglichst auszuschließen, und auch die von Betz unter den Begriffen ‚Informationsmenge' und ‚Funktionsleichtigkeit' vorgeschlagenen Bewertungskriterien sind sinnvolle sprachkritische Instrumente. Trotzdem bleibt es eine Aufgabe, im Einzelfall zu prüfen, ob die größere Informationsmenge, die z.B. eine semantische Differenzierung hervorbringt, im jeweiligen soziokulturellen Kontext eine Funktion hat.

Dass die beklagte „Verwechslung" der beiden Wörter in der praktischen Kommunikation signifikant zu Missverständnissen führt, wird in den einschlägigen Sprachglossen behauptet und anhand z.T. sehr ausgedachter Beispielsätze illustriert, aber so gut wie nie am faktischen Sprachgebrauch belegt. Ähnlich unsicheren Status hat die These, dass die Sprecher bei der kognitiven Erfassung des fraglichen Unterschieds unterstützt werden müssten, indem sie durch die Bedeutungsunterscheidung von *scheinbar* und *anscheinend* gezwungen werden, vor der Wortwahl eine Entscheidung über Täuschung oder Nicht-Täuschung zu fällen. Diese Hilfsbedürftigkeit ist in der sprachkritischen Literatur wiederum wesentlich Behauptung. Und schließlich erweist sich sogar die Möglichkeit, den echten und den falschen Schein mit geringstmöglichem Aufwand durch je einen lexikalisierten Ausdruck auszudrücken, als relativer Wert. Die Problemsituation der möglicherweise täuschenden Eindrücke bedarf normalerweise einer ausdrücklichen Bearbeitung, in der der Sprecher vor der Aufgabe steht, dem Leser gegenüber offen zu legen, worauf sein Eindruck beruht (z.B. auf eigener Wahrnehmung oder auf Hörensagen) und welche Indizien gegebenenfalls genauere Aussagen über die Beziehung zwischen Eindruck und Wirklichkeit erlauben. Eine umstandslose Mitteilung des Ergebnisses seiner Überlegungen durch wahlweisen Gebrauch der Wörter *anscheinend* und *scheinbar* ist in der Problemsituation selten gefragt, und so kann sich der Vorteil des geringstmöglichen Aufwands oft auch nicht positiv auswirken.

Ob eine von der Sprachkritik unbeeinflusste Entwicklung in der Zukunft zu größeren Problemen führen könnte und deshalb Anlass für fortgesetzte sprachkritische Aufmerksamkeit sein sollte, ist nur unsicher entscheidbar. Denkbar sind vor allem drei Möglichkeiten: (a) synonymer Gebrauch von *anscheinend* und *scheinbar*, (b) sekundäre Gebrauchsdifferenzierung, (c) Aufgabe eines der beiden Wörter.

Die erste Möglichkeit, die von Steger (1964) prognostiziert wird, hat längerfristig nicht die größte Wahrscheinlichkeit, weil sie sich mit den bisherigen Tendenzen schlecht vereinbaren lässt. Diese zeigen ja nicht einen auswechselbaren Gebrauch der Wörter, sondern eine Zunahme von *scheinbar* auf Kosten von *anscheinend*. Es ist nicht erkennbar, was *anscheinend* längerfristig stützen könnte. Die zweite Möglichkeit ergibt sich aus der allgemeinen Beobachtung, dass synonymer oder quasi-synonymer Gebrauch von Wörtern, gleichgültig aus welchem früheren Zustand er sich jeweils entwickelt hat, häufig durch sekundäre Differenzierungen wieder aufgehoben wird. Diese Differenzierung kann entweder in einer semantischen Auseinanderentwicklung (wie der sprachkritisch gewünschten oder auch einer andersartigen) bestehen oder im Gebrauch der Wörter mit der gleichen Bedeutung, aber in unterschiedlichen Varietäten, auf unterschiedlichen Stilebenen, eventuell auch mit unterschiedlichen grammatischen Merkmalen. Die dritte Möglichkeit, nämlich der Verlust von *anscheinend*, liegt am direktesten in der Linie der bisherigen Tendenzen: Als flektierbares Adjektiv ist *anscheinend* schon so gut wie verschwunden und auch adverbiell breitet sich *scheinbar* auf Kosten von *anscheinend* aus. Letzteres könnte sich freilich auch längerfristig als Wort gehobener Stilebene halten, ähnlich wie bei anderen Wortpaaren mit unterschiedlichem Stilwert (*aber* vs. *hingegen*; *trotzdem/obwohl* vs. *obschon*; *bekommen* vs. *erhalten/empfangen*; *geben* vs. *überreichen*). Im alltäglichen Sprachgebrauch aber würde die Beispieläußerung Weigels, für jeden klar und verständlich (wenn auch etwas holprig anmutend) lauten: „In einiger Entfernung von uns war scheinbar eine Oase [= schien zu sein]. Wir gingen weiter und sahen: Dort war nur scheinbar eine Oase [= schien nur zu sein]. Eine Fata Morgana hatte uns getäuscht" ([10]1986, 105).

Im übrigen gibt es im Deutschen so viele Möglichkeiten, mit dem Problem möglicherweise täuschender Eindrücke flexibel und differenziert umzugehen, dass man die Existenz der Adverbien *anscheinend* und *scheinbar* (mit welchen Bedeutungen auch immer) zwar als willkommene Ergänzung ansehen kann, dass aber nicht einmal ihr gänzliches Fehlen die Ausdrucksbedürfnisse in stärkerem Maße beschneiden würde. Auch sollte man nicht übersehen, dass mancherlei Irritationen, die mit dem Gebrauch der Ausdrücke verbunden sind, erst Ergebnis der massiven sprachkritischen Aufmerksamkeit sind, die den Wörtern seit gut hundert Jahren zuteil geworden ist. Allerdings brauchte es auch kein Anlass zur Sorge (zu) sein, wenn sich die sprachkritische Empfehlung in Zukunft wider Erwarten im Sprachgebrauch zuverlässig durchsetzen sollte. Die Chancen dazu waren in den vergangenen hundert Jahren jedoch größer als in den kommenden, u.a. weil die gesellschaftliche Wirksamkeit des sprachbewussten Bildungsbürgertums sich verringert hat und außerdem die Durchlässigkeit der geschriebenen Sprache für die gesprochene zugenommen hat. Doch so oder so, es steht zu wenig auf dem Spiel, um es sinnvoll erscheinen zu lassen, sich weiterhin gerade um unseren sprachlichen Umgang mit möglicherweise täuschenden Eindrücken Sorgen zu machen.

3.6 Probe aufs Exempel. Der letzte Stand

Ein sprachbewusster Autor, Thomas Steinfeld (2010), spricht in seinem Buch über „Die deutsche Sprache: was sie ist, was sie kann", so der Untertitel, nicht über das Wortpaar *anscheinend* und *scheinbar*. Die Einstellung, mit der er sich seinem Thema nähert, legt auch nicht nahe, sich über so etwas zu erregen. Doch kommt er als Autor eines Buches von ca. 250 Seiten natürlich selbst auch in die Verlegenheit, sich mit möglicherweise täuschenden Eindrücken auseinandersetzen und sie seinen Lesern begreiflich machen zu müssen. Ich bin in der Lektüre des Buches auf 91 solcher Textstellen gestoßen, mag allerdings eine unbestimmte Anzahl übersehen haben. Meine Zahlenangaben müssten deshalb möglicherweise hier oder da erhöht werden.

In den 91 wahrgenommenen Textstellen erscheint die Wortform *anscheinend* kein einziges Mal; das Wort existiert in diesem Buch nicht. *Scheinbar* taucht insgesamt 16mal auf. In elf Fällen legt der Kontext nahe, dass der Schein trügt, d.h. dass das Wort von Steinfeld im Sinne der sprachkritischen Empfehlung verwendet wird. So u.a. in einer auf Grass gerichteten Stilkritik: „Und schließlich bricht er nicht an mehreren Stellen ‚gleichzeitig', sondern ‚zeitgleich' aus, mit einem der modischen, scheinbar feinen Einwortsätze, hinter denen sich ein Nebensatz verbirgt" (51). In den restlichen fünf Äußerungen mit *scheinbar* ist diese Deutung zweifelhaft. Das Problem betrifft die Aussagen,

- dass „eine gelenkige Grammatik und ein endloses Gewimmel von Wörtern scheinbar mühelos [etwas] leisten [können]" (23f.);
- dass der Volksstamm der Schweizer sprachlich „scheinbar resistent gegen den Rest der Welt wie gegen die Zeit lebt" (30);
- dass „das moderne Deutsch [...] eine Kultursprache von niederer Herkunft [...], scheinbar ohne Tradition und historisches Formbewusstsein" [sei] (80];
- dass die Fotokopie „zwar nur scheinbar, dafür aber umso gründlicher das Exzerpt ersetzte" (106f);
- dass es Metaphern gibt, „ die wie Bäume sind, deren Wurzeln scheinbar hinunterreichen bis an die Anfänge des abstrakten Denkens" (183).

Das Umfeld dieser Äußerungen gibt dem Leser keine sicheren Anhaltspunkte für die Annahme, dass der Schreiber Mühelosigkeit, Resistenz, Traditionslosigkeit, Ersetzung des Exzerpts bzw. das Hinunterreichen der Metaphern als Täuschungen erfahren hat. Zum Teil scheint der Eindruck sich im Gegenteil eher zu bestätigen. Lässt man dieses Teilproblem auf sich beruhen, kann man im Blick auf die Häufigkeit bzw. Seltenheit der Verwendung von *anscheinend* und *scheinbar* schon hier sagen, dass das Buch Steinfelds den allgemeinen Befund bestätigt, dass die geringe Rolle, die die beiden Ausdrücke faktisch im sprachlichen Umgang mit möglicherweise täuschenden Eindrücken spielen, im groben Missverhältnis zu der Bedeutung steht, die ihnen in der Sprachkritik traditionell zugesprochen wurde, einschließlich der Befürchtungen, zu denen ihr „falscher" Gebrauch Anlass gab.

Mit welchen sprachlichen Mitteln wird nun aber im Buch Steinfelds das ausgedrückt, was nach dem Willen der Sprachkritiker *anscheinend* und *scheinbar* unterscheiden sollen? Da die naheliegenden Alternativen, wie z.B. das Verb *scheinen*, fast alle nur ausdrücken, dass etwas einen bestimmten Eindruck macht, bedarf es zusätzlicher Kontextinformationen, damit der Leser erkennen kann, ob der Eindruck der Überprüfung standhält oder ob er täuscht. Die Festlegung geschieht in den folgenden Beispielen, aber keineswegs immer, im ersten Folgesatz:

> „In keinem Bereich der deutschen Grammatik scheint das Erbe des Lateinischen so gegenwärtig zu sein wie beim Umgang mit dem Verb und damit auch bei den Zeitformen. Dafür gibt es historische

Gründe“ (68). (Mit der Angabe von Gründen für etwas wird dessen Existenz bestätigt.)

„So wie das Leben vorangeht, scheinen es auch die Sätze zu tun, vom Anfang geradewegs zum Ende. Aber das ist gar nicht wahr“ (180). (Der Eindruck trügt.)

Wenn die Behauptung, dass etwas der Fall zu sein scheint, nicht weiter bearbeitet wird, der Kontext also weder unterstützende noch widersprechende Indizien enthält, gilt offenbar die Regel, dass ein einmal geäußerter Anschein als Anschein Bestand hat, solange er nicht ausdrücklich als täuschend entlarvt wird. Die Täuschung ist der markierte, der besondere Fall, dessen Vorliegen deshalb einer ausdrücklichen Bestätigung bedarf.

Das Verb *scheinen*+Kontextdetermination ist die von Steinfeld am häufigsten, nämlich 38mal gewählte Alternative für ein denkbares *anscheinend*. Schon das allein rückt den vielberufenen Vorteil der Wörter *anscheinend* und *scheinbar*, nämlich auf einfachste Weise, durch Wechsel zwischen diesen beiden Ausdrücken, Schein und Sein trennen zu können, in ein zweifelhaftes Licht. Wie immer dieses Sprachverhalten zu erklären ist, der, der mit dem Problem eines möglicherweise täuschenden Eindrucks konfrontiert ist und zur Charakterisierung des Eindrucks 38mal das Verb *scheinen* verwendet, kein einziges Mal aber *anscheinend*, schätzt Vor- und Nachteile der Formulierungsalternativen, bezogen auf seine Ausdrucksbedürfnisse, offensichtlich ganz anders ein als die Sprachkritiker. Bei *scheinbar* ist die Sachlage nicht ganz so eindeutig, weil es keine einzelne Alternative gibt, die von Steinfeld häufiger als *scheinbar* gewählt wird, aber zusammengenommen werden auch bei *scheinbar* die Alternativen bei weitem vorgezogen. Schon *scheinen* (6mal) und *erscheinen* (9mal) treten zusammen haufiger auf als *scheinbar* (11mal).

Zusätzliche Möglichkeiten bieten andere Verben, mit denen wir uns wie mit *scheinen* auf Eindrücke beziehen können, wie es z.B. Christian Kracht tut, den Steinfeld mit der Beobachtung zitiert, dass Leute „extrem fertig aus[sehen]“ (26). Das ließe sich ohne große Bedeutungsveränderung auch durch „fertig scheinen“ oder „anscheinend fertig sind“ ausdrücken oder mit Hilfe eines der weiteren Verben, die Steinfeld in gleicher Funktion in anderen Passagen einsetzt: *wirken* [auf den Betrachter] (103, 143), *klingen* [bei Höreindrücken] (24), *als* [...] *empfinden* (135), *kommen einem* [...] *vor* (130), *gelten als* (168, 194). Nicht zu vergessen das abgeleitete Verb *erscheinen*, das allerdings nicht in gleicher Weise wie die anderen hier genannten die Entscheidung zwischen Schein und ungewissem Sein offen lässt. Zumindest in der Fügung „etwas erscheint als etwas“ ist in Steinfelds Sprachgebrauch, wenn nicht generell, so doch meistens ein „zu Unrecht“ mitzudenken.

Auch adjektivische bzw. adverbiale Alternativen sind oft nur für eine der beiden Bedeutungen einsetzbar. Zur Feststellung eines täuschenden Eindrucks verwendet Steinfeld vor allem *vermeintlich* (47, 124, 127, 199, 232), für das, was tatsächlich der Fall zu sein scheint, hingegen Ausdrücke, mit denen eingeschränkte Grade der Sicherheit des Behauptens gekennzeichnet werden: *vermutlich, wohl, offenbar, wahrscheinlich.*

4. Sind einheimische Wörter verständlicher als Fremdwörter? Motiviertheit als Erleichterung beim Wortverstehen

4.1 Das Problem und seine Wahrnehmung in der sprachkritischen Tradition Campes

Die Fremdwörter waren in Deutschland seit dem 17. Jahrhundert kontinuierlich Gegenstand des sprachkritischen Interesses, auch wenn die Intensität der Beschäftigung mit ihnen in den einzelnen historischen Epochen unterschiedlich groß war. Von den Begründungen, die gegen einzelne Fremdwörter, Teilmengen von ihnen oder gegen Fremdwörter generell geltend gemacht worden sind, soll in diesem Kapitel nur eine, nämlich ihre geringere Verständlichkeit gegenüber den einheimischen Wörtern, einer genaueren Betrachtung unterzogen werden.

Sich über die Verständlichkeit der Fremdwörter Gedanken zu machen, zumal wenn es mit Blick auf bildungsferne Schichten in aufklärerischer Tradition geschieht, ist ein fraglos akzeptierter Zweck, der zudem vor dem Verdacht nationalistischer oder gar chauvinistischer Motive schützt, den die Kritik an Fremdwörtern seit langem leicht auf sich zieht. So stellen gegenwärtige Sprachkritiker ihre Bemühungen um Zurückdrängung des englischen Spracheinflusses gern in die Traditionslinie von Schottelius, Leibniz, Campe, Jochmann u.a., wobei das Projekt Campes nach den neueren Untersuchungen Schiewes (1989 u. 1998, Kap. IV/4; zuletzt auch Kilian/Niehr/Schiewe 2010, 22-27) besondere Aufmerksamkeit erhalten hat.

In Campes Auffassung war es, wenn man Bildung und Aufklärung des ganzen Volkes fördern wollte, u.a. notwendig, „das Wissen der Gelehrten allen in einer für alle verständlichen Sprache zugänglich zu machen" (Kirkness 1984, 294). Als verständlichkeitshindernden Faktor identifizierte er, wie viele seiner Nachfolger bis heute, vor allem die Fremdwörter. Ein Kernsatz zur Begründung lautet:

> „So lange ein Volk noch keinen Ausdruck für einen Begriff in *seiner* Sprache hat, kann es auch den Begriff selbst weder haben noch bekommen. Nur diejenigen unter ihm können ihn haben oder bekommen, die der fremden Sprache kundig sind, welche das Wort dazu leiht. Dies ist der Gesichtspunkt, aus welchem die Reinigung unserer Sprache von fremden Zusätzen zu einer so überaus wichtigen Angelegenheit wird" (Campe 1794, zit. Schiewe 1998, 135).

Abhilfe durch Verdeutschung nahm Campe im Vertrauen darauf vor, dass die wissenschaftlichen Laien sich den Inhalt der einheimischen Wörter dank ihrer alltagsweltlichen Sprachkompetenz aus der ihnen bekannten Bedeutung der einzelnen Komponenten, zusammen mit der Kenntnis der Bildungsmuster, selbst erschließen können. Schiewe (1998) erläutert Campes Programm und seine theoretischen Voraussetzungen folgendermaßen:

- Campe begreift Sprache als ein System, das nur dann voll funktionsfähig ist, „wenn der Sprecher von der Ausdrucksseite auf die Inhaltsseite schließen kann" (ebd., 135). Daraus ergibt sich für ihn als Konsequenz die Notwendigkeit einer „durchsichtigen" Sprache in allen Sachbereichen und damit die Ersetzung der Fremdwörter.
- Zwar gibt es auch andere Möglichkeiten, einen Begriff zu erlernen; doch sind sie nicht allen zugänglich: „Wenn ein Sprecher nun, z.B., weil er keinen Schulunterricht genießen konnte, die Bedeutung dieses Wortes nicht durch Umschreibungen vermittelt bekommt, kann er es nicht in seinen Sprachbesitz aufnehmen. Es ist im System nicht verankert" (ebd., 136).
- „Die fehlende Möglichkeit einer Sachsteuerung des Denkens, die ansonsten immer dann eintritt, wenn die Sache oder der Sachverhalt dem Sprecher bekannt sind, ersetzt Campe nun in seiner Verdeutschung durch eine Wortsteuerung. Bedingung dafür, daß dieses Verfahren funktioniert, ist selbstverständlich die Kenntnis der Bedeutung der Bestandteile, aus denen die Übersetzung gefügt ist. Ist dem Sprecher also die Bedeutung der Wörter ‚allein' und ‚Herrschaft' geläufig, dann kann er auf die Gesamtbedeutung ‚Alleinherrschaft', nämlich ‚daß einer allein herrscht', auch ohne Kenntnis des Sachverhalts schließen" (ebd., 136).
- Kurz: Campe versucht, „eine fehlende Aufklärung über Sachen und Sachverhalte auf der Ebene der Sprache zu kompensieren" (ebd., 136).

Das so beschriebene Ziel Campes, dem Rezipienten „wortgesteuert" Informationen über die bezeichneten Sachen zu ermöglichen, beeinflusst – nicht immer zum Vorteil der vorgeschlagenen deutschen Ersatzausdrücke – auch seine praktische Umsetzung der Verdeutschung. Das von Adelung geforderte Prinzip, „ein gutes Kunstwort" müsse „den richtigen Begriff der Sache erschöpfen" (zit. Kreuder 1988, 372), das Bestreben also, möglichst viele Eigenschaften des Bezeichneten in der Wortform kenntlich zu machen, beeinträchtigt auch bei Campe, so einleuchtend die Absicht anmutet, die kommunikative Brauchbarkeit der Wörter. Sie geraten z.T., wie v. Polenz (1994, Bd. II, 131) moniert, zu „umständliche[n], wie komplexe Sacherklärungen wirkende[n] Zusammensetzungen, die auch kaum weiter ableitbar sind". Als Beispiele nennt er *Spottnachbildung* für *Parodie*, *Belehrungsgesandter* für *Missionar*, *Persönlichkeitsbezeichnung* für *Charakteristik*. Die Schwierigkeiten werden deutlich, wenn man, ausgehend z.B. von *Belehrungsgesandter*, versucht, Ableitungen und Zusammensetzungen zu bilden, die unsere heutigen Fremdwörter *Mission*, *missionieren*, *Missionierung*, *missionarisch*, *Missionsaufgabe*, *Missionsstation* etc. hätten ersetzen können.

Campes Grundauffassung, dass Fremdwörter wegen der Undurchsichtigkeit der Ausdrucksseite im relativen Sinne unverständlicher seien als einheimische Wörter, ist in der öffentlichen Sprachdiskussion bis heute weithin Konsens. Hensels Zielbestimmung (in Glück/Kramer 2000, 49f.), dass es darauf ankomme, „jederzeit deutschsprachige Wissenschaft auf höchstem Niveau auf allen Gebieten möglichst [gemeint hoffentlich: *möglich*] sein zu lassen und diejenigen, die wissenschaftlich gebildet am nationalen Gespräch teilzunehmen wünschen [...], auf Deutsch und vermittels deutschsprachiger Begriffe am wissenschaftlichen Fortschritt und Gespräch teilnehmen zu lassen", kommt sogar Campes Erwartung nahe, man könne über das Erlernen der Bedeutung von Wörtern „wortgesteuert" Kenntnisse auch über die mit den Wörtern bezeichneten Gegenstände oder Sachverhalte erwerben. Solche Vorstellungen müssen allerdings gar nicht von den Vorgängern übernommen worden sein, sie können sich auch – immer wieder neu – aus den in Kapitel II, 2 dargestellten alltagsweltlichen Sprachtheorien entwickeln; insbesondere aus der großen Bedeutung, die der Motiviertheit des Zeichens dort zugesprochen wird, in Verbindung mit der abbildtheoretischen Deutung des Verhältnisses von Sprache und Welt.

Nun macht es sicherlich keine Mühe, jederzeit Beispiele zu finden, die die Grundthese von der größeren Verständlichkeit der einheimischen Wörter in Texten in zahlreichen Einzelfällen bestätigen. Wenn z.B. ein linguistischer Laie einen Vortrag über die Beziehung von Form und Inhalt von Wörtern hört, so wird er sich vor allen inhaltlichen Erläuterungen mehr über eine bestimmten Gruppe von Wörtern zusammenreimen können, wenn der Vortragende sie *lautmalende* Wörter nennt, als wenn er stattdesssen den wissenschaftssprachlichen Ausdruck *onomatopoetische* Wörter oder *Onomatopoetika* verwendet. Als allgemeine Behauptung unterliegt dic These jedoch erheblichen Einschränkungen:

– Fremdwörter sind nicht als solche unmotiviert und einheimische Wörter nicht als solche motiviert. Das Merkmal Motiviertheit unterscheidet also nicht Fremdwörter von einheimischen Wörtern.

– Motiviertheit fördert nicht generell die semantische Durchsichtigkeit, die ihrerseits größere Verständlichkeit gewährleisten soll.

– Soweit sich die These der größeren Verständlichkeit einheimischer Wortformen trotz aller Einschränkungen bestätigen lässt, erhalten sie einen

Vorzug beim Erlernen von Wortbedeutungen. Das ist aber etwas anderes als der Erwerb von Kenntnissen über die Dinge und Sachverhalte, auf die wir mit den Wörtern referieren.

Für die zentralen Begriffe in den folgenden Überlegungen zu den drei vorangestellten Thesen soll gelten: Unter *Fremdwort* im Unterschied zu *einheimischem Wort* sind für die gegenwärtigen Zwecke Wörter zu verstehen, deren Formseite wir in Gänze oder in Teilen als fremdsprachlich empfinden, unabhängig davon, ob sie durch Entlehnung ins Deutsche gekommen sind oder ob sie (unter Zuhilfenahme von Fremdmorphemen) im Deutschen gebildet worden sind. – *Motivierte* Wortbildungen sind morphologisch komplexe Wörter, deren Formseite erkennbar aus mehreren selbst bedeutungstragenden Komponenten besteht, so dass sie dem, der die Bedeutung der Einzelteile und das Bildungsmuster kennt, die Möglichkeit bieten, eine *wörtliche* Bedeutung auch für den Gesamtausdruck auszumachen. Bei motivierten Bildungen besteht also in der Regel eine – wie auch immer geartete, eventuell auch täuschende – interpretierbare Beziehung zwischen der Lautstruktur und der Bedeutung des Wortes. – Der Ausdruck *durchsichtiges Wort* wird häufig gleichbedeutend mit *motiviertes Wort* verwendet. Ich spreche von *Durchsichtigkeit* nur, wenn das, was die Formseite des motivierten Wortes als seine wörtliche Bedeutung nahelegt, mit der gegenwärtig kommunikativ relevanten Bedeutung des Ausdrucks mehr oder weniger übereinstimmt, nicht aber dann, wenn die Bildung inzwischen uninterpretierbar ist oder in die Irre führt. Motiviertheit ist also eine notwendige, aber keine hinreichende Bedingung für Durchsichtigkeit.

4.2 Unmotivierte einheimische Wörter – motivierte Fremdwörter

Das Merkmal Motiviertheit als Vorbedingung für Durchsichtigkeit trennt nicht einheimische Wörter von Fremdwörtern, sondern konstituiert eine Grenze, die sich durch beide Wortschatzkomplexe hindurchzieht. Das ist bekannt und unstrittig, aber trotzdem der Erwähnung wert, weil sich in der Fremdwortdiskussion bei der Gegenüberstellung von motivierten einheimischen Wörtern und uninterpretierbaren Fremdwörtern leicht der Eindruck einstellt, Fremdwörter seien unverständlich, weil (generell) unmotiviert, einheimische Wörter hingegen verständlich, weil (generell) motiviert.

Dagegen ist daran zu erinnern, dass der gesamte einheimische Basiswortschatz (mit Ausnahme einer sehr begrenzten Anzahl von Onomatopoetika) hinsichtlich der Beziehungen zwischen Form und Inhalt genauso wenig interpretierbar ist wie die nicht motivierten Fremdwörter. In dieser Hinsicht unterscheiden sich *Ball, Hund, Baum, Bett, satt* und *schlafen* weder beim Erlernen noch im Gebrauch von *Auto, Handy, Pizza, Sushi, super* und *googeln.* Den Vorzug der Motiviertheit für die Verständlichkeit (soweit es einer ist) besitzen nicht die einheimischen Wörter als solche, sondern nur die Teilmenge der abgeleiteten und zusammengesetzten.

Die Erinnerung an die Nicht-Motiviertheit des einheimischen Basiswortschatzes ist auch deshalb hilfreich, weil sie geeignet ist, das Vorurteil des alltagsweltlichen Sprachbewusstseins ins Wanken zu bringen, dass menschliche Sprachen eigentlich als motivierte Ausdruckssysteme gedacht sind, auf die bezogen die faktisch unmotivierten Zeichen als Resultat eines Verfalls erscheinen. Unsere eigene Kommunikationserfahrung mit dem einheimischen Basiswortschatz müsste uns eigentlich sagen, dass sprachliche Kommunikation problemlos auch mit Zeichen funktioniert, bei denen Form und Inhalt rein konventionell miteinander verbunden sind und die deshalb ohne die Möglichkeit, sich die Bedeutung aus den Komponenten zu erschließen, ganzheitlich gelernt und gespeichert werden. Dass das keine grundsätzliche Erschwernis ist, wird dadurch bestätigt, dass viele häufig gebrauchte motivierte Bildungen (*Haustür, Schlüsselbund*), deren Gesamtbedeutung wir uns aus den Komponenten zusammensetzen *könnten,* insgesamt „lexikalisiert" und ganzheitlich gespeichert werden. Der vermeintliche Vorteil der Motivierung wird also „freiwillig" aufgegeben. Weil die konventionelle Sicherung der Beziehung zwischen Ausdruck und Inhalt bei den „arbiträren" sprachlichen Zeichen ein Grundphänomen natürlicher Sprachen ist und nicht Abweichung von einem anders begründeten Ideal, haben Strauß/Zifonun (1985) zu Bedenken gegeben, dass es angemessener sei, statt von Unmotiviertheit als Erschwerungsfaktor besser von Motiviertheit als „potentielle[m] – allerdings in seiner Bedeutung für die Kommunikation unterschiedlich gewichtete[n] – Erleichterungsfaktor" (ebd., 145) zu sprechen.

Was nun auf der anderen Seite die Fremdwörter im Deutschen betrifft, so gilt, dass sie nicht nur ausnahmsweise, sondern in ihrer Mehrzahl abgeleitete oder zusammengesetzte Wörter und damit ebenfalls motivierte Bildungen sind. Ein Unterschied ergibt sich erst im zweiten Schritt über das Argument, dass die Möglichkeit, nach einer korrekten Segmentierung aus der (bekannten) Bedeutung der Komponenten eine (wörtliche) Gesamtbedeutung zu erschließen, bei den Fremdwörtern nur mit größeren Einschränkungen verwirklicht werden kann. Die häufig zu findende Behauptung, dass besagte Möglichkeit nur der habe, dem die jeweilige Herkunftssprache (Griechisch, Latein, Französisch, Englisch) vertraut ist, ist freilich zu korrigieren. Als

Ergebnis einer Entwicklung über Jahrhunderte existiert im Deutschen wie in anderen europäischen Sprachen ein ausgebildetes System der Lehnwortbildung mit Fremdkonstituenten, mit dessen Hilfe innerhalb des Deutschen weit mehr „deutsche Fremdwörter" produziert werden, als durch Entlehnung ins Deutsche gelangen. Ableitungen und Zusammensetzungen z.B. von *System* wie *systemisch, systemhaft, systemorientiert, Systemtheorie, systematisch, Systematik, Systematiker* usw. sind nicht weniger motiviert und auch nicht weniger durchsichtig als Bildungen mit ausschließlich einheimischen Elementen, und die Sprecher des Deutschen gehen mit ihnen rezeptiv und produktiv nicht grundsätzlich anders um als mit einheimischen Wörtern. Auf der Basis dieser eurolateinischen Sprachtradition können sie auch jederzeit selbst neue Wörter bilden, wenn der Kommunikationszusammenhang es erfordert oder nahelegt. Entscheidender als die Herkunft der Bildungsmittel ist ihre durch Verbreitung und Häufigkeit geschaffene Vertrautheit im gegenwärtigen Deutsch. Gebräuchliche Fremdwörter bereiten weniger Verständnisprobleme als ungebräuchliche einheimische Entsprechungen, was sich bei Verdeutschungen eingebürgerter Fremdwörter bemerkbar machen kann (*Telefon* vs. *Fernsprecher*). Soweit in dieser Hinsicht mit schichtspezifischen Unterschieden zu rechnen ist, dann weniger wegen unterschiedlicher Fremdsprachenkenntnisse als wegen der unterschiedlichen Vertrautheit mit dem wissenschaftsnahen deutschen Bildungswortschatz, für den dieser Teilwortschatz typisch ist. Für Sprecher, denen Wörter wie *autonom, Autodidakt, Autokrat* und *Autosuggestion* bekannt sind, ist auch das Wortbildungselement *Auto-* in *Automat* motiviert; für andere mag das nicht der Fall sein.

4.3 Einschränkungen in der Durchsichtigkeit motivierter Wortbildungen

Die Erleichterung, die motivierte einheimische Wörter gegenüber den Fremdwörtern mit sich bringen, besteht, es sei wiederholt, darin, dass die einheimischen komplexen Wortformen durchsichtig für den Wortinhalt sind und deshalb verständlicher sein sollen. Als erste einschränkende Präzisierung dieser allgemeinen These ist darauf aufmerksam zu machen, dass die Erleichterung am ehesten für den gegeben ist, der die Formseite eines sprachlichen Ausdrucks zum ersten Mal hört oder liest und deren Bedeutung nicht kennt. Er kann die motivierte Formseite nutzen, um etwas über die ihm unbekannte Bedeutung zu erfahren, oder, falls er mit dem Bezeichneten in Verbindung mit einer anderen Bezeichnung schon vertraut ist, jenes zu identifizieren. Der Vorzug, den *lautmalendes Wort* gegenüber *Onomatopoetikum* aufweist, ist ein Vorzug beim *Erlernen* des Wortes. Für jemanden, der Wort und Sache schon kennt, bietet die einheimische Bezeichnung keine Gebrauchsvorteile, jedenfalls keine, die auf der Durchsichtigkeit der Wortform beruhen. Was der lernende Hörer nun aber der Ausdrucksseite entnehmen kann, unterliegt verschiedenartigen Einschränkungen.

(1) Die Durchsicht, die motivierte Wörter gewähren, ist generell durch die Tatsache eingeschränkt, dass in einer zwei-, drei- oder viergliedrigen Ableitung oder Zusammensetzung immer nur eine kleine Auswahl der Bedeutungsmerkmale ausdrucksseitig indiziert werden kann (Partialität), wobei die getroffene Wahl Ergebnis einer bestimmten Relevanzsetzung ist, durch die zugleich mögliche andere ausgeschlossen werden (Perspektivität). Die Fülle an Möglichkeiten lässt sich exemplarisch an (regionalen) Ausdrucksvarianten für den gleichen Referenten, z.B. für die Pflanze Löwenzahn, veranschaulichen: *Löwenzahn, Butterblume, Märzblume, Hundeblume, Saublume, Milchdistel, Milchstock, Milchling, Hummelsbusch, Pfaffenröhrlein, Kettenblume.* Selektivität und Perspektivität und ihre Konsequenzen für die semantische Interpretation motivierter Wortbildungen illustriere ich an zwei Beispielen:

Beim Kompositum *Telefonhörer* legt die Struktur des gesamten Ausdrucks nahe, dass im Grundwort entweder eine Person oder ein Teil des im Bestimmungswort bezeichneten Telefons benannt wird. Bei der Charakterisierung des fraglichen Teils ist die Angabe einer Funktion präferiert. Nichts erfahren wir über die Material- oder Formeigenschaften des Geräteteils, sein Aussehen, die Art und Weise, wie die Funktion erfüllt wird, seine Energiequelle usw. Wir erfahren allerdings auch nichts über die Funktion des Sprechens, die bei diesem Geräteteil nicht weniger wichtig ist als die des Hörens. Dieses spezielle „Versäumnis" beruht freilich nicht auf einer spezifischen Relevanzsetzung, sondern dürfte in diesem Fall sprachliches Relikt eines früheren Gerätezustandes sein. In frühen Modellen des Wandtelefons, denen man in alten Filmen noch begegnen kann, findet man ja in der Tat einen abnehmbaren Geräteteil, der ausschließlich dem Hören dient, während die Sprechmuschel in das Gehäuse integriert ist. Das Telefon hat in der Sache seitdem Veränderungen erfahren, die sprachliche Bezeichnung aber blieb unverändert – mit der Folge, dass ihre Durchsichtigkeit gemindert wurde.

Beim Substantiv *Rechner* erlaubt das Suffix *-(e)r* (wie bei *Telefonhörer*) die Deutung, dass das Wort mit großer Wahrscheinlichkeit entweder eine Person oder ein Gerät benennt, die bzw. das die im Verbstamm ausgedrückte Tätigkeit ausübt. Dass für den Computer die Tätigkeit des Rechnens als Benennungsmotiv gewählt wurde, ist für den Lerner eher irreführend. Sicher kann man das Gerät auch im landläufigen Sinn zum Rechnen benutzen, für die meisten Benutzer ist diese Verwendung aber marginal. Es ist zwar möglich, die Tätigkeit des Rechnens nicht auf eine Funktion des Geräts (neben anderen) zu beziehen, sondern auf die Art und Weise seines Funktionierens. Das vermag aber nur jemand, der mit dem Bezeichneten schon vertraut ist und also der Krücke der durchsichtigen Form nicht mehr bedarf.

(2) Abgesehen davon, dass die Ausdrucksseite der motivierten Wörter in der Regel nur sehr selektiv Anhaltspunkte für den Wortinhalt zur Verfügung stellt, sind diese selbst oft in hohem Grade interpretationsbedürftig und anfällig für Fehldeutungen. Nicht selten scheitert der Versuch, aus der bekannten Bedeutung der Komponenten die Gesamtbedeutung zu erschließen, gänzlich. Um sich das Ausmaß solcher Unsicherheiten und möglicher Fehlinterpretationen klar zu machen, muss man sich allerdings ernsthaft in eine Person hineinversetzen, die bislang das Wort noch nicht kannte. Für den, der Wort und Sache kennt und also aufeinander beziehen kann, lösen sich die Mehrdeutigkeiten und Unsicherheiten auf und das, was die Ausdrucksseite ausdrückt, scheint klar und eindeutig. Zu den Unsicherheiten tragen mehrere Faktoren bei:

- Die semantische Interpretation der Wortbildung gelingt nur teilweise, weil sie ein unikales Morphem enthält (*Schornstein, Himbeere*), das für sich genommen uninterpretierbar ist.
- Die semantische Interpretation der Wortbildung wird behindert, weil mindestens eine ihrer Komponenten polysem ist (*Fuchsschwanz*). Die Ausdrucksseite erlaubt verschiedene Interpretationen.
- Die semantische Interpretation der Wortbildung misslingt, weil die Ausdrucksseite morphologisch eine Analysierbarkeit der Bausteine nahelegt, die wörtliche Bedeutung in dieser oder jener Hinsicht aber nicht mehr oder nicht mehr vollständig mit der kommunikativ relevanten Bedeutung übereinstimmt. Das kann durch Sachwandel verursacht sein (*Füllfederhalter, Telefonhörer*) oder durch Bedeutungswandel. Wer versucht, die Bedeutung von *unscheinbar, unbillig, unvergesslich oder ungemein* aus der bekannten Bedeutung von *un-* und *scheinbar, billig, vergesslich* und *gemein* zu erschließen, missversteht die Ableitungen, weil in den abgeleiteten Ausdrücken Bedeutungen konserviert sind, die die Adjektive, für sich genommen, heute nicht mehr haben. – Halb vollzogen ist die Demotivierung z.B. bei *Bahnhof* bzw. *Hafen* als Grundwörtern in *Busbahnhof* bzw. *Flughafen* (vgl. Gauger 2004, 39). Wir sind diese Komposita inzwischen gewöhnt und akzeptieren sie ohne innere Widerstände. Das heißt, dass wir die Grundwörter *-bahnhof* und *-hafen* nicht mehr wörtlich nehmen. Außerhalb der Komposita verstehen wir *Bahnhof* und *Hafen* aber immer noch als ‚Zug-Station' bzw. als ‚Anlegeort für Schiffe'. Undenkbar, dass auf den städtischen Hinweisschildern für Autofahrer *Bahnhof* oder *Hafen*

stünde und damit (auch) der Busbahnhof bzw. der Flughafen gemeint sein könnte.

- Die semantische Interpretation der Bildung oder einer ihrer Komponenten scheint keine Schwierigkeiten zu bieten, es ist aber schwer oder unmöglich zu erkennen, welchen Beitrag die Komponente zur Charakterisierung des vom komplexen Wort Bezeichneten leisten soll. Auf welche Eigenschaften des Bezeichneten bezieht sich für den, der das Wort *Wind* kennt, die Komponente *wind-* in *Windbeutel*, in *Buschwindröschen* und in *Windspiel*?
- Die Komponenten sind semantisch interpretierbar, die Struktur der Zusammensetzung jedoch ist mehrdeutig: Mit *Mutterliebe* kann die Liebe *der* Mutter und die Liebe *zur* Mutter gemeint sein. – *Schrankwand* könnte (a) einen Schrank bezeichnen, der die ganze Wand bedeckt oder (b) eine Wand, die (als Raumteiler) von einem oder mehreren Schränken gebildet wird oder (c) den Teil des Schrankes, der die Rück- oder Seitenwand des Schrankes bildet oder (d) eine Wand, in die (begehbare Wand-)Schränke eingebaut sind etc. Ein *Kompromisskandidat* könnte ein Kandidat sein, der als Ergebnis eines Kompromisses zwischen den Beteiligten aufgestellt wurde, eventuell aber auch einer, der selbst dazu neigt, Kompromisse zu suchen. Auch in den Wortreihen *Wienerschnitzel, Kinderschnitzel, Kalbsschnitzel* bzw. *Hotelfrühstück, Sektfrühstück, Bauernfrühstück* sind ganz unterschiedliche Bildungsmuster realisiert, in denen die Wortkomponenten in unterschiedliche grammatische und semantische Beziehungen treten.

Die aufgelisteten Behinderungen in der Deutung motivierter Wortbildungen können, wie das folgende Beispiel zeigt, auch kombiniert auftreten: Begreift man *Buschwindröschen,* (statistisch) naheliegend, als Determinativkompositum, so kommen als unmittelbare Konstituenten entweder *Buschwind* und *Röschen* oder *Busch* und *Windröschen* in Frage. Da weder *Buschwind* noch *Windröschen* gebräuchliche Wörter der deutschen Sprache sind, bleibt schon die Segmentierung des Kompositums unsicher, wenn auch *Windröschen* im Zweifelsfall gegenüber *Buschwind* präferiert werden dürfte. Folgt man dieser Grundentscheidung, so wäre eine wahrscheinliche Deutung, die der unbefangene Betrachter der Wortbildung entnehmen kann, dass es sich bei der benannten Pflanze um ein ‚buschig wachsendes Windröschen' (was immer das ist) handelt. Unklar ist u.a., welche Eigenschaften des Bezeichneten mit der gemeinsprachlich vertrauten Komponente *-wind-* angesprochen werden sollen. Sie ist als Lehnübersetzung aus *Anemone* (gr. *animos*) in das deutsche Wort aufgenommen worden und verweist laut Lexikon auf die Zugehörigkeit der Pflanze zu den *Anemochora*, deren Samen oder Früchte durch den Wind verbreitet werden. Andere identifizieren als Benennungsmotiv, dass die Blume sich öffne, wenn der Wind weht, oder dass sie vom Wind entblättert wird. Für den normalen Sprecher, der die botanischen Kenntnisse nicht hat, ist der Gewinn an Verständlichkeit durch das einheimische Wort gering. Demgegenüber erscheint *Röschen* zunächst als eindeutig, erweist sich jedoch als täuschend. Weder gehört das Buschwindröschen als Hahnenfussgewächs botanisch zu den Rosengewächsen, noch sieht es einer Rose ähnlich: Es ist kein Strauch, hat keine Dornen, und auch die kleinen, sternförmigen weißen Blüten können nicht einmal mit denen einer Heckenrose verglichen werden. Das Bestimmungswort *Busch* erlaubt verschiedene mögliche Bezüge, die sich beim Kennenlernen der Pflanze aber ebenfalls als eher irreführend herausstellen: Die Pflanze ist weder ein Busch noch wächst sie wie ein Busch. Nun können Pflanzen auch „buschig" oder „in Büscheln" wachsen, ohne Büsche zu sein. Aber auch das trifft auf Buschwindröschen kaum zu. Nicht untypisch bedecken sie gleichmäßig größere Waldflächen als Bodendecker. Paradoxerweise ist es das Grundwort *Röschen,* das am ehesten die größere Verständlichkeit der einheimischen Bildung gegenüber dem Fremdwort bestätigen kann: Wiewohl eigentlich eine fehlerhafte Kategorisierung gestattet diese Formkomponente im Gegensatz zu *Anemone* wenigstens den Rückschluss, dass *Buschwindröschen* wohl Bezeichnung für ein Blumengewächs ist. Und das ist ja immerhin etwas!

Man kann gegen meine etwas tendenziöse Betonung der Unsicherheiten in der semantischen Interpretation motivierter Wortbildungen in den letzten Abschnitten einwenden, dass nur eine unbestimmte Vielzahl von Komposita und abgeleiteten Wörtern von ihnen betroffen ist und dass man deshalb weiterhin daran festhalten könne, dass einheimische Wörter im Unterschied zu den Fremdwörtern oft eine bessere Durchsicht auf ihre Bedeutung gewähren und also auch verständlicher sind. Doch darf man nicht außer acht lassen, dass die Existenz der Problemfälle die Rezeption motivierter Wörter generell beeinflusst, weil man einem Wort, dem man neu begegnet, nicht ansehen kann, ob seine Formseite über den Inhalt etwas preisgibt oder ob diese Möglichkeit durch eine der benannten Unsicherheitsfaktoren eingeschränkt oder aufgehoben ist. Will man darüber im Einzelfall Klarheit gewinnen, muss man die kommunikativ relevante Bedeutung mit der wörtlichen Bedeutung, die die Ausdrucksseite nahelegt, vergleichen. Das heißt aber, dass den Vorteil der durchsichtigen Wörter ohne Gefahr möglicher Täuschungen nur nutzen kann, wer das Wort schon kennt und dieser Verständnishilfe eigentlich nicht mehr bedarf, während der, der von ihr profitieren könnte, nie sicher sein kann, dass auf die „sprechende" Ausdrucksseite Verlass ist. Traut er andererseits unbesehen dem, was die Formseite ausdrückt, so erlauben ihm die einheimischen Bildungen im Gegensatz zu vielen Fremdwörtern, sich etwas vorzustellen, mit der Gefahr, dass er zu Unrecht glaubt, etwas Relevantes über das Bezeichnete erkannt zu haben.

Auf der anderen Seite kann die Darstellung auf den letzten Seiten den Eindruck hervorrufen, dass wir im Umgang mit den motivierten Wörtern in Wahrheit von Unverständnis zu Unverständnis bzw. von Missverständnis zu Missverständnis stolpern. Dieser – falsche – Eindruck kommt zustande, weil ich, verführt durch den sprachkritischen Umgang mit dem Problem, zur Überprüfung der Durchsichtigkeit motivierter Wörter eine Situation konstruiert habe, die für die reale Kommunikation gänzlich untypisch ist und allenfalls der eines Archäologen ähnelt, der im Wüstensand überraschend eine Tonscherbe findet, auf ihr den Schriftzug eines ihm unbekannten Wortes entdeckt und sich nun Gedanken darüber macht, was es wohl bedeutet. In Wirklichkeit befinden wir uns so gut wie nie in der Situation, allein aus der Ausdrucksseite eines isolierten Wortes Rückschlüsse auf seine Bedeutung ziehen zu müssen. Wörter begegnen uns in Texten und/oder in Situationen, in denen zugleich das Bezeichnete präsent ist, und die Informationen, die wir aus dem Kontext und unserem Vorwissen ziehen können, übersteigt normalerweise bei weitem das, was eine Wortform wie *Rechner* bestenfalls zur Verfügung stellt und *Computer* verweigert. Kinder „wissen" schon im Krabbelalter weit mehr über das bezeichnete Gerät als Beschäftigungsobjekt der Eltern mit seinen Knöpfen, Tasten, Lichtern, Bildern, scharfen Kanten, als was es beim Erwerb des Namens, motiviert oder nicht-motiviert, erfahren kann.

Da Motiviertheit daher generell eine wesentlich geringere Bedeutung für das Wortverstehen hat, als es das alltagsweltliche Vorurteil will, verliert natürlich auch die beschriebene Unzuverlässigkeit der in der Wortform angelegten Bedeutungsinhalte an Brisanz. Auf den Sachverhalt, dass wir häufig gebrauchte motivierte Wörter insgesamt als lexikalisierte Einheiten im Gehirn speichern und als konventionelle Bezeichnungen verwenden, habe ich schon hingewiesen. Nur gelegentlich halten wir aus irgendwelchen Gründen inne, und es kommt uns nach 30 Jahren unreflektierten, gleichwohl unproblematischen Gebrauchs eines Wortes die Frage in den Sinn, wo eigentlich das *Horn* des Eichhörnchens ist und warum es *Eichhörnchen* heißt. Wem ist schon bewusst geworden, dass der Telefonhörer seltsamerweise *Hörer* heißt, obwohl er als Sprecher nicht weniger wichtig ist? Wer hat sich – feministische Remotivierungseffekte veruntreut – schon gefragt, was ein *herrlicher Frühlingstag* mit Herren zu tun hat oder der *dämliche Fehler*, den man sich selbst vorzuwerfen hat, mit einer Dame? Für die Verständlichkeit eines Wortes spielt seine Vertrautheit für den Sprecher eine unvergleichlich wichtigere Rolle als die Frage, ob es motiviert ist oder nicht und inwieweit die Ausdrucksseite eine Durchsicht auf den Inhalt gestattet.

4.4 Ein exemplarischer Fall: Die schulgrammatische Beschreibungssprache – Deutsch oder Latein?

In der Diskussion der Titelfrage, die Kreuder (1988) in Wissenschaft und Schule seit dem 18. Jahrhundert nachgezeichnet hat, spielen noch andere Gesichtspunkte als das hier behandelte Problem eine Rolle, ob und inwieweit die Motiviertheit einheimischer Bildungen gegenüber den Fremdwörtern für den Sprachunterricht einen Vorteil für die Verständlichkeit darstellt. Gegen die lateinische Begriffssprache sprach z.B. auch, dass sie am Studienobjekt der lateinischen Sprache entwickelt worden war und deshalb auf die andersartigen Strukturen des Deutschen nicht oder zumindest nicht ohne Gefahr der Sachunangemessenheit übertragen werden konnte. Auf der anderen Seite wiesen die Freunde der lateinischen Begriffssprache darauf hin, dass mit ihr ein in langer Tradition entwickeltes einheitliches Begriffs- und Ausdruckssystem vorlag, während die Bemühungen um einheimische fachsprachliche Prägungen bald zu einer verwirrenden Vielfalt konkurrierender Ausdrucksvarianten führte. Ich lasse diese weiteren Gesichtspunkte außer acht und beschränke mich weiterhin auf die Teilfrage der Verständlichkeit motivierter Bezeichnungen. Gegner wie Befürworter einer deutschen Begriffssprache sind bis heute um Beispiele und Argumente nicht verlegen, wenn es darum geht, ihre Position zu stützen.

Zu den Gegnern zählt Jacob Grimm ([1818] 1986, 150f.), der sich gegen die Ersetzung der lateinischen Termini in der grammatischen Beschreibungssprache durch deutsche Ersatzwörter mit dem Argument ausspricht, die deutschen Wörter seien „undeutlich", „unbestimmt" bzw. „unverständlich", „weil wir uns bei dem neuen wort notwendig seiner eigentlichen sinnlichen bedeutung erinnern"; „die abstraktion, folglich der wahre begriff, [gehe] dabei jedesmal verloren". Damit ist deutlich ausgedrückt, dass genau das, was den Vorzug der einheimischen Wörter ausmachen soll, ihre Unzuverlässigkeit bedingt, insofern sie die Illusion fördern, man verstehe etwas vom Inhalt des Wortes. Ähnlich äußert sich ein bekannter Sprachkritiker der Zeit nach dem zweiten Weltkrieg (Storz 1984, 153f.), der zur Begründung für die Beibehaltung der Ausdrücke der lateinischen Schulgrammatik, vermutlich in Kenntnis der Grimmschen Äußerung, schreibt:

> „Aber die redlichen Pädagogen irrten mit ihrem Glauben an die leichtere Verständlichkeit der deutschen Bezeichnungen: Gerade weil diese, oder doch manche von ihnen, unmittelbar zum kindlichen Hörer sprechen, ihm etwas Bestimmtes sagen, erweisen sie sich als untauglich für die in der Grammatik zu leistende und nun einmal nicht zu umgehende Abstraktion" (154).

In diese Traditionslinie gehört in der Gegenwart die Einschätzung von Schrodt (1995, 17):

> „Die leichte Verfremdung durch das lateinische Wort hat sehr oft einen guten Sinn. Was das *Subjekt* eines Satzes ist, kann man meist recht gut und klar bestimmen. Was der *Gegenstand* eines Satzes ist, darüber läßt sich nur philosophieren".

Das berechtigte Misstrauen in die förderliche Wirkung motivierter Wortbildungen, die den Anschein erwecken, sie erlaubten einen Durchblick auf das Bezeichnete, ohne es wirklich zu tun – *Eigenschafts*wörter bezeichnen Eigenschaften von etwas, *Tätigkeits*wörter Tätigkeiten von jemandem etc. –, kann man sich klar machen, wenn man sich ernsthaft einen Schüler vorstellt, der die grammatischen Konzepte noch nicht kennt und über die Wortformen Orientierungsmöglichkeiten gewinnen will. Hört er im Sprachunterricht zum ersten Mal das Wort *Artikel,* so gibt ihm die Wortform keinerlei Hinweise auf das, was es bezeichnen könnte, während der Ersatz *Geschlechtswort,* vorausgesetzt der kindliche Lerner kennt das Wort *Geschlecht,* zu allerlei Assoziationen Anlass geben kann. Was aber fällt dem Kind ein? Kandidaten könnten sein die Substantive *Frau* und *Mann, Junge* und *Mädchen,* möglicherweise auch die Personalpronomen *er, sie* und *es* oder, wer weiß, quer durch die Wortarten: *Penis, sexy* und *bumsen. Eigenschaftswort* mag ihn korrekt zu *rot,* aber auch zum Substantiv *Röte* führen. Warum in der Referenz auf eine Tischplatte, die rot ist und außerdem glänzt, rot sein eine Eigenschaft des Tisches sein soll, das verbal ausgedrückte Glänzen aber eine Tätigkeit, dürfte eher verwunderlich wirken. Analog zu *Dingwort*: *Hammer* bezeichnet sicherlich ein Ding, aber wieso auch *Pferd* oder *Mutter*? Und wer kann auf die Idee kommen, dass *Essen* und *Trinken Ding*wörter sind und *faulenzen* ein *Tätigkeit*swort, dass in dem Satz „Er wird reich beschenkt" die *Leide*form des Verbs *beschenken* realisiert ist und in dem Satz „Er sagt, er sei krank" die *Möglichkeits*form des Verbs *sein*? – Die Beispiele stammen zum Teil aus der Sprachglosse „Grammatische Teutschtümelei" von Leonhardt (1986, 47-49), der ebenfalls für die Beibehaltung der lateinischen Ausdrücke votiert, die „in ihrer Unbestimmtheit gerade recht [sind] für so genau, wie es das deutsche Wort will, gar nicht bestimmbare Funktionen" (ebd., 48), vor allem wenn diese *semantisch* unterschieden werden.

Für die Befürworter der Verdeutschung erinnere ich an Campes allgemeines Votum:

> „So lange wir ausländische, Griechische und Lateinische, wissenschaftliche Kunstwörter haben und gebrauchen, sind und bleiben alle darin eingeschlossenen Begriffe und Kenntnisse für diejenigen, welche nicht Griechisch und Latein verstehn – also für die ganze große Masse des Volks – so gut als gar nicht da, so gut als verloren" (Campe 1813, 35; zit. Kreuder 1988, 373),

woraus im Umkehrschluss gefolgert werden kann, dass die Verwendung einheimischer Wörter den Zugriff auf die „eingeschlossenen Begriffe und Kenntnisse" erlauben würde. Gegen Ende des 19. Jahrhunderts bestätigt Gelbe (1887, 111; zit Kreuder 1988, 381) diese Position für die Sprachlehre:

> „Und doch, gerade von pädagogischer Seite die Entfernung der Fremdwörter in der Sprachlehre zu verlangen, hat seine volle Berechtigung wegen der Schwierigkeiten, welche die Aneignung und Aussprache den Kindern bereitet. Man muss auf diesem Gebiet gearbeitet haben, um verstehen zu können, welche Marter und Qual Lehrern und Kindern damit bereitet wird [...] Darum fürchte ich keinen Widerspruch zu finden, wenn ich verlange, daß aus der Schule und insbesondere aus der Volksschule die fremden Ausdrücke zu entfernen sind."

In der Gegenwart kommentiert Schiewe (2000, 17) in seiner Laudatio für Peter von Polenz dessen „Plädoyer für die Beibehaltung und den Ausbau der Doppelterminologie" in der linguistischen Beschreibungssprache unterstützend mit der Bewertung: „Hier leistet das verdeutschende Wort eine Erklärung der Sache, des Begriffs – ein Umstand, der besonders der Sprachlehre, dem Sprachunterricht zugute kommt" (17). Das leuchtet bei dem gewählten Beispiel *Gegenwartsform* für *Präsens* unmittelbar ein, schon bei dem zweiten, *Satzhandlung* für *Illokution,* aber nur mit Einschränkungen.

4.5 Bedeutung lernen und Sache lernen – Wort kennen und Sache kennen

Bislang ging es um die Frage, ob und inwieweit die Motiviertheit von einheimischen Wortbildungen wegen ihrer (potentiellen) Durchsichtigkeit einen Vorteil für das Verständnis der Bedeutungen darstellt. Das Ergebnis war, dass dieser Vorteil nur mit großen Einschränkungen gegeben ist. Doch nehmen wir den geglückten Fall, dass eine Wortform tatsächlich einen zuverlässigen Durchblick gestattet! Dann lerne ich etwas über die Bedeutung des Wortes als Voraussetzung dafür, dass ich es sprachgerecht verwenden kann. Das verschafft mir aber keine Kenntnisse über die Sachverhalte, die wir mit ihm bezeichnen. Ich begebe mich in keinen Widerspruch, wenn ich versichere: „Ich kenne das Wort *Elektrizität/Klimawandel/Syntax* und weiß, was es bedeutet, aber von der Sache habe ich leider keine Ahnung."

Ein Rückblick auf Campe und manche bis heute in der Fremdwort-Diskussion geäußerten Positionen zeigt aber, dass die Erwartungen der Fremdwortgegner nicht allein auf die Kenntnis der Wortbedeutungen gerichtet sind, sondern weitergehend auf die Kenntnis der bezeichneten Sachen. Der aufklärerische Impuls Campes, der ihn zu seinen Verdeutschungen motivierte, zielte auf die Teilnahme möglichst vieler am wissenschaftlichen Wissen der Zeit. In der Darstellung Schiewes ist es ein Versuch, ein fehlendes *sachgesteuertes* Wissen, das man in den verschiedenen Fächern des Schulunterrichts erwerben kann, durch ein *wortgesteuertes* Wissen zu kompensieren. Das erinnert entfernt an die Idee des Kratylos, als Philosoph durch Sprachanalyse, d.h. über das Studium der Bezeichnungen, das Wesen des Bezeichneten zu erkennen. Er wurde freilich schon vor mehr als 2000 Jahren von Sokrates darüber belehrt, dass dieser Weg zu keinen befriedigenden Ergebnissen führt. Man erwirbt durch das Erlernen von Wortbedeutungen keine sachlich-fachlichen Kenntnisse über die „Sachen". Die Erwartung, man könne sich mit Hilfe „durchsichtiger" Wörter mit der Sache vertraut machen, überschätzt also nicht nur die Möglichkeiten, die die Wortformen für den Bedeutungserwerb bieten, sondern – grundsätzlicher – den Wert des Erlernens von Wortbedeutungen für den Erwerb der sachlichen Kompetenz in einem Gegenstandsbereich. Diese Überschätzung steckt möglicherweise auch in der Zielvorstellung Hensels (in: Glück/Kramer 2000, 50), die jeweils interessierten Laien „vermittels deutschsprachiger Begriffe am wissenschaftlichen Fortschritt und Gespräch teilnehmen zu lassen", auf jeden Fall aber in der Erwartung, die Auswechslung der Fremdwörter zu Gunsten motivierter einheimischer Bildungen mache nicht nur diese selbst verständlicher, sondern auch die inhaltlichen Aussagen in einem wissenschaftlichen Text.

Wenn man lernen will, was das Subjekt eines Satzes ist, dann muss man sich, gleichgültig ob es *Subjekt* oder *Satzgegenstand* genannt wird, mit der bezeichneten Sache, dem Aufbau von Sätzen und der Rolle eines speziellen Satzglieds darin, beschäftigen. Überlegungen zu den bezeichnenden Ausdrücken sind dabei weder bei entlehnten noch bei einheimischen Wortformen eine substantielle Hilfe. Es gilt deshalb die Maxime Gaugers (2004): „Wenn man wissen will, was das ist [was bezeichnet wird], dann muß man, vom jeweiligen Wort geleitet [...], über die jeweilige Sache selbst, also über das hier zu Beobachtende nachdenken" (174); denn „man kann von einer Bezeichnung nicht verlangen, daß sie eine komplette, zutreffende Beschreibung des Gemeinten biete" (ebd., 131). So dürfte es in einem linguistischen Grundkurs, in dem verschiedene Sprachbegriffe unterschieden werden sollen, nur eine höchst nebensächliche Rolle spielen, ob die wissenschaftlichen Begriffe mit einheimischen oder entlehnten Wortbildungsmitteln versprachlicht werden. Deutschsprachige Leser lernen die begrifflichen Unterscheidungen, die Bühler mit den Ausdrücken *Sprechhandlung, Sprechakt, Sprachwerk* und *Sprachgebilde* bezeichnet, nicht leichter und nicht grundsätzlich anders als die Unterscheidungen, die de Saussure mit den Ausdrücken *langue, parole* und *langage* vorstellt. Und diese wiederum machen das Begreifen nicht schwieriger als die entsprechenden Ausdrücke in der deutschen Übersetzung des Buches von Saussure: *Sprache, Sprechen, menschliche Rede*. Wittgenstein schreibt mit einheimischen Wörtern – „Die Welt ist alles, was der Fall ist" – nicht weniger hermetische Texte als Adorno, und Heidegger ist nicht leichter verständlich als der fremdwortreichere Habermas. Auch die Gegenprobe zeigt es: In Situationen, in denen alltagsweltliche Gegenstände thematisiert werden, deren kognitive Kategorisierungen uns vertraut sind, stören keine Fremdwörter. Wer hat schon Probleme mit *Telefon, Handy, Garage, super* und *Pizza*? Wenn trotzdem das Problem der Schwerverständlichkeit von Texten so oft als Problem der sprachlichen Ausdrücke und in Sonderheit der Fremdwörter angesehen wird, so beruht das nicht zuletzt auf einer verständlichen und erklärbaren Täuschung:

Fremdwörter begegnen uns und werden uns als störende Verstehensbarriere vor allem in mündlicher oder schriftlicher Kommunikation über Gegenstände bewusst, die nicht Teil unseres Alltagswissens sind, sondern fachliche Bereiche betreffen, die uns wenig vertraut sind. Man denke an den Beipackzettel eines Medikaments, die Vertragsbedingungen einer Versicherung, den Wirtschaftsteil einer Zeitung, den Bescheid einer Behörde, den Vortrag eines Wissenschaftlers usw. Das sind alles Texte, in denen Fremdwörter auffallend häufig vorkommen. Die Erfahrung, einen Text nicht zu verstehen, tritt also zusammen mit der Beobachtung auf, dass der Text viele Fremdwörter enthält. Es liegt nahe, beides im Sinne von Ursache und Wirkung zu verbinden. In Wirklichkeit aber ist es so, dass wir die Texte vor allem deshalb schwer verstehen, weil uns die fachspezifischen Kenntnisse fehlen, und dass wir die Verstehensprobleme zu Unrecht der Fremdheit der Sprachformen zuschreiben. Diese Fehleinschätzung verhindert die Erkenntnis der „möglicherweise weit wesentlicheren – d.h. die Kommunikation wesentlich problematischer belastenden – Fremdheit als einer sachlichen/fachlichen Unbekanntheit" (Link 1983, 8). Den entscheidenden Punkt, der über die wissenschaflichen Texte hinaus für alle Fachtexte gilt, hat der Soziologe Kieserling (2001, 21) klar formuliert:

> „Denn die Sprache einer Wissenschaft sondert sich nicht durch eigene Wörter, sondern durch eigene Begriffe von der Alltagssprache ab. Als Begriffe können aber auch die ganz normalen Wörter der Alltagsprache fungieren [...] Dass es daneben immer auch Kunstwörter gibt, die das Verständnis der Laien schon als Wort (und nicht erst als Begriff) überfordern, sollte nicht davon ablenken, dass die sozialen Zumutungen einer wissenschaftlichen Sprache in den Begriffen liegen [...] Die Forderung nach einer leichter verständlichen Wissenschaftssprache versteht sich daher selber nicht ganz, wenn sie als Polemik gegen die Häufung von Neologismen und Fremdwörtern auftritt."

5. Besser ist, was früher war – oder: das Misstrauen gegen sprachlichen Wandel

5.1 Misstrauen gegen den Wandel als Movens der Sprachkritik

Die in der öffentlichen Sprachdiskussion artikulierte, von Zeit zu Zeit erneuerte Sorge um die deutsche Sprache wird am stärksten vom sprachlichen Wandel genährt, und deshalb sind es die sprachlichen Neuerungen, die am ehesten den Ruf nach sprachkritischem Einspruch begründen. Allerdings betreffen die Defiziterfahrungen, die das sprachlich Neue vor der Folie des Altvertrauten provoziert, vor allem die aktuell sich ausbreitenden Neuerungen im Sprach*verkehr*, die noch nicht Sprach*brauch* geworden sind, während der abgeschlossene Wandel eines sprachlichen Elements kaum jemandem auffällt. Dennoch ist das Movens der Kritik die Sorge um die Sprache als Kollektivbesitz, der durch die von den Sprechern meist nicht intendierten, aber nichtsdestoweniger von ihnen bewirkten Sprachveränderungen eine Entwicklung zum Schlechteren nehmen könnte, wenn man neue Gebrauchsweisen unbeeinflusst wirken lässt. So werden sie nach dem Prinzip „Wehret den Anfängen!" bekämpft, damit sie möglichst gar nicht erst den Status der Üblichkeit erreichen. Sprachkritik in dieser Funktion kritisiert prophylaktisch Tendenzen im Sprach*gebrauch* zum Schutze des sprachlichen *Systems*, ist „systembezogene Sprachgebrauchskritik" (Burkhardt 2002, 101).

5.2 Ursachen für das Misstrauen gegen den sprachlichen Wandel: Die Theorie vom Sprachverfall und der Verderb durch die nachwachsenden Generationen

Ein Hintergrund für die Sorge um die zukünftige Entwicklung der Sprache ist die verbreitete Neigung, sprachliche Veränderungen generell als Anzeichen eines Verfalls zu deuten. Diese Verfallstheorie tritt in mehreren Varianten auf. In weltgeschichtlicher Perspektive wird mit ihr eine Aussage über die Entwicklungsrichtung *der* menschlichen Sprache vom Höheren zum Niederen gemacht, so dass ältere Sprachen als vollkommener gelten als die später entstehenden. In diesem Sinne glaubt Schopenhauer über die Geschichte der indoeuropäischen Sprachfamilie feststellen zu können:

> „Bekanntlich sind die Sprachen, namentlich in grammatischer Hinsicht, desto vollkommener, je älter sie sind, und werden stufenweise immer schlechter – vom hohen Sanskrit an bis zum englischen Jargon herab, diesem aus Lappen heterogener Stoffe zusammengeflickten Gedankenkleide“ (Schopenhauer [1851] 1989, 663).

Im Blick auf eine einzelne Sprache gilt entsprechend ihr Zustand zu Beginn als vollkommener als historisch spätere Stadien, woraus Wustmann für das Verhalten des Sprachkritikers die „logische“ Konsequenz zieht:

> „In rein grammatischen Fragen ist der einzig richtige Standpunkt der konservative, d.h. man muß das bisherige richtige zu verteidigen und zu retten suchen, wo und solange es eingedrungnem oder eindringendem neuem und falschem gegenüber irgend zu retten ist; auch in anscheinend verzweifelten Fällen darf man die Hoffnung nicht aufgeben, durch Klärung des getrübten Sprachbewußtseins oder durch Aufstachelung des trägen Sprachgewissens das richtige noch zu erhalten. Nur in ganz aussichtslosen Fällen ist der Kampf aufzugeben und dem neuen, auch wenn es falsch ist, das Feld zu räumen “ (Wustmann 1891, 31).

Pfalzgraf (2011, 663) referiert eine Umfrage von 2008 in Deutschland, nach der auch heute noch 65% der Befragten der Auffassung sind, „dass die deutsche Sprache immer mehr zu verkommen drohe“. Von diesen meint knapp die Hälfte, dass dieser Verfall (heute) seinen Grund im Einfluss anderer Sprachen habe.

Mit Berufung auf die Verfallsthese kann, wer will, global alle Veränderungen im Sprachgebrauch auch der deutschen Gegenwartssprache unmittelbar negativ bewerten, ohne dass es einer weiteren Begründung, zum Beispiel einer Überprüfung der Funktionalität der vom Wandel betroffenen sprachlichen Mittel, bedürfte. Da der Topos vom Sprachverfall mindestens seit der europäischen Antike bekannt ist, können derartige Auffassungen nicht als Erbe des historisch denkenden 19. Jahrhunderts erklärt werden. Sie haben ganz im Gegenteil mit historischem Bewusstsein kaum etwas zu tun.

Unterstützt wird dieses Denken durch eine zweite, ebenfalls sehr alte, in der Abfolge der Generationen immer wieder neu entstehende Sorge, dass Veränderungen im Denken und Verhalten der nachwachsenden Generationen die tradierten gesellschaftlichen Ordnungen, einschließlich der Sprache, bedrohen oder zerstören könnten. Diese Zielrichtung ist auch in den gegenwärtigen pessimistischen Prognosen über das weitere Schicksal der deutschen Sprache – z.B. in Gestalt von Warnungen vor der Verkümmerung der Ausdrucks*fähigkeiten* bei den Jugendlichen als Gefahr für die zukünftigen Ausdrucks*möglichkeiten* der deutschen Sprache (vgl. Bayer 1982, Beck 2003) – unüberhörbar.

Beide Deutungsmuster begegnen bis heute im öffentlichen Reden über sprachliche Veränderungstendenzen und haben sich als resistent gegenüber allen linguistischen Belehrungsversuchen erwiesen, obwohl man meinen sollte, dass als Widerspruch eigentlich schon der Hinweis genügen müsste, dass in der Geschichte der Menschheit kein Beispiel dafür bekannt wurde, dass eine Sprachgemeinschaft ihre Sprache jemals durch die in der kommunikativen Praxis entstehenden und kollektiv bewirkten Veränderungen zugrunde gerichtet und damit die Kommunikation aufs Spiel gesetzt hätte. Die Annahme, dass das trotzdem geschehen könnte, erscheint deshalb nicht einmal als Hypothese sinnvoll.

Es gibt freilich eine Lesart, in der die Theorie vom Sprachverfall zweifellos korrekt ist: Jede Sprache „verfällt“ und verschwindet letztlich von der Sprachenkarte der Welt, wenn ihr die Sprecher und Schreiber abhanden kommen. Auf diese Weise sind aus einer Vielzahl von Gründen zahlreiche Sprachen in Vergangenheit und Gegenwart ungebräuchlich geworden und verschwunden. Das gleiche gilt für einzelne Varietäten einer Sprache. Sie erleiden Funktionsverluste, wenn sie für die Zwecke, für die sie ausgebildet wurden, nicht mehr verwendet werden. Man muss sich nur vergegenwärtigen, wieviel Spracharbeit Generationen von Wissenschaftlern von der frühen Neuzeit bis ins 18. Jahrhundert aufgebracht haben, bis die deutsche Sprache nach der langen Dominanz des Lateinischen ein gleichwertiges Ausdrucksmittel für theologische, philosophische, rechtliche, medizinische und andere wissenschaftliche Inhalte wurde. In Umkehrung dieser Entwicklung würde das Deutsche diese Ausdrucksmöglichkeiten allmählich wieder verlieren, falls sich die gegenwärtigen Tendenzen, die deutsche Sprache als Wissenschaftssprache durch das Englische zu ersetzen, auf Dauer durchsetzen sollten. Eine entschiedene Zurückweisung der allgemeinen Sprachverfallsthese ist also nur im Blick auf Sprachen oder Sprachvarietäten gerechtfertigt, die als normales Kommunikationsmittel einer sozialen Trägerschaft faktisch in lebendigem Gebrauch sind. Und es bleibt auch dann eine sinnvolle Frage, ob es nicht auf der Ebene der *einzelnen Fälle* sprachlichen Wandels sehr wohl auch Entwicklungen zum Schlechteren gibt oder geben könnte.

In der Auseinandersetzung mit der Theorie vom Sprachverfall ist ferner die Beobachtung bedeutsam und erklärungsbedürftig, dass sie nicht nur bei den semi-professionellen Sprachkritikern in der veröffentlichten Sprachkritik auftaucht, sondern, wie Studien zu den volks- oder laienlinguistischen Sprachtheorien übereinstimmend feststellen, auch heute noch Grundbestandteil alltagsweltlichen Sprachdenkens bei den normalen Sprachteilhabern ist. Im Blick auf sie erscheint es wenig überzeugend, das Misstrauen allein oder auch nur in erster Linie auf die genannten Deutungsmuster der öffentlichen Sprachreflexion zurückzuführen. Dass auch sie dazu neigen, Sprachwandel intuitiv als Verschlechterung zu erleben, dürfte seine Wurzeln eher in der eigenen, praktischen Kommunikationserfahrung haben:

Da der jeweils herrschende Sprachusus mit seinen nicht reflektierten sprachlichen Konventionen zu den kulturellen Selbstverständlichkeiten gehört, in und mit denen wir unproblematisch leben, ist er normalerweise kein Gegenstand von Defiziterfahrungen hinsichtlich der Ausdrückbarkeit dessen, was wir ausdrücken wollen. Und wenn wir tatsächlich einmal ein Gefühl des sprachlichen Ungenügens haben (vgl. dazu die Imperfektibilitätsthese von Antos [1996]), dann schreiben wir das Defizit nicht der Sprache, sondern uns selber zu und greifen zur Abhilfe zu Sprachratgebern oder besuchen Seminare für Sprach- und Kommunikationstraining. Auf dieser subjektiven Erfahrungsgrundlage ist eigentlich gar nicht einzusehen, warum sich die Sprache überhaupt ändern sollte, und jede faktische Veränderung wird leicht als Störung erlebt. Und auch wenn man die reflexhafte Abwehr des Neuen überwindet, bleibt es für den normalen Sprachteilnehmer schwer, in den Veränderungen des Sprachgebrauchs einen positiven Sinn zu erkennen. Man denke nur an den linguistischen Aufwand, den die *weil*-Sätze mit Hauptsatzstellung seit den 80er Jahren auf sich gezogen haben, bis man über den möglichen Sinn der Neuerung einige Klarheit gewonnen hatte (bzw. bis man – ein fast typischer Vorgang – im historischen Rückblick feststellte, dass das als neu empfundene Ärgernis so neu gar nicht war).

Unterstützt wird das Misstrauen gegen sprachliche Veränderungen schließlich auch durch die sprachuniversellen Ansichten über die Natur und die Entstehung der menschlichen Sprache, von denen in Kapitel II, 2 die Rede war. Wenn die Sprache tatsächlich das Produkt einer sinnvoll erdachten Schöpfung ist (ebd., 2.1.1), dann sind Stabilität und Unveränderlichkeit hohe Werte und die Neigung, die jeweils vorfindliche Sprache vor den Veränderungen durch die Sprecher schützen zu wollen, eine nachvollziehbare Regung. Sprachlicher Wandel erscheint ja, aus dieser Perspektive betrachtet, überhaupt nur ausnahmsweise, z.B. bei neu erfundenen oder neu entdeckten Dingen, sinnvoll. Die Auffassung, dass Sprachen der sprachkritischen und sprachpflegerischen Aufmerksamkeit bedürfen, weil sie sonst im

Gebrauch Schaden leiden und an Qualität verlieren, ist also nicht notwendig mit einer „organologisch-biologistischen Sprachvorstellung" (Maitz 2010, 2) verbunden, sondern kann auch anders begründet sein.

5.3 Notwendige Einwände

Unter den Linguisten parieren manche die sprachkritischen Verfalls-Zumutungen mit der ähnlich kategorischen Feststellung, Sprachkritik könne zwar sinnvoll fragwürdigen (individuellen) Sprachgebrauch unter die Lupe nehmen, an der Sprache selbst und ihrem Wandel jedoch gäbe es grundsätzlich nichts zu kritisieren. Janich/Rhein (2010) verzeichnen im Abschnitt 3.3 („Der Topos vom Sprachverfall") aus den letzten Jahrzehnten 34 derartige Veröffentlichungen, von denen 26 das Wort *Sprachverfall* schon im Titel führen. In der Mehrzahl dieser Beiträge wird Sprachverfall nicht behauptet und sprachkritisch belegt, sondern – in kritischer Wendung gegen die Verfechter der These – relativiert oder negiert.

So wie die Befürworter der These vom Sprachverfall dazu neigen, einzelne Fälle von Sprachveränderung vorschnell als Anzeichen eines Verfalls *der* deutschen Sprache zu deuten bzw. dramatisierend zu benennen, weisen manche Linguisten die These auf der allgemeinen Ebene zurück, ohne sich die Mühe machen zu müssen, die Einzelfälle genauer zu betrachten, die Anlass für die sprachkritische Verallgemeinerung waren.

Zur Unterstützung dieser Gegenposition wird häufig argumentiert, dass jede Sprachveränderung eine sinnvolle Anpassung an veränderte gesellschaftliche Anforderungen sei und dass es in solchen Prozessen keine Entwicklung zum Schlechteren geben könne, weil, verkürzt ausgedrückt, alle Mitglieder des Sprecherkollektivs vom gleichen Interesse geleitet sind, nämlich dem, verstanden zu werden, und weil sich deshalb im Gebrauch unreflektiert nur durchsetzt, was für das Verstehen funktional ist: „Wer nicht darauf verzichten kann und will, von seinen Mitmenschen verstanden zu werden, wird seine Mitteilungen auf eine Weise formulieren, die Erfolg verspricht, und Erfolg verspricht vor allem, was sich bereits als erfolgreich erwiesen hat" (Strecker 2009, 244). Er wird vor allem dem Gedanken Wilhelm von Humboldts folgen, dass „Niemand auf andere Weise zum Andren reden [dürfe] als dieser, unter gleichen Umständen, zu ihm gesprochen haben würde" (zit. Strecker ebd., 244). Die Äußerungen Streckers (und Humboldts) sind im gegenwärtigen Zusammenhang nicht als zu befolgende Vorschriften oder Empfehlungen wichtig, sondern als Handlungsmaximen, denen wir im eigenen Interesse selbst folgen und die wir auch beim Kommunikationspartner als wirksam unterstellen. Natürlich verfolgen wir in der Kommunikation unsere eigenen, nicht selten auch konfligierende Interessen. Doch heben die Gegensätze das gemeinsame Interesse daran, verstanden zu werden, nicht auf. Und dieser Umstand verhindert, so die Logik der Argumentation, den kollektiven Verderb der Sprache.

Dagegen geht der „gesunde Menschenverstand" von vornherein davon aus, dass beim Sprachwandel Gutes *und* Schlechtes entsteht, so wie Sternberger (in: Sternberger u.a. 1970) meint, es „müßte ja höchlich wundernehmen, wenn unter den Werken des Menschen, den Künsten und Wissenschaften, Bauten und Bildern, Schiffen und Brücken, Züchtungen und Nutzungen, Städten und Staaten, einzig seine Sprache verschont bliebe von seinen Tugenden wie von seinen Lastern" (227). Ähnlich Villiger (1966), der meint, es sei anzunehmen, dass Sprachwandel „wohl ungefähr gleich viel Erfreuliches wie Bedenkliches hervor[bringt], wie aller Wandel auf allen Gebieten menschlicher Kultur" (24f.). Als untersuchungsleitende Hypothese kann diese Meinung fruchtbar sein, weil sie den Blick öffnet für die Möglichkeit von Entwicklungen zum Schlechteren; als Feststellung über Sprachentwicklungsprozesse allgemein ist sie nur mit Einschränkungen überzeugend. Ein schwacher Punkt in der Argumentation Sternbergers ist, dass er die Sprache überwiegend mit „Werken des Menschen" vergleicht, die Produkt des intentionalen Handelns sind (Schiffe, Brücken usw.), eine Modellvorstellung, die den Mechanismen der Entstehung und der Entwicklung menschlicher Sprachen kaum gerecht wird.

Allerdings gibt es auch Linguisten, die die Möglichkeit der Entwicklung zum Schlechteren – auf einzelne Sprachwandelphänomene, nicht aber auf eine Sprache insgesamt bezogen – unproblematisch voraussetzen und um Beispiele nicht verlegen sind. So Burkhardt (2011, 100), der der „systembezogenen Sprachkritik" die Aufgabe überträgt, „argumentativ auf die Sprecher einzuwirken, um für die Kommunikation schädliche Veränderungen des Sprachsystems bzw. der Sprachnormen zu verhindern". Dass der Sprachwandel dafür Anlässe bietet, ist an dieser Stelle fraglos vorausgesetzt. Gauger hält es sogar für eine „seltsame Naivität der Sprachwissenschaftler" zu glauben, dass in einer Sprache etwas „allein deshalb gut oder in Ordnung [sei], weil es sich tatsächlich durchgesetzt hat" (Gauger 2004, 21). Es gibt ferner Sprachforscher, die bereit sind zuzugestehen, dass die vielfältigen Einflüsse, die auf eine Sprache einwirken (veränderte gesellschaftliche Bedingungen unterschiedlicher Art, Kontakte zwischen Sprachen, Entlehnungen, gegenseitige Beeinflussungen benachbarter Varietäten der gleichen Sprache) sich in Entwicklungen zum Schlechteren auswirken können, dass die Sprache aber eine sprachimmanente Tendenz zur Herstellung eines neuen Gleichgewichts habe, so dass eventuell entstandene „Schäden" im zweiten Schritt repariert werden. Dafür kann Jacob Grimm (1854, Sp. XLI) als altehrwürdiger Gewährsmann benannt werden, der meinte, dass sich in jeder Sprache „ein abhanden gekommenes gleichgewicht immer wieder von neuem her[stellt]". Auch die Sprachwandeltheorie der Prager Schule um 1930 rechnet mit einer „systemimmanenten Tendenz der Gleichgewichtserhaltung", die den diachronischen Prozessen „Sinn" und „innere Logik" gibt (Ehlers 1997, 258). Vor allem aber ist diese vermittelnde Position gut vereinbar mit der empirischen Sprachgeschichtsschreibung, der Entwicklungen zum Schlechteren ja keineswegs fremd sind. Sprachhistorische Untersuchungen bestätigen nur immer wieder, dass ein durch Sprachwandel produzierter verschlechterter Zustand in der Regel vorübergehend ist, weil er seinerseits sekundäre Wandelprozesse in Gang setzt, die die negativen Folgen neutralisieren, so dass man langfristig immer nur Umbau und nicht Abbau feststellen kann. Sprachintern begründeter Wandel erweist sich also oft als Kompensation für funktionale Einbußen, die vorangegangener Sprachwandel geschaffen hat. Zu denken ist in der Morphologie etwa an den Ausbau analytischer Formen beim Verb als Reaktion auf die Abschwächung der Endsilben; im Lexikon etwa an die Bedeutungsreduktion bei semantisch überlasteten Ausdrücken oder die Beseitigung von durch Lautwandel oder Entlehnung verursachter Homonymie, wenn die bezeichneten Begriffe auf der kognitiven Landkarte benachbart sind und ihre Auftretenswahrscheinlichkeit in konkreten Kommunikationssituationen gleich groß ist und deshalb die Gefahr von Missverständnissen besteht. So gibt es beschreibbare Mechanismen, die die Funktionstüchtigkeit der Sprache trotz des permanenten sprachlichen Wandels bewahren, ohne dass Sprachkritiker, Sprachnormierer, Kodifizierer oder andere Instanzen tätig werden müssten.

Eine linguistische Sicht auf das Problem skizziere ich am Beispiel einer neueren „Einführung in die Prinzipien des Sprachwandels" (Untertitel von Nübling u.a. 2006). In diesem Buch wird dem Leser schon im „Vorwort" versichert, dass Sprachwandel für alle Sprachen und in allen Zeiten „etwas ganz Normales" sei und dass er „nichts mit Sprachverfall zu tun" habe. Über diese Bemerkung, die für Linguisten eine Art Pflichtübung ist, mag freilich der Leser, der – vorwitzig blätternd – auf S. 198 auf das Motto zum zweiten Teil des Buches stößt, zunächst ins Grübeln geraten. Dort zitieren die Autorinnen ohne jedes Anzeichen von Distanzierung Hermann Paul ([10]1995, § 138), der den Teufel des Lautwandels als „unaufhaltsam arbeitenden Feind und Zerstörer" der „Symmetrie des Formensystems" drastisch an die Wand malt und fortfährt: „Man kann sich schwer eine Vorstellung davon machen, bis zu welchem Grade der Zuammenhangslosigkeit,

Verworrenheit und Unverständlichkeit die Sprache allmählich gelangen würde, wenn sie alle Verheerungen des Lautwandels geduldig ertragen müsste" (ebd., § 138). Zum Glück muss die Sprache das nicht, und darüber hinaus sind Reaktionen auf den Lautwandel nicht nur möglich, sondern treten fast regelmäßig mit dem Resultat auf, dass „sich die Sprache allmählich immer wieder zu angemesseneren Verhältnissen durch[arbeitet], zu festerem Zusammenhalt und zweckmäßiger Gruppierung in Flexion und Wortbildung". „So sehen wir denn in der Sprachgeschichte ein ewiges Hin- und Herwogen zweier entgegengesetzter Strömungen. Auf jede Desorganisation folgt eine Reorganisation" (ebd.). Unter dem Strich kommt Paul deshalb zum gleichen Ergebnis wie Jacob Grimm, dass es unbegründet sei, vom Verfall einer Sprache insgesamt und auf Dauer zu sprechen. Anderslautende Beurteilungen überzeugen nur auf den ersten Blick, weil sie wesentliche Gesichtspunkte unberücksichtigt lassen und zu Fehlurteilen führen:

(1) Bei genauerer Betrachtung stellt man oft fest, dass die Entwicklung in einem sprachlichen Subsystem, isoliert betrachtet, zwar tatsächlich als Verschlechterung anzusehen ist, dass sie aber mit einer Verbesserung in einem anderen Subystem in Zusammenhang steht. Um zu einer angemessenen Gesamtbeurteilung zu kommen, muss man beim Sprachwandel „von Anfang an die verschiedenen Ebenen der Sprache (ihre sog. Teil- oder Subsysteme) unterscheiden", weil Sprachwandel in diesen Subsystemen „nach jeweils eigenen Prinzipien verläuft. So verfolgt der Lautwandel ganz andere ‚Interessen' (z.B. eine sparsame Artikulation) als etwa der morphologische Wandel [...] oder gar der Bedeutungswandel, der mit der materiellen Seite der Sprache gar nichts zu tun hat" (Nübling 2006, 1).

(2) Ob ein Wandel überhaupt eine Verschlechterung oder eine Verbesserung darstellt, wird sinnvollerweise daran gemessen, ob er die Erfüllung der kommunikativen oder kognitiven Funktionen der Sprache fördert oder eher behindert. Dieser Test kompliziert sich häufig, weil ein konkreter Wandel in der einen Hinsicht einen Vorteil, in einer anderen Hinsicht aber einen Nachteil bringen kann. Nübling und Mitautorinnen zeigen z.B. im schon erwähnten Kapitel 2.2, in dem sie die langfristige Entwicklung des Deutschen seit dem Althochdeutschen von einer sogenannten „Silbensprache" zu einer „Wortsprache" nachzeichnen, dass die in diesem Zusammenhang feststellbare „Verschlechterung der Silbenstruktur" die Aussprache erschwert und also für den Sprecher unvorteilhaft ist, dass die komplementäre Verdeutlichung des phonologischen Wortes aber für den

Hörer die Rezeption erleichtert. Der Wandel ist also nicht als solcher eine Verschlechterung, sondern nur in bestimmter Hinsicht. Man mag ihn sogar unter dem Strich positiv bewerten, wenn durch ihn die gegenläufigen Sprecher- und Hörerinteressen in ein einigermaßen ausgewogenes Verhältnis gesetzt werden.

(3) In ähnlicher Weise verändern sich die Bewertungen für orthographische Festsetzungen (vgl. Nübling, Kap. 8), je nachdem ob man den Schreiber oder den Leser ins Blickfeld nimmt. Abweichungen von der phonographischen Schreibung zu Gunsten des morphologischen Prinzips, nach dem ein Morphem immer gleich geschrieben werden sollte, auch wenn in bestimmten Zusammenhängen Unterschiede in der Aussprache bestehen, dürfte im Zweifelsfall für Schreiber und Leser gemeinsam von Vorteil sein. Andere Festlegungen aber, wie die Unterscheidung der gleichlautenden Wörter *das* (als Artikel bzw. Pronomen) und *dass* (als Konjunktion) oder die Großschreibung der Substantive und der Satzanfänge, sind Erschwernisse für den Schreiber. Trotzdem kann man mit dem Argument, dass es mehr Leser als Schreiber gibt und auch die Schreiber mehr lesen als schreiben, zu einer positiven Bewertung der leserfreundlichen Alternativen kommen.

Das alles schließt aber nicht aus, dass es Sprachwandelprozesse gibt, die, zumindest im Blick auf eine bestimmte Ebene, zu Recht als Verschlechterungen angesehen werden können. Das drücken die Verfasserinnen der genannten Einführung aus, wenn sie in Kapitel 2.2 den silbenphonologischen Wandel im Deutschen unter der Überschrift „Verschlechterung der Silbenstruktur" abhandeln und später feststellen, die Reduktion der unbetonten Vokale in alt- und mittelhochdeutscher Zeit habe im Übergang zur frühneuhochdeutschen Phase zu einer „Krise" des Flexionssystems geführt.

Solche „Fehlentwicklungen" hängen, wie schon erwähnt, grundsätzlich damit zusammen, dass der Wandel auf den verschiedenen Sprachebenen (Lautsystem, Formenlehre, Syntax, Semantik) jeweils eigenen Prinzipien folgt und sich auch gegenseitig behindern kann. Solche Entwicklungen führen dann zu Ausgleichsbewegungen auf der betroffenen anderen Ebene, was in der universellen Sprachwandeltheorie von Lüdtke (1988) im stetigen Kreislauf von (lautlicher) Reduktion, (semantischer) Anreicherung und Verschmelzung und erneuter (lautlicher) Reduktion usw. seinen Niederschlag gefunden hat.

Teilprozess eines solchen Wandels ist die Vokalreduktion in den unbetonten Endsilben im Deutschen seit dem Althochdeutschen und die Kompensation ihrer negativen Konsequenzen auf morphologischer Ebene. Die phonologische Reduktion bestand zum einen darin, dass das Inventar von Vokalen im Vokaldreieck (*i, e, a, o, u*) in den unbetonten Endsilben mehr oder weniger auf einen Vokal (*e*) reduziert wurde, der seinerseits tendenziell zum sogenannten Schwa-Laut (wie z.B. in den Infinitivformen von Verben: *bringen*) abgeschwächt wurde bzw. am Ende eines Wortes (*kelbere* > *Kälber*) oder im Wortinneren (*hilfet* > *hilft*) gänzlich getilgt wurde. Noch weiter gehende Reduktionen kann man am Hilfsverb *haben* beobachten, wo im Althochdeutschen im Präsens Plural die Formen *habemes, habet* und *habent* differierten, während heute in der gesprochenen Umgangssprache *(wir) ham, (ihr) habt, (sie) ham* gebräuchlich sind. Diese phonologischen Reduktionen, die den Aufwand an Artikulation reduzierten, resultierten in einem vereinfachten Formensystem, das in einer flektierenden Sprache wie dem Deutschen wegen der verringerten Formvarianzen weniger Möglichkeiten bot, die Endsilben für morphologische Informationen zu nutzen, z.B. beim Substantiv Person, Numerus, Kasus, Genus und Definitheit formal zu markieren. Das wird – für die Kasusmarkierung – in der Gegenüberstellung der früh-althochdeutschen und der neuhochdeutschen Deklinationsformen besonders im Plural deutlich, wo nur noch der Dativ erkennbar ist (vgl. Nübling 2006, 58ff.).

Singular:	Plural:		Singular:	Plural:
lamb	lemb-ir		Lamm	Lämm-er
lemb-ir-es	lemb-ir-o	>	Lamm(e)s	Lämm-er
lemb-ir-e	lemb-ir-um		Lamm(e)	Lämm-er-n
lamb	lemb-ir		Lamm	Lämm-er

Die Schwächung der Kasusmarkierung als Nachteil des phonologischen Wandels ist aber nicht unbedingt endgültig, weil es auch andere Möglichkeiten gibt, grammatische Funktionen an der Formseite kenntlich zu machen. Das geschieht im Deutschen heute durch ein stärker ausgebautes Artikelsystem. Abgesehen vom unbestimmten Plural stellen wir heute jedem Substantiv im Gebrauch einen bestimmten oder unbestimmten Artikel voran und deren formale Variation – im Falle des Neutrums *Lamm* also *das, des, dem, das; die, der, den, die* – übernimmt, gegebenenfalls zusammen mit einem Adjektiv, die Indizierung der Kasus-Funktion an Stelle der Endung im Althochdeutschen (Nübling, Kap. 10).

6. Was – genau – wird kritisiert in der wortbezogenen Sprachkritik? Das Beispiel der Unwörter

Das Wort *Sprache* ist bekanntermaßen vieldeutig, weil mit ihm wechselnd unterschiedliche Aspekte des komplexen Phänomens Sprache bezeichnet werden. Das gilt auch für das Kompositum *Sprachkritik*. Es kommt hinzu, dass in sprachkritischen Zeugnissen oft gar nichts Sprachliches kritisiert wird, sondern entweder die begriffliche Verarbeitung der Wirklichkeit im Bewusstsein der Sprecher oder sogar die Sachverhalte selbst, über die geredet wird – gedeckt von der Auffassung, dass Sprache, Bewusstsein und bezeichnete Welt Aspekte eines komplexen Ganzen seien, dessen Elemente sich letztlich gar nicht trennen ließen.

Um die Vieldeutigkeit des Wortes *Sprachkritik* in dieser Beziehung deutlich zu machen, nutze ich das „Lexikon der Unwörter" (Schlosser 2000), das einen bequemen Zugriff auf eine große Beispielmenge von knapp 400 Einträgen verschafft, um im heterogenen Bereich wortbezogener Sprachkritik verschiedene Spielarten hinsichtlich der Art der kritisierten Phänomene zu unterscheiden. Weiter gehendes Ziel ist es, die These von der Nicht-Trennbarkeit von Sprache, Denken und Wirklichkeit insoweit zu relativieren, als der enge Zusammenhang der Ebenen den Sprachkritiker weder daran hindert, noch ihn von der kommunikativen Erwartung entbindet, das, worüber er an Ort und Stelle redet und was er negativ bewertet, zweifelsfrei als das zu kennzeichnen, was es jeweils ist. Zugleich kann das Kapitel bei der Lektüre sprachkritischer Zeugnisse als Lesehilfe in allen den Fällen dienen, in denen das Ärgernis vom Sprachkritiker nicht klar bezeichnet wird.

6.1 Was genau kritisiert wird

6.1.1 Kritik an Wortwahl und Wortgebrauch in konkreten Äußerungen. Beispiel: *Peanuts*

Eine erste Unterscheidung ergibt sich über die Frage, ob der Gebrauch des Wortes in der konkreten Äußerung eines individuellen Sprechers Widerspruch erregt oder ob etwas kritisiert wird, was mit dem fraglichen Wort zu einer bestimmten Zeit konventionalisiert verbunden ist. Im Sinne der Typologie von Peter v. Polenz in Kapitel I, 1.2 handelt es sich also um die Alternative *Sprachverwendungskritik* vs. *Sprachbrauchs-* bzw. *Sprachsystemkritik*. Auf diesen Unterschied macht Schlosser selbst aufmerksam, wenn er sagt: „Unwort-Kritik ist in einem solchen Fall [dem ersten] nicht Kritik am Wort, sondern am jeweiligen Sprecher" (Schlosser 2000, 8). Der Sprecher kann kritisiert werden, weil das Kritikwürdige seines sprachlichen Handelns nicht von den kollektiv befolgten Regeln der Sprache vorgegeben ist, sondern als von ihm individuell Gewähltes auch individuell verantwortet wird. Als Beispiel für solche *Sprecherkritik*, andere sprechen im Unterschied zu *Sprachkritik* auch von *Stilkritik*, wähle ich das Unwort des Jahres 1994.

> „Die harmlose Bezeichnung Peanuts für einen lächerlich kleinen Geldbetrag erhielt 1994 im Munde eines deutschen Großbankers eine höchst zynische Bedeutung, als er damit im Gefolge des Bankrotts eines Immobilienimperiums rund 50 Millionen DM bezeichnete. Zu diesem Zeitpunkt war die Auszahlung dieser Summe an zahlreiche anspruchsberechtigte kleinere und mittlere Unternehmen außerordentlich gefährdet, so dass sich diese Firmen in größten Existenznöten befanden." (Schlosser 2000, 46)

Peanuts war und ist, schreibt der Autor, eine „harmlose Bezeichnung". So hat er auch weder gegen die Wortform noch gegen die konventionalisierten Wortinhalte noch gegen das Wort als Fremdwort etwas einzuwenden. Kritisiert wird die Wahl des Wortes in einer bestimmten Äußerung des Bankiers. Das Wertungskriterium, auf dem die Kritik beruht, ist die konventionelle Bedeutung des Wortes, die sich unter normalen Umständen schlecht mit der Referenz auf 50 Millionen DM vereinbaren lässt. Zwar ist *Kleinigkeit* ein relativer Begriff, der in unterschiedlichen Zusammenhängen unterschiedlich große Massen bzw. Mengen bezeichnen kann; für die damaligen Gläubiger jedoch waren nicht einmal die auf sie entfallenden Teilbeträge Kleinigkeiten. – Zusätzlich könnte man an der Wortwahl aus stilistischen Gründen Anstoß nehmen; denn das Wort *Peanuts* zur metaphorischen Bezeichnung von Kleinigkeiten ist eher für das umgangssprachliche Sprechen charakteristisch und scheint der öffentlichen Situation und dem Ernst der Lage nicht ganz angemessen. Schlosser drückt eine solche Kritik aber nicht aus. Wie auch immer, zum Unwort wird *Peanuts* jenseits dieser Äußerung nicht. Der Missgriff des Bankiers 1994 brauchte und braucht niemanden davon abzuhalten, das Wort in seiner konkreten oder seiner metaphorisch abgeleiteten Bedeutung weiter zu verwenden. – In die gleiche Kategorie gehören im „Lexikon der Unwörter" die Artikel zu *Lösegeldforderung* (71), *Wohlstandsmüll* (48) und *Laienspielschar* (36), ebenso die Kritik an *Kreuzzug* im Munde von Präsident Bush als Unwort-Kandidat für das Jahr 2001.

In Bezug auf diese Spielart der Sprachkritik liegt die Frage nahe, ob es so glücklich ist, auch bei ihren Gegenständen von *Unwörtern* zu reden. Kein Wort ist dagegen gefeit, gelegentlich in Äußerungen verwendet zu werden, in die es eigentlich nicht passt. Gibt es deshalb potentiell unzählige Unwörter?

Im Weiteren ist nur noch von Sprachkritik die Rede, die sich nicht in der Kritik an individuellen Äußerungen oder Texten erschöpft, sondern Aspekte thematisiert, die in dieser oder jener Hinsicht – in der deutschen Sprache generell oder in einer bestimmten Sprachvarietät bzw. in einem Kommunikationsbereich – konventionalisiert mit dem fraglichen Wort verbunden sind. Das vorangestellte semantische Dreieck veranschaulicht im Überblick die unterschiedlichen Aspekte A-E im Beziehungsgefüge von Wortform, Wortinhalt und bezeichnetem Realitätsausschnitt, auf die sich der kritische Blick richten kann.

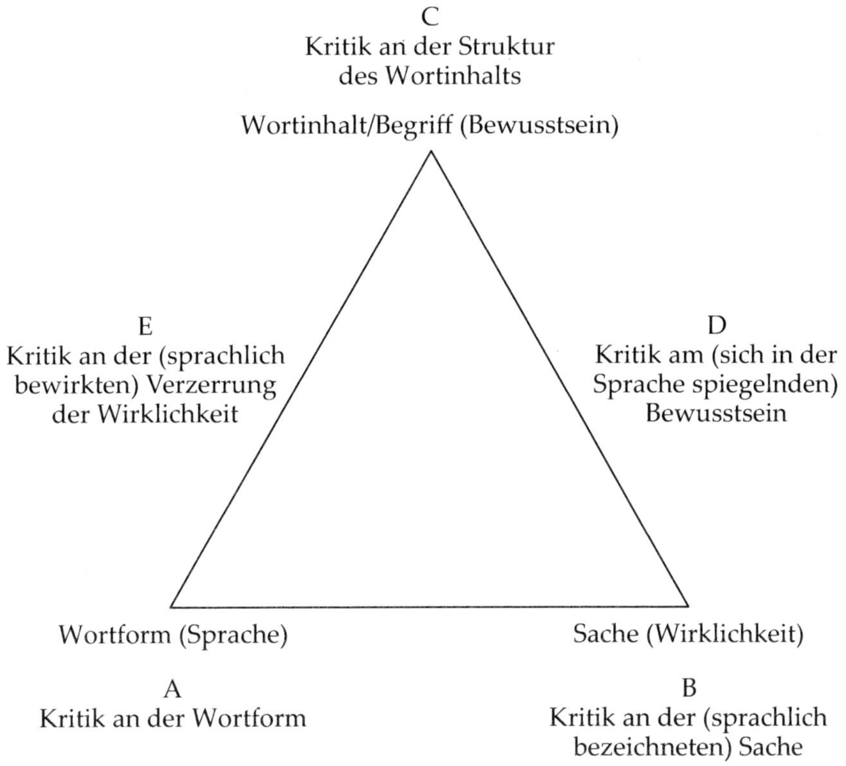

6.1.2 Kritik an der Wortform (A). Beispiel: *Ein-Eltern-Familie*

> „Der schon offiziell gebrauchte Begriff *Ein-Eltern-Familie* ist nicht nur eine Verhunzung der Grammatik, sondern beschönigt auch die Situation von Alleinerziehenden und ihren Kindern ganz im Sinne der Political Correctness. An diesem lexikalischen Ungetüm lässt sich sehr schön zeigen, wie sozialpolitisch gut gemeinte Formulierungen die eigentlichen Probleme eher verkleistern als lösen. Für die Sprachkultur sind sie erst recht kein Gewinn." (Schlosser 2000, 16)

Die Kritik an der Form, um die es in diesem Abschnitt allein gehen soll, artikuliert sich in dem Urteil „Verhunzung der Grammatik" und etwas später in der Rede vom „lexikalischen Ungetüm". Sie machen darauf aufmerksam, dass in dieser Bindestrich-Konstruktion recht gewaltsam etwas zusammengefügt ist, was eine morphologisch-grammatische Interpretation nahelegt, mit den grammatischen Regeln aber nicht vereinbar ist. Insbesondere passt die Form *ein* grammatisch weder zu *Eltern* noch zu *Familie*. Grammatisch möglich wäre so etwas wie *Ein-Elternteil-Familie*, was die Wortbildung aber auch nicht unbedingt akzeptabel macht.

In die Kategorie der Wortformkritik, für die es im „Lexikon der Unwörter" kaum weitere Beispiele gibt, gehört die Kritik an vielgliedrigen und komplexen Komposita, deren Struktur oft schwer erkennbar ist und die deshalb unter kommunikativ-funktionalen Gesichtspunkten (z.B. dem der Verständlichkeit) problematisch scheinen, ferner die Kritik an der anglisierenden Auseinanderschreibung von zusammengesetzten Ausdrücken bzw. an der Zusammenschreibung mit Großbuchstaben in der Kompositionsfuge oder auch an der hybriden Kombination von deutschen und fremdsprachlichen Wortbestandteilen. Als störend kann schließlich auch eine ästhetisch unbefriedigende oder schwer sprechbare Lautung empfunden werden.

6.1.3 Kritik an der (sprachlich bezeichneten) Sache (B): Beispiel *Ahnenpass*

> „Der in der NS-Zeit vorgeschriebene Nachweis, dass man den Normen der Rassenideologie entsprach, also rein „arischer", möglichst sogar „deutschblütiger" Abstammng war, musste in einem *Ahnenpass* dokumentiert sein. Wie andere Pässe auch wurde er von Ämtern ausgestellt, war also nicht irgendein genealogisches Papier, sondern ein Herrschaftsinstrument, das über die berufliche wie private Zukunft der Betroffenen entschied." (Schlosser 2000, 86)

Kritisiert wird in diesem Artikel primär die Vorschrift, die arische Abstammung zu dokumentieren, die in der NS-Zeit als „Herrschaftsinstrument“ genutzt worden sei. Der Artikel enthält keine Hinweise darauf, dass der Autor auch die *Bezeichnung* für das Dokument für kritisierbar hält. Im Gegenteil erscheint zumindest die Verwendung von *Pass* als Grundwort des Kompositums als angemessen, denn es heißt ja ausdrücklich, dass der Ahnenpass „wie andere Pässe auch [...] von Ämtern ausgestellt wurde“. Wenn etwas die gleichen Merkmale aufweist, ist auch der gleiche Name kaum kritisierbar. – Weitere Beispiele für Kritik, die als *Unwortkritik* formuliert ist, aber auf die Sache zielt, sind die Artikel *Ausbürgerung* (14), *Richtgeschwindigkeit* (21), *Binnendifferenzierung* (60), *Ideologiekritik* (62), *Wehrerziehung* (83) und circa 20 andere.

Die Artikel stehen für die gängige Praxis, auch dann von *Sprach*kritik zu reden, wenn der Kritiker den Namen nur als Aufhänger benutzt und eigentlich die gesellschaftlichen Sachverhalte selbst das Missvergnügen auf sich ziehen. Angeregt durch die Kritik am Wort *Sonderbehandlung* hat Lübbe ([1967] 1982) in einem einflussreichen Aufsatz schon vor mehr als 40 Jahren prägnant festgestellt, „daß die politische Sprachkritik, die sich an solchen und ähnlichen Wörtern entzündet, in Wahrheit weniger Kritik der politischen Sprache als politische und moralische Kritik dessen ist, wovon in dieser Sprache die Rede war“ (ebd., 61).

So verbreitet diese Praxis über die politische Sprache hinaus war und ist, es bleibt die Gefahr, dass dem Rezipienten bei unaufmerksamer Lektüre entgeht, dass am Wort nichts zu monieren ist und faktisch auch nichts kritisiert wird. – In dieser Spielart müssten die *Sprach*bewertungskriterien durch Maßstäbe ersetzt werden, die im jeweiligen Sachbereich sinnvoll und anerkannt sind.

6.1.4 Kritik an der Struktur des Wortinhalts (C)

Für diese Spielart gibt es im „Lexikon der Unwörter“ keine guten Beispiele. Es handelt sich um Kritik, die sich auf bestimmte Eigenschaften der Inhaltsseite der fraglichen Wörter richtet, ohne dass dabei die Beziehungen zum Lautkörper im Sinne des Typs E oder zur bezeichneten Sache im Sinne des Typs D im Vordergrund ständen. Positiv ausgedrückt gehören dazu Kritik an der *Vagheit* von Wortbedeutungen bzw. an der *Inhaltsleere* oder dem *Leerformelcharakter* von Wörtern, in historischer Perspektive an der *Bedeutungsentleerung* als Folge eines erweiterten Referenzbereichs. Ein zweiter Komplex ist die wirkliche oder vermeintliche *semantische Überlastung* durch

Mehrfachbedeutung (*Homonymie, Polysemie*), die wegen der Gefahr von Missverständnissen leicht grundsätzlich als Störfaktor empfunden wird.

6.1.5 Kritik am (in der Sprache sich spiegelnden) Denken (D). Beispiel: *ausländerfrei*

Die folgenden Typen D und E haben einen gemeinsamen Ausgangspunkt im Eindruck des Kritikers, dass das Wort nicht zum Sachverhalt passt. Ein solcher Eindruck kann sich von vornherein nur bei sprachlichen Ausdrücken einstellen, die in ihrer Wortbildung gewisse Eigenschaften der Sache abbilden, d.h. bei lautmalenden Wörtern oder in anderer Weise bei den teilmotivierten abgeleiteten und zusammengesetzten Wörtern: Eine bestimmte räumliche Einheit heißt *ausländerfrei*, weil sie ‚frei von Ausländern' ist, und das kann man im Prinzip an der Wirklichkeit überprüfen. Bei einfachen Wörtern hingegen läuft die Frage nach der Übereinstimmung von Wort und Wirklichkeit ins Leere, weil bei ihnen die Beziehung zwischen Wortform und Bezeichnetem mit einigen Ausnahmen arbiträr (unmotiviert) ist. Die Frage: „Warum heißt das Bett nicht Bild?" in Peter Bichsels gleichnamiger Geschichte kann man zwar durch die Beschreibung der historischen Entwicklung, nicht aber mit Reflexionen über die bezeichnete Sache zu beantworten versuchen. Aus dem Studium der Eigenschaften von Betten ergibt sich keine Präferenz für *Bett* gegenüber *Bild*.

Der Eindruck von Diskrepanzen zwischen dem Wort und den Merkmalen des Bezeichneten kann nun aber unterschiedliche Ursachen haben. Er entsteht entweder dadurch, dass die gleiche Sache von verschiedenen Personengruppen unterschiedlich erfahren und begrifflich verarbeitet wird: Wat dem eenen sin Uhl, ist dem andern sin Nachtigall. Die Folge sind Diskrepanzen zwischen den beiden Polen auf der rechten Dreiecksseite (Typ D). Die andere Möglichkeit ist, dass die Wirklichkeit zwar gleich erfahren wird, aber ein Interesse daran besteht, den „wahren Charakter" des Bezeichneten in der sprachlichen Benennung nicht unverhüllt sichtbar zu machen. Das führt zu Diskrepanzen zwischen den beiden Polen der linken Dreiecksseite (Typ E). Zunächst ein Beispiel für D:

> „Die Parole „Ausländerfrei!" war 1991 beim öffentlich zelebrierten Brandanschlag auf eine Ausländerunterkunft in Hoyerswerda nicht ganz zufällig das zentrale verbale Element des Exzesses. Der Anklang an die antisemitische Hetzparole „Judenfrei"! war sicher nicht ungewollt. → judenfrei S. 89." (Schlosser 2000, 87)

Der Ausdruck *ausländerfrei* verdankte seine Wahl zum Unwort des Jahres 1991 der ausländerfeindlichen Einstellung, die mit dem Wort zweifellos ausgedrückt wird, weil es nach einem bestimmten Muster gebildet ist und von den Sprechern und Sprecherinnen entsprechend diesem Muster interpretiert wird. Dass der „Anklang an die antisemitische Hetzparole [...] sicher nicht ungewollt" gewesen sei, ist möglich; die semantische Eigenart dieses produktiven Wortbildungstyps lässt sich aber auch an neueren Bildungen wie *atomwaffenfrei, cholesterinfrei, phosphatfrei* illustrieren. Solche Bildungen haben in der Rolle des Bestimmungswortes immer die Bezeichnung von etwas, was – in diesen Bildungen mit *frei* – als gefährlich, unangenehm, lästig gilt, dessen Beseitigung daher als erstrebenswertes Ziel anzusehen ist. Und genau in diese Position rückt im Falle von *ausländerfrei* das Wort *Ausländer.*

Was aber ist nun das Kritisierbare? In dem Wort drückt sich das rechtsradikale Denken und Wollen recht präzise aus, und welche andere Funktion sollte Sprache haben als eben die, das Gemeinte kenntlich und kommunizierbar zu machen. Die Beziehung zwischen Gemeintem und Gesagtem, symbolisiert von der linken Dreiecksseite, gibt deshalb keine überzeugende Handhabe für Kritik. Das Kritikwürdige ist die am sprachlichen Ausdruck erkannte ausländerfeindliche Einstellung. Was sich als *Sprach*kritik präsentiert, ist in dieser Spielart Kritik an der begrifflichen und emotionalen Verarbeitung von bestimmten Aspekten der gesellschaftlichen Wirklichkeit im Bewusstsein. Die Lösung des Problems liegt daher in einer Veränderung des Denkens, das durch Sprach*analyse* aufgedeckt wurde.

Gegen diese Beurteilung des Problems gibt es Einwände. So meint etwa Wengeler (2002, 10):

> „Dem Argument, das Denken und Handeln des Sexisten oder Rassisten ändere sich nicht, wenn er nur seine Sprache ändert, ist entgegenzuhalten, dass dies eine Unterschätzung des Einflusses sprachlicher Benennungen impliziert und dass damit ein zu simpler Zusammenhang [...] konstruiert wird".

Auf der folgenden Seite zitiert er Stötzel, der seinerseits Herder und Humboldt ins Feld führt, um die These zu begründen, dass die Wörter nicht nur auf der Seite des Sprechers eine bestimmte Weltsicht *ausdrücken,* sondern auch geeignet sind, auf der Seite des Hörers oder Lesers genau diese Weltsicht unbemerkt im Bewusstsein zu *produzieren.* Deshalb ist es sicher sinnvoll, die Rezipienten auf die in den sprachlichen Ausdrücken sedimentierten Interpretationsgehalte aufmerksam zu machen, um gedankenlosem Wortgebrauch entgegenzuwirken. Das Wort *ausländerfrei* selbst aber scheint mir, solange es eine ausländerfeindliche Einstellung gibt und der Sprecher diese ausdrücken will, kaum kritisierbar. – Weitere Beispiele für diese Spielart der Sprachkritik sind die Artikel *Menschenmaterial* (38), *Arbeitslosensockel* (42), *Warteschleife* (48), *neue Bundesländer* (72), *Abweichler* (94) und *Humanitätsduselei* (108).

6.1.6 Kritik an der (sprachlich bewirkten) Verzerrung der Wirklichkeit (E). Beispiel: *ethnische Säuberung*

> „Seit Beginn der neunziger Jahre, als die Bürgerkriege in Jugoslawien begannen, verhüllten verschiedene Kriegsparteien ihre Gräueltaten gegen Anderstämmige mit dem Begriff *ethnische Säuberung*. Hier wurde bereits in den Originalsprachen Serbisch und Kroatisch ein Bild aus der Hygiene missbraucht und durch das Attribut *ethnisch* auf einen pseudowissenschaftlichen Sockel gehoben. Dass deutsche Medien diese eigentlich durchschaubare Propagandaformel sehr häufig ohne jede Distanzierung wiedergaben, machte den Begriff auch zum Gegenstand deutscher Sprachkritik." (Schlosser 2000, 107)

Beim Beispiel *ethnische Säuberung* ist die bezeichnete Sache, ein Komplex von Maßnahmen zur Unterdrückung von Volksgruppen im ehemaligen Jugoslawien bis hin zur Ermordung, im hohen Grade verdammenswert, doch verdankt die Formulierung ihre Wahl zum Unwort nicht wie in der Spielart B dem Schlimmen der Sache, sondern dem Umstand, dass das Schlimme in der Bezeichnung nicht angemessen zum Ausdruck komme. Solche Diskrepanzen können nun in der Tat durch Änderungen auf der sprachlichen Ebene, nämlich durch Ersetzung des euphemistischen Ausdrucks *ethnische Säuberung* durch einen passenderen, beseitigt werden. Man könnte bei diesem speziellen Beispiel freilich – angesichts der schon längeren Geschichte des Gebrauchs des Wortes *Säuberungen* in diesem Sinne samt der Kritik daran – fragen, ob der ursprünglich euphemistische Ausdruck in solchen Zusammenhängen nicht schon längst seine verschleiernde Kraft verloren hat und die „eigentlich durchschaubare Propagandaformel" einer sprachkritischen Aufklärung oder irgendwelcher Distanzierungssignale gar nicht mehr bedarf. – In die gleiche Kategorie gehören die Artikel zu *Diätenanpassung* (15), *Druckgenehmigungsverfahren* (16), *Umsiedlung* (23), *unterentwickelte Länder* (40), *Entsorgung* (51) und *Konzentrationslager* (108).

Die Spielart E der Sprachkritik liegt immer dann vor, wenn von *Euphemismen, Beschönigungen, Verzerrungen der Wirklichkeit* oder Ähnlichem die Rede ist, wobei vor allem zwei Fehlerquellen zu beachten sind:

Oft setzt der Kritiker unreflektiert voraus, dass er die Wirklichkeit, so wie sie wirklich ist, sprachunabhängig erkennt, und konfrontiert seine eigene begriffliche, emotionale und bewertende Verarbeitung der Wirklichkeit mit dem, was an der Formseite des kritisierten Wortes über die Wirklichkeit ablesbar ist. Dabei bleibt verborgen, dass das, was wie eine (beabsichtigte) Verschleierung der Wirklichkeit erscheint, auch Ergebnis einer perspektivischen Sicht auf die Dinge sein kann, die zum Gegenstand der Kritik im Sinne der Spielart D gemacht werden könnte. Dass die Parlamentarier öffentlich lieber von einer *Diätenanpassung* und nicht von *Diätenerhöhung* reden, wenn es um ihre eigenen Bezüge geht, hat zwar sicherlich seinen rhetorisch-persuasiven Sinn. Doch ist auch *Diätenerhöhung* keine sozusagen objektive Alternative. Die Maßnahme, die bezeichnet wird, besteht in einer *Anpassung* an die durch Inflation gestiegenen Lebenshaltungskosten, die immer wieder in einer *Erhöhung* resultiert, weil das Geld leider die Gewohnheit hat, an Wert zu verlieren. In den Wortalternativen wird jeweils eine der beiden Eigenschaften der Maßnahme für die Wortbildung selektiert, die andere wird veruntreut. Eine unparteiische Bezeichnung, in der natürlich auch nicht alle Eigenschaften des Bezeichneten zur Geltung kommen können, wäre (was ich hiermit nicht vorgeschlagen haben will) *Diätenanpassungserhöhung*. Ähnlich bei der Alternative *Solidaritätszuschlag* vs. *-abschlag* bzw. *-abzug* (22). Kein Zweifel, dass *Solidaritätszuschlag* aus der Sicht seiner Erfinder die geschicktere Benennung ist; sie ist aber nicht *falsch* und *Solidaritätsabzug* ist nicht *richtiger.* Als (prozentual errechneter) *Zuschlag* zur Einkommenssteuer bewirkt das Bezeichnete zugleich einen zusätzlichen *Abzug* vom Bruttoeinkommen.

Die zweite Fehlerquelle liegt im zu starken Vertrauen in die wörtliche Bedeutung der behandelten Wörter, die übersieht, dass auch ursprünglich motivierte Bildungen mit der Zeit demotiviert werden können und somit das, was an der Wortform ablesbar ist, nicht mehr mit der kommunikativ relevanten Bedeutung des Ausdrucks übereinstimmt (vgl. auch Kapitel II, 2). Wie immer man das Wort *Konzentrationslager* in den 20er, 30er oder 40er Jahren sprachkritisch bewerten mag, wer heute mit Verweis auf die wörtliche Bedeutung vor diesem Wort warnt, weil es eine die Wirklichkeit verzerrende Bildung sei, übersieht, dass es ziemlich absurd ist anzunehmen, das Wort hätte für den gegenwärtigen Sprecher des Deutschen die Bedeutung ‚Lager, in dem jemand/etwas konzentriert/gesammelt ist'. Die schlimme Wirklichkeit hat den ursprünglich verharmlosenden Ausdruck längst eingeholt, so dass er selbst die Bedeutung des vorgeschlagenen Ersatzwortes *Vernichtungslager* angenommen hat. Ähnlich steht es mit Ausdrücken wie *liquidieren* und *(ethnische) Säuberung*. Man darf in der Analyse nicht den direkten Weg von der Wortform zur bezeichneten Sache nehmen, ohne an der Dreiecksspitze zu überprüfen, ob das, was die Wortform wörtlich ausdrückt, (noch) die Bedeutung trifft, die wir mit dem Ausdruck verbinden.

Hat man diese Klippen gemieden und mit Grund auf der linken Dreiecksseite eine durch den sprachlichen Ausdruck bewirkte Diskrepanz zwischen Wort und Wirklichkeit festgestellt, so besteht die Lösung des Problems tatsächlich in einer Veränderung auf sprachlicher Ebene. Insofern gehört die Spielart E zur Sprachkritik im engeren (wörtlichen!) Sinne.

6.2 Erwünschtheit der Trennung von Sprache, Denken und Wirklichkeit in der wortbezogenen Sprachkritik

Die im vorigen Kapitel kommentierten Beispiele zeigen, dass unter dem Etikett *Sprachkritik* mancherlei versammelt ist, ohne dass die Verschiedenheit von den Sprachkritikern selbst thematisiert würde. Im Gegenteil fördert der zum Teil inflationäre Gebrauch des Wortes *Sprachkritik* die Vorstellung, es ginge immer um die Wörter, auch wenn das eigentlich nicht zutrifft. Solche Unklarheiten in der Zielrichtung sind allerdings keine Eigentümlichkeit der Sprachkritiker. Man findet sie auch in der alltagsweltlichen Sprachreflexion der normalen Sprecher, deren Nachdenken über Sprache in der Regel durch Irritationen in der laufenden Kommunikation ausgelöst wird. Etwas stört, etwas fällt auf, etwas ist missverständlich, scheint falsch, ein sprachliches Verhalten scheint moralisch verwerfbar o.Ä. Immer ist in dieser oder jener Weise Sprache im Spiel. Wir machen uns in solchen Situationen aber keineswegs immer klar, was genau es ist, das uns stört, und vielleicht ist das in den alltagsweltlichen Kontexten auch nicht unbedingt nötig. Angelika Linke (2001) hat in einer Analyse des Ausdrucks *Kids* die Auffassung vertreten, es wären, obwohl das Missvergnügen als Kritik am Wort formuliert wird, auch in diesem Fall wohl eher bestimmte gesellschaftspolitische Veränderungen, die störend wirkten. Der Ärger kann sich leicht vom Esel auf den Sack verschieben. So verbreitet und verständlich solche Reaktionen sind, es bleibt unbefriedigend, wenn Sprachkritiker derartige Verschiebungen nur reproduzieren. Wozu brauchte man sie, wenn nicht, um uns ein bisschen schlauer zu machen, als wir ohne sie sind?

Dass eine genauere Kennzeichnung der Ebene, auf der die jeweils kritisierten Sachverhalte liegen, wünschenswert ist, kann man sich leicht klar machen, wenn man sich die Ziele der sprachkritischen Tätigkeit (vgl. Kapitel I, 1.3) vor Augen führt:

Im Falle der wortbezogenen Sprachkritik liegt es nahe, Sprachkritik als Aufforderung zu begreifen, die jeweils kritisierten Wörter zu vermeiden. So plausibel diese Deutung zunächst scheint, leuchtet sie doch in vielen Fällen nicht ein. Zwar kann man zugeben, dass mit den verdächtigten Wörtern meistens irgendwie Kritikwürdiges verbunden ist. Dieses ist aber von Fall zu Fall unterschiedlicher Art und erfordert deshalb unterschiedliche Problemlösungen. Wer die Binnendifferenzierung im Klassenzimmer (Schlosser 2000, 60) für eine unnütze pädagogische Maßnahme hält, muss versuchen, auf geeignete Weise auf die Schulpolitik Einfluss zu nehmen. Stattdesssen das Wort zu kritisieren, schafft keine Abhilfe, und seine Ersetzung macht die Sache nicht besser. – Oder: Dass jemand seinem Ärger über bürokratische Zugriffe auf vormals selbstbestimmte Lebensbereiche im Schimpfen über das Wort *durchführen* Luft macht, ist psychologisch nachvollziehbar. Trotzdem bleibt die Wortkritik nur eine verschobene Sachkritik. Das wird offenbar, wenn die Bürokraten ihre durchführenden Maßnahmen stattdessen *betreuen* nennen. Damit kommt man, was die Sache betrifft, vom Regen in die Traufe, nur dass man sich jetzt mit größerer Berechtigung auch noch über das Wort ärgern kann.

Ein zweites, häufig genanntes sprachkritisches Ziel ist weniger Veränderung als Bewusstmachung, damit die befürchteten schädlichen Wirkungen der kritisierten Ausdrucksweisen auf das Denken ihre Kraft verlieren. Auch für diese Zielsetzung, die eine bessere Einsicht in die Beziehungen zwischen Sprache, Denken und Wirklichkeit fördern will, gilt gleichermaßen, dass man die Ebenen analytisch trennen muss; denn wie will man etwas über die Beziehungen von X, Y und Z erkennen, wenn man die beteiligten Elemente nicht auseinanderhält. Ferner muss man sich den eigentlichen Stein des Anstoßes auch deshalb klar machen, weil die Begründbarkeit der Wertungsmaßstäbe variiert, je nachdem, ob man es mit Sprachlichem zu tun hat, mit Bewusstseinszuständen oder mit den Sachverhalten, die im Referenzbereich der Ausdrücke liegen.

Gegen die Kritik an der Unklarheit darüber, was genau das Kritikwürdige ist, wird nicht selten eingewendet, dass die Ebenen so eng miteinander verbunden seien, dass sie sich gar nicht trennen ließen. Das scheint mir nicht geradezu falsch, aber auch nicht ganz richtig zu sein; denn: Was immer man Richtiges über den engen Zusammenhang von Sprache, Denken und Wirklichkeit sagen kann, die Zusammenhänge können begründen, dass der Sprachkritiker nicht nur über die Wörter, sondern auch über das dahinterstehende Denken bzw. die bezeichneten Sachen reden müsse. Die Forderung aber, klar zu indizieren, worüber er in der jeweiligen Äußerung redet (und was er kritisiert), bleibt berechtigt. Diese Auffassung vertreten auch Frohning u.a. (Hg., 2002, 2), die die Tatsache, dass Sprachkritik „oft als Stellvertreterkritik für umfassende kulturelle oder politische Diskurse geübt wird", nicht als solche kritikwürdig finden, wohl aber, wenn dies geschieht, „ohne die zugrunde liegenden Motivationen transparent zu machen" (ebd.). In solchen Fällen müssen Leser und Leserin selbst versuchen, sich Klarheit zu verschaffen. Das gelingt bei der Lektüre von Zeugnissen wortbezogener Sprachkritik in der Regel mit der Testfrage: Was – genau – müsste verändert werden, wenn das geäußerte Unbehagen gegenstandslos werden soll? Lässt sich das Problem sprachlich lösen? Müssen die Einstellungen gegenüber den Sachverhalten verändert werden? Oder muss der Gegenstand oder Sachverhalt, auf den wir mit dem fraglichen Wort referieren, selbst beseitigt oder verändert werden?

Zusammengefasst lässt sich festhalten, dass die Wörter selbst viel seltener das Problem sind, als es der oberflächliche Anschein vermuten lässt. Insbesondere erweist sich die nahe gelegte Konsequenz, die fraglichen Wörter nicht mehr zu verwenden, meist als unnötig, wenn nicht sogar als gänzlich verfehlt – und dies aus mehreren Gründen:

- Die als Kritik am Wort formulierte Kritik betrifft eigentlich nicht das Wort, sondern einen ungeschickten oder auch strategisch gewollten Gebrauch des Wortes in einer konkreten Äußerung.
- Die als Kritik am Wort formulierte Kritik zielt eigentlich auf die bezeichnete Sache oder auf eine bestimmte Deutung dieser Sache. Um das Kritikwürdige zu beseitigen, müsste deshalb die Sache bzw. die Einstellung zu der Sache verändert werden.
- Die als Kritik am Wort formulierte Kritik beruht auf einer Fehldeutung des Sprachkritikers, die darin besteht, dass der Kritiker in Unkenntnis der eigenen Perspektivität naiv davon ausgeht, dass er die Wirklichkeit so erfährt, wie sie wirklich ist, und dass jeder Gutwillige das genau so sehen müsste. Stellt er nun trotzdem fest, dass die Wörter nicht zu seiner Wahrnehmung der Wirklichkeit passen, bleibt nur die Möglichkeit, dem Anderen Unvermögen oder böse Absichten zu unterstellen.
- Die als Kritik am Wort formulierte Kritik ist häufig ungerechtfertigt, weil das Wort inhaltlich nicht das ausdrückt, was behauptet wird. Der Grund dafür liegt in einer fehlerhaften Bedeutungsanalyse, die die wörtliche Bedeutung ursprünglich motivierter Wortbildungen zu Unrecht mit der gegenwärtig kommunikativ relevanten Bedeutung des Wortes gleichsetzt.

- Nicht in diesem Kapitel behandelt, aber ergänzt sei der Fall, dass die als Kritik am Wort allgemein formulierte Kritik eigentlich nur auf eine seiner Gebrauchsweisen zielt. Um das Kritikwürdige zu beseitigen, würde also genügen, diese eine Gebrauchsweise zu vermeiden. (Vgl. Dieckmann 2001 am Beispiel der Sprachkritik Klemperers.)

7. „Belastete Wörter“ als Gegenstand und Resultat sprachkritischer Reflexion. Plädoyer für einen veränderten Umgang mit einem Aspekt der „Vergangenheitsbewältigung“

7.1 „Belastete Wörter“

Wenn man den Begriff „belastetes Wort“ in der Zeitung, im Rundfunk oder Fernsehen hört oder liest, kann man ziemlich sicher sein, dass das gemeinte Wort in dieser oder jener Weise mit dem Dritten Reich zu tun hat. Doch ist die Möglichkeit, dass Wörter durch die assoziativ mit ihnen verbundene Erinnerung an den Gebrauch in früherer Zeit als belastet empfunden werden können, nur die spezielle Ausprägung des allgemeinen Sachverhalts, dass im Wortwissen der Sprecher einer Sprache kollektiv nicht nur Informationen darüber gespeichert sind, auf welche Ausschnitte der Wirklichkeit man sich mit welchen sprachlichen Ausdrücken beziehen kann, sondern auch Informationen über ihre hauptsächlichen Verwendungszusammenhänge. Sie sind deshalb in verschiedenen Dimensionen – dialektal, soziolektal, funktionalstilistisch oder eben auch historisch – *markiert*, und da mit der Markierung oft Bewertungen verbunden sind, kann der Gebrauch des einen Wortes als Prestigewort gefördert, der eines anderen als belastetes Wort behindert werden.

Historisch markierte Wörter nun, die im Gebrauch Erinnerungen an ihre Verwendungszusammenhänge im Dritten Reich auslösen, hat die Sprachkritik seit dem zweiten Weltkrieg kontinuierlich beschäftigt, und sie sorgten in der öffentlichen Diskussion immer wieder für kleinere oder größere Aufregungen. Zum Einstieg ein Blick auf eine der größeren Aufregungen aus der jüngeren Vergangenheit.

7.2 Der Fall Meisner

Am 14. September 2007 hielt Kardinal Meisner auf der kirchlichen Feier zur Einweihung eines neuen Museums in Köln eine Predigt, in der er nach Pressezeugnissen (alle den Fall Meisner betreffenden Zitate in diesem Abschnitt stammen aus dem Berliner „Tagesspiegel“ vom 17.9.- 24.9.2007.) u.a. sagte:

> „Dort, wo die Kultur vom Kultus, von der Gottesverehrung abgekoppelt wird, erstarrt der Kultus im Ritualismus und die Kultur entartet. Sie verliert ihre Mitte."

Darin steckt eine grundsätzliche Aussage über Kunst und Kultur, über die zu streiten lohnt, und die Äußerung enthält eines dieser belasteten Wörter: *entartet*. Was erregte nun die journalistischen Kommentatoren und die in großer Zahl Stellung nehmenden Präsidenten, Vorsitzenden und Geschäftsführer aller möglichen kirchlichen, politischen und kulturellen Institutionen? Es gab einerseits Stimmen, die sich kritisch allein auf die inhaltliche Aussage und damit auf das Kulturverständnis des Kardinals bezogen, ohne das Wort *entartet* zu erwähnen. Andere kritisierten ausdrücklich Inhalt *und* Wortwahl. So der Kulturstaatsminister Bernd Neumann: „Diese Äußerung – selbst aus dem Zusammenhang gerissen – ist vom Inhalt wie von der Sprache, wenn man das Wort entartet nutzt, für mich völlig inakzeptabel." Wiederum andere nahmen die inhaltliche Stellungnahme des Kardinals von der Kritik ausdrücklich aus und kritisierten nur die Wortwahl. So der Geschäftsführer des deutschen Kulturrates, Olaf Zimmermann: „An Kardinal Meisners kulturellen Rundumschlägen ist nicht seine Meinung zur Kunst zu kritisieren, sondern seine für einen hohen Würdenträger der katholischen Kirche erstaunlich unbedachte Wortwahl." Unter dem Strich gibt es also keine eindeutige Antwort auf die Frage, was die Kritiker an der Äußerung gestört hat: Manche stört das Wort, manche die inhaltliche Aussage, manche beides zusammen, und in vielen Reaktionen bleibt die Entscheidung offen. Das ist noch vier Monate später im Januar 2008 bei der Bekanntgabe des Unwortes für 2007 der Fall, bei welcher Gelegenheit die Formulierung des Kardinals bzw. das Wort *entartet* den dritten Platz erhielt. Im Vagen blieb auch in diesem Zusammenhang, wie man von der Tatsache, dass „entartete Kunst" ein Schlüsselbegriff in der NS-Zeit war, zu der Bewertung kommt, dass auch die Verbform *entartet* in der Rede Meisners, prädiziert von einer Kultur ohne religiöse Bindung, ein Unwort war oder möglicherweise ein Unwort ist, wo immer es auftaucht. Klar aber ist eins: Der unmittelbare Anlass der medialen Aufregung war wie so oft der Gebrauch eines verdächtigen *Wortes*. Hätte der Kardinal sich damit begnügt zu sagen, die Kultur *verlöre ihre Mitte* oder – drastischer – die Kultur *verkomme* (statt *entarte*), dann hätte es vielleicht auch den einen oder anderen Kommentar im Feuilleton gegeben, zu einem mehrtätigen nationalen Medienereignis wäre es aber vermutlich nicht gekommen. – Soweit zunächst zum exemplarischen Fall. Im Folgenden ein kursorischer Blick auf die betroffenen Wörter und die unterschiedlichen Spielarten ihrer Belastung. Im Anschluss an die Literatur unterscheide ich drei sich überschneidende Gruppen von Wörtern.

7.3 Belastete Wörter als *Gegenstand* sprachkritischer Reflexion und die Spielarten der Belastung

7.3.1 Ideologiehaltige Wortbildungen, die NS-Gedankengut tradieren

Vor dem Hintergrund der Auffassung, dass die Sprache bei der Durchsetzung und Aufrechterhaltung des Nationalsozialismus in Deutschland zwischen 1933 und 1945 eine nicht unbeträchtliche Rolle gespielt habe, bestand in der Nachkriegszeit das Bestreben, auch die Sprache zu entnazifizieren, um zu verhindern, dass die in der Sprache sedimentierten ideologischen Inhalte weiterhin eine schädliche Wirkung ausüben konnten. Dieses Ziel ist bis heute ein wichtiger Beweggrund für die sprachkritische Auseinandersetzung mit der Sprache des Nationalsozialismus geblieben. Wörter, bei denen die Befürchtung, sie könnten die Fortwirkung von NS-Gedankengut unterstützen, zumindest diskutabel ist, sind teilmotivierte Wörter und Wendungen wie *Aufnordung, Entjudung, Herrenrasse, lebensunwertes Leben, Menschenmaterial, Rassenschande, Untermensch, Völkerbrei* oder auch *fanatisch* im positiv konnotierten Gebrauch. Diskurszusammenhänge, in denen solche Wörter gelegentlich heute noch vorkommen, sind:

- bewusste Tradierung oder Wiederbelebung NS-naher Denkinhalte im Rechtsradikalismus;
- gedankenlos-fahrlässiger Gebrauch, ohne dass sich die Sprecher über die in den Wörtern sedimentierten Inhalte im Klaren sind – ein Hauptmotiv sprachkritischer Beschäftigung mit den Nachwirkungen der NS-Sprache seit dem Wörterbuch des Unmenschen (Sternberger u.a. 1970) und seit Klemperer ([17]1998) bis in die jüngste Zeit;
- Reproduktion von NS-Selbstbezeichnungen wie *Anschluss, Ermächtigungsgesetz, Machtergreifung, Nationalsozialismus, Reichskristallnacht* in der Geschichtsschreibung und in der publizistischen Aufarbeitung des Dritten Reiches mit der Gefahr, dass auch die damaligen Deutungen und Bewertungen der jeweiligen Sachverhalte bestätigt werden.

Das Movens der Kritik an der Weiterverwendung solcher NS-Wörter ist also die Befürchtung, mit den Wörtern könnte, beabsichtigt oder unbeabsichtigt, auch NS-Gedankengut transportiert werden. Vorausgesetzt ist dabei die Auffassung, dass die als verderblich erachteten ideologischen Inhalte schon in der Wortbildung stecken und sich nicht erst im konkreten Kontext der jeweiligen Äußerung ausbilden. Allerdings ist die Zielrichtung der Kritik in den genannten Zusammenhängen unterschiedlich: In der Kritik an rechtsradikalen Schriften ist das, was auf der Oberfläche sich als *Sprachkritik*, als Kritik an „belasteten Wörtern" artikuliert, oft eigentlich Kritik an den ausgedrückten Inhalten. Anders bei sprachkritischen Warnungen vor dem fahrlässigen Gebrauch. In diesem Fall geht der Sprachkritiker ja davon aus, dass die Wörter zwar kritisierbare Denkinhalte enthalten, dass diese den Auffassungen des Sprechers, der nur unbedacht von *Menschen-* oder *Schülermaterial* spricht, aber nicht entsprechen. Die Lösung des Problems liegt in diesem Fall wirklich in einer Modifikation auf der sprachlichen Ebene. Das Gleiche sollen Ersatzwörter für NS-Selbstbezeichnungen in der publizistischen und wissenschaftlichen Vergangenheitsbewältigung leisten: *Reichspogromnacht* statt *Reichskristallnacht*, *Faschismus* statt *Nationalsozialismus*, *Vernichtungslager* statt *Konzentrationslager* usw.

7.3.2 Wörter, die an das Dritte Reich erinnern, aber eigentlich „unschuldig" sind

Unter den Ausdrücken, die in der öffentlichen Sprachreflexion als NS-indiziert gelten, gibt es viele, von denen man beim besten Willen nicht behaupten kann, dass sie als Wortbildungen NS-Ideologie enthalten. Sie werden allein deshalb als belastet empfunden und mit einem Tabu belegt, weil sie an die NS-Zeit erinnern oder erinnern könnten. Oft handelt es sich um Ausdrücke, die, wie Sternberger es im Vorwort zum „Wörterbuch des Unmenschen" ausgedrückt hat, „von Haus aus harmlose, ja rechtschaffene Wörter" sind (Sternberger u.a. 1970, 10), die schon vor oder neben dem NS-Gebrauch unproblematische Gebrauchsweisen hatten und im Prinzip nach dem Ende der NS-Herrschaft wieder haben könnten, zum Teil um Wörter aus ganz alltäglich-unpolitischen Zusammenhängen. Beispiele werden in den folgenden Zitaten benannt:

> „Das Wort ‚Lager', so harmlos es einmal war und wieder werden mag, können wir doch auf Lebenszeit nicht mehr hören, ohne an Auschwitz zu denken" (Vorbemerkung 1967, in: Sternberger u.a. 1970, 10).

> „Wie sollte das Wort ‚spritzen' jemals eine vernünftige Bedeutung wiedererlangen, nachdem es für Millionen das Spritzen jüdischen Blutes, das durch Messerspitzen verursacht wurde, bedeutet hatte" (Bemerkung von George Steiner 1960, zit. in: Handt (Hg.) 1964, 12f.)

> „Es besteht kein Zweifel, daß Wörter, mit denen viel gelogen worden ist, selber verlogen werden. Man versuche nur, solche Wörter wie ‚Weltanschauung', ‚Lebensraum' und ‚Endlösung' in den Mund zu

nehmen; die Zunge selber sträubt sich und spuckt sie aus" (Weinrich 1966, 33f.).

„Insbesondere kollektive Erfahrungen können Wörter semantisch bis zur Unerträglichkeit und Unverwendbarkeit belasten. Wer würde heute noch Wörter wie ‚Endlösung', ‚Sonderbehandlung' oder ‚Vergasung' ohne Arg benutzen wollen, obgleich auch diese Wörter einmal höchst ‚unschuldig' waren!" (Schlosser 1995, 137).

„Wer gedankenlos davon spricht, er habe *das bis zur Vergasung diskutiert*, kann und sollte darauf aufmerksam gemacht werden, was er da gerade gesagt hat" (Schneider 2005, 175).

Warum stellt das bloße Erinnerungspotential solcher Wörter ein Problem dar, auch wenn sie in gänzlich unpolitischen Zusammenhängen verwendet werden? Zum Beispiel, wenn man eine gerissene Leine notdürftig zusammenknüpft und dazu sagt: „Das machen wir vorläufig so; eine Endlösung müssen wir uns noch überlegen!" Einen wichtigen Grund nennt Wengeler (2002, 12): Solche Wörter sollten in der öffentlichen Sprache „mit Rücksicht auf die Gefühle der Opfer und ihrer Nachkommen" vermieden werden, damit die Betroffenen nicht (unnötig) an ihre Leiden erinnert werden. Anders als bei den Opfern ist das Vermeiden der Erinnerung bei den Tätern und der Masse der unbeteiligt-beteiligten Deutschen natürlich kein akzeptiertes Ziel. Doch gibt es, auch aus ihrer Perspektive betrachtet, Gründe, Wörter, die im Bewusstsein NS-markiert sind, zu vermeiden, weil die assoziative Erinnerung an die vergangenen Gebrauchskontexte in den oft ganz anderen thematischen Zusammenhängen der gegenwärtigen Kommunikation immer ein potentieller Störfaktor ist.

7.3.3 Wörter mit Diskriminierungspotential in der politischen Auseinandersetzung seit 1945

NS-Wörter wurden nach dem Ende der NS-Herrschaft und werden bis heute außerdem verwendet, um einem innen- oder außenpolitischen Gegner Denk- oder Verhaltensweisen zuzuschreiben, die ihn in die Nähe der Nationalsozialisten rücken. Beispiele aus nicht ganz ferner Zeit sind der Gebrauch von *Anschluss* für die Vereinigung der Neuen Länder mit der alten Bundesrepublik um 1990, der Gebrauch von *Konzentrationslager* zur Bezeichnung eines Lagers für islamistische Gefangene in den USA, der Gebrauch von *Vernichtungskrieg* im Munde des ehemaligen Ministers Blüm zur Bezeichnung von Aktivitäten der israelischen Regierung und immer mal wieder der Gebrauch von *Machtergreifung* für die Regierungsübernahme irgendeines Potentaten in der Welt. In dieser Funktion sind sogar Ausdrücke zweckdienlich, die erst nach dem Ende des Dritten Reiches zur Bezeichnung von NS-Sachverhalten gebräuchlich wurden (*Holocaust*, *Vernichtungskrieg*). Die Gefahr, dass NS-Ideologie vermittelt werden könnte, besteht in dieser Verwendung nicht, weil die Möglichkeit der Diskriminierung ja eine Verurteilung des Nazi-Vorgehens und deshalb eine mit den Wörtern verbundene negative Bewertung voraussetzt. Die sprachkritische Thematisierung solcher „Nazi-Vergleiche" (dazu Stötzel 1989, Eitz/Stötzel [Hg.] 2007) hat andere Funktionen: Sie schützt die Diskriminierten, und sie stützt das Bewusstsein von der Einzigartigkeit der nationalsozialistischen Herrschaft und ihrer Verbrechen gegen alle Tendenzen zur Relativierung durch Vergleich.

Soweit in Kürze zu den „belasteten Wörtern" als *Gegenstand* der Sprachkritik. Im folgenden Abschnitt zu der Titelaussage, die „belasteten Wörter" seien zugleich auch *Resultat* der sprachkritischen Reflexion.

7.4 Die Belastung als *Resultat* sprachkritischer Reflexion

Für die Zeitgenossen des „Dritten Reiches" war nach 1945 mit zahlreichen Ausdrücken die Erinnerung verknüpft, dass sie in charakteristischer Weise mit den vergangenen Zuständen und Denkweisen zu tun hatten. Solche Fixierungen auf frühere Verwendungsweisen, die die Weiterverwendung der Wörter behindern, können im Prinzip durch sich entwickelnde neue Verwendungskontexte später wieder aufgelöst werden. Das Eigentümliche an der jüngsten deutschen Sprachgeschichte ist aber, daß die mögliche Ausbildung neuer oder die Wiederbelebung älterer Gebrauchsweisen in dem hier besprochenen Teilbereich des Wortschatzes in den Jahrzehnten seit 1945 stark verzögert worden ist, und zwar ganz wesentlich als Effekt der öffentlichen Sprachdiskussion, die die an den Wörtern haftende Erinnerung in der ersten Generation immer wieder gestützt und in den späteren Generationen zum Teil erst aufgebaut hat. So kann man bei einem Wort wie *betreuen* fragen, ob der beklagte „Missbrauch" während des „Dritten Reiches" nicht schon vor langer Zeit kollektiv vergessen worden wäre, wenn das Wort nicht über Jahrzehnte hinweg immer wieder als belastetes Wort sprachkritisch thematisiert worden wäre. Es ist bei diesem Wort sogar nicht ganz abwegig zu fragen, ob die NS-Markierung nicht von Anfang an weniger auf der kollektiven Erinnerung an den vergangenen Sprachgebrauch beruhte als darauf, dass es in das „Wörterbuch des Unmenschen" aufgenommen worden war und in der Diskussion über dieses Buch eine große Rolle gespielt hat.

Verallgemeinert lautet die These, dass heute vornehmlich Wörter als belastet empfunden werden, die in der sprachkritischen Reflexion nach dem Ende der nationalsozialistischen Herrschaft als NS-typische Wörter thematisiert wurden und in den Jahrzehnten seitdem in dieser Rolle metakommunikativ gestützt worden sind: Belastung nicht als Resultat des Gebrauchs im „Dritten Reich", sondern als Resultat sprachkritischer Reflexion nach dem Ende der NS-Herrschaft. Diese These hat für die Generationen von Deutschen, die nach 1945 geboren wurden, von vornherein die größere Plausibilität, weil die Belastung bei ihnen ja gar nicht aus der kommunikativen Erfahrung des Dritten Reiches stammen kann, sondern nur vermittelt mit dieser Zeit verbunden ist. Gegenwärtig sind die Urenkel der Zeitgenossen gerade zu Schulkindern herangewachsen, die kaum noch eine Möglichkeit haben, über Geschichten einer Urgroßmutter eine biographische Kontinuität zum Dritten Reich herzustellen. Schon 1989 glaubte deshalb Bremerich-Vos, bei den Enkeln, „deren Elterngeneration an der Nazi-Zeit keinen persönlichen Anteil mehr hatte" (Bremerich-Vos 1989, 321f.), eine deutlich veränderte Situation und eine andere Art der Erfahrung des Dritten Reiches feststellen zu können. Im gleichen Jahr meint Ehlich, „für die jüngere Generation" scheine „der deutsche Faschismus zur fernen Episode zu werden, Bestandteil einer Zeit, die kaum mehr zugänglich ist" (Ehlich 1989, 8), und Ivo (1986) hatte schon drei Jahre zuvor einen Aufsatz zu den „generationsbedingten Veränderungen des Redens über die Nazi-Zeit" geschrieben mit der in Frageform gekleideten Erwartung, dass Hitler für die Kinder „bald eine Art Napoleon" werden würde.

Für die Entstehung, Verfestigung und Aufrechterhaltung einer NS-Indizierung sprachlicher Ausdrücke ist deshalb bei den nachwachsenden Generationen zunehmend die öffentliche Thematisierung der NS-Sprache und ihrer Weiterverwendung in Sprachkritik und Publizistik bedeutsam geworden. Auch die Aktion „Unwort des Jahres" im Verein mit der lebhaften Berichterstattung darüber in Presse, Funk und Fernsehen unterstützt die NS-Indizierung mancher Wörter, da bei den gewählten Unwörtern bzw. den Unwort-Kandidaten der Bezug auf das Dritte Reich, wie man am „Lexikon der Unwörter" (Schlosser 2000) ablesen kann, häufig eine Rolle spielt. Kontinuierlicher Bestandteil der öffentlichen Sprachdiskussion sind ferner bis heute die erwähnten Nazi-Vergleiche, die fast immer ein lebhaftes Echo in den Zeitungen und Zeitschriften hervorrufen.

Im Unterschied zu der nur indirekten Teilhabe am „Dritten Reich" bei den nach 1945 Geborenen haben sich NS-Markierungen bei den seinerzeit erwachsenen Zeitgenossen tatsächlich in der kommunikativen Praxis zwischen 1933 und 1945 ausgebildet. Und sicherlich gibt es solche originären sprachlichen Erfahrungen bei den Älteren bis heute. Dennoch spricht vieles dafür, dass die heutige Verknüpfung mit der NS-Zeit auch bei den Zeitgenossen des „Dritten Reiches" vordringlich auf der Verwendung dieser Wörter nach 1945 beruht. Das gilt zweifellos für Wörter wie *Sonderbehandlung* und *Endlösung*, die vor 1945 nur in Situationen eingeschränkter, nämlich institutionsintern-dienstlicher Öffentlichkeit eine Rolle gespielt haben. Aber auch für das Vokabular, das nachweislich Teil der öffentlichen Sprachpraxis vor 1945 war und über Zeitungslektüre oder Rundfunk die Zeitgenossen erreicht hat, sind die Erinnerungen inzwischen von der späteren sprachreflexiven Diskussion überlagert, so wie sich die autobiographische Erinnerung ja auch in anderen Hinsichten oft weniger auf die vergangenen Ereignisse bezieht als auf Erzählungen, Briefe, Fotografien (Kinder-, Festtags-, Urlaubsbilder), in denen diese Ereignisse dokumentiert wurden.

7.5 Zum Prozess möglicher Entlastung

Trotz der erwähnten Verzögerung ist die NS-Markierung bei vielen einschlägigen Wörtern nach über 60 Jahren, wenn überhaupt, nur noch abgeschwächt vorhanden. Man darf sich freilich in dieser Frage nicht am Sprachbewusstsein der Sprachkritiker und Sprachwissenschaftler orientieren. Sie sind für diesen Zweck notorisch unzuverlässige Informanten. Wenn Schlosser, der Initiator der Unwort-Aktion, rhetorisch fragt: „Wer würde heute noch Wörter wie ‚Endlösung', ‚Sonderbehandlung' oder ‚Vergasung' ohne Arg benutzen wollen, obgleich auch diese Wörter einmal höchst ‚unschuldig' waren!", so neige ich spontan zur Zustimmung. Das könnte aber, was die Mehrheit der Sprecher betrifft, durchaus eine Täuschung sein; denn auch Wörter, die zum Kernbestand öffentlich thematisierten NS-Vokabulars gehörten, werden inzwischen vielfach ohne Arg in politikfernen Kontexten verwendet. Es ist das persönliche Pech der Sprachkritiker, Sprachwissenschaftler und anderer besonders sprachbewusster Menschen, dass sie auch dann an das Dritte Reich erinnert werden, wenn in der Zeitung oder in einem Fernsehfilm vom „schwindenden Lebensraum der Lachse" oder von der „Sonderbehandlung der Privatpatienten in der Arztpraxis" die Rede ist. Verallgemeinerbar ist das nicht!

Überprüft man am „Deutschen Universalwörterbuch" des Dudenverlages (Universalwörterbuch [4]2001), ob und inwieweit die oben herangezogenen Beispiele für NS-Indizierungen lexikographisch noch markiert werden, stellt man fest, dass *Sonderbehandlung* unter den 50 verzeichneten Komposita mit *Sonder-* als Bestimmungswort gänzlich fehlt und dass sowohl *betreuen/Betreuung* als auch *Lebensraum* und *Weltanschauung*, zu schweigen von *spritzen*, ohne jede Erwähnung eines NS-Gebrauchs erläutert werden. Die vielfältigen Verwendungsweisen von *Lager* werden, jeweils noch untergliedert, in sieben unterschiedlichen Bedeutungsangaben erfasst. Darunter ist, ganz unauffällig, unter (1c) notiert: „kurz für Konzentrationslager". *Endlösung* wird an erster Stelle umschrieben als „(von den Nationalsozialisten geplante) vollständige Vernichtung der europäischen Juden" und als „(nationalsoz. verhüll.)" markiert. Die unter (b) angegebene zweite Verwendung im Sinne von „endgültige Lösung" trägt den Zusatz „selten". Wie selten oder häufig dieser Gebrauch heute ist, habe ich nicht genauer geprüft. Es ist aber wahrscheinlich, dass er früher oder später wieder dominant werden wird. Die Opposition von *Zwischen-* und *End-* als Bestimmungswörtern in Substantivkomposita ist im Deutschen ein so ausgeprägtes Muster (*Zwischenergebnis/Endergebnis, -lager, -runde, -stadium, -station* usw.), dass sich auch die bequeme *Endlösung* für *endgültige Lösung* durchsetzen dürfte. Im Falle von *vergasen* unterscheiden die Verfasser drei Bedeutungen: (1) „in Gas umwandeln" als fachsprachlichen Ausdruck in der Bearbeitung von Kohle; (2a) „durch Giftgase töten"; (2b) „durch Giftgase vertilgen" (mit Hinweis auf *Ungeziefer*). Für die Bedeutung (2a) wird ein Belegbeispiel mit Bezug auf das „Dritte Reich" gegeben: „in der Zeit des Nationalsozialismus wurden Millionen von Juden vergast". Im Artikel zum Substantiv *Vergasung*, der sonst gar keinen Bezug zum „Dritten Reich" herstellt, wird der Leser darüber informiert, dass die Redewendung *bis zur Vergasung* (im Sinne von ‚bis zum Überdruss') eigentlich aus den Naturwissenschaften stamme, sekundär aber „von vielen auf die Massenvernichtung der Juden mit Gas im ‚Dritten Reich' bezogen" und deshalb als „inhumane Sprechweise" geächtet worden sei – ein besonders markantes Beispiel für Belastung als Resultat metasprachlicher Reflexion. Was das nicht aufgenommene Wort *Sonderbehandlung* betrifft, so wird es heute vornehmlich in seiner älteren Bedeutung ‚bevorzugende Behandlung' verwendet, ohne dass sich die NS-Gebrauchsweise störend bemerkbar zu machen scheint. Im Artikel *entarten* schließlich wird auf die Wendung *entartete Kunst* als „nationalsozialistische Bezeichnung" hingewiesen; die Bedeutungsbeschreibungen des Verbs *entarten* und des Substantivs *Entartung* werden jedoch gänzlich ohne Bezug auf die NS-Geschichte formuliert.

Die Stichproben im Universalwörterbuch legen also nahe, dass viele Wörter, die in der öffentlichen Sprachdiskussion als NS-Wörter fest etabliert waren, inzwischen von großen Teilen der Bevölkerung unbefangen verwendet werden. Das Wissen, dass sie auch im „Dritten Reich" eine Funktion gehabt haben, ist entweder verlorengegangen, oder es wird nur kontextspezifisch wachgerufen. Auf jeden Fall tut es der Nützlichkeit der Ausdrücke in den aktuellen Zusammenhängen keinen Abbruch. Das gilt für *Lager* wie für *Lebensraum,* für *Betreuung* wie für *Weltanschauung* und, vielleicht überraschend, aber doch ganz eindeutig auch für *Sonderbehandlung*. Das heißt aber auch, dass der heutige Gebrauch dieser Wörter im Sprachbewusstsein der nachwachsenden Generationen kaum eine NS-Markierung bewirken kann, es sei denn, sie würde durch metasprachliche Reflexion, z.B. im Schulunterricht, sozusagen künstlich hergestellt.

Es bleibt die Frage zu klären, ob es angesichts der veränderten Ausgangssituation weiterhin eine sinnvolle sprachkritische Aufgabe ist, gegen das Vergessen der historischen Belastung bestimmter Wörter des Deutschen anzukämpfen?

7.6 Konsequenzen für die Sprachkritik?

Zunächst sollte unmissverständlich festgehalten werden, dass die *ideologiehaltigen Wortbildungen* (vgl. 7.3.1) weiterhin sprachkritische Aufmerksamkeit verdienen, unabhängig davon, ob ihre NS-Vorgeschichte noch präsent ist oder nicht. Das betrifft also Wörter wie *Herrenrasse* oder *Untermensch* oder das Unwort des Jahrhunderts *Menschenmaterial.* Im Folgenden rede ich nur von den anderen, den „von Haus aus unschuldigen" (vgl. 7.3.2).

Obwohl die NS-Markierung in vielen Fällen inzwischen geschwächt ist, bleibt es auf unbestimmte Zeit jederzeit möglich, dass jemand, der ein Interesse daran hat, eine Person öffentlich zu diskreditieren, dieser den Gebrauch von *Lebensraum, Entartung, Sonderbehandlung, Weltanschauung* etc. als Gebrauch von Nazi-Wörtern vorwerfen kann und dafür öffentliche Unterstützung findet. Soll die Sprachkritik solche Praktiken unterstützen?

In der gegenwärtigen Diskussion besteht in dieser Frage eine gewisse Tendenz, den faktischen Gebrauch heute zum Maßstab des sprachkritischen Verhaltens zu machen. So zog sich z.B. ein Sprachberater der „Gesellschaft für deutsche Sprache" (Fragen und Antworten 2006) in Beantwortung einer Anfrage, ob das negativ besetzte Wort *Lebensraum* weiter benutzt werden könne, wie folgt aus der Affäre: Er zitiert zunächst die Auffassung Harald Weinrichs aus dem Jahr 1966, der ja gesagt hatte, die Zunge schon sträube sich gegen das Wort und spucke es aus, fährt dann aber fort: „Diese Position aber erscheint aus heutiger Sicht als zweifelhaft und trifft – zumindest mit Blick auf das Wort *Lebensraum* – nicht zu." Seine Begründung lautet, dass das Wort heute „in vielen Zusammenhängen gebräuchlich ist, die mit

Krieg und Faschismus gar nichts zu tun haben", vor allem im Reden über die Lebenswelt tierischer und pflanzlicher Arten in Biologie und Ökologie, aber auch zur Bezeichnung der Lebensumgebung einzelner Personen oder Gruppen, und dass es deshalb „heute nicht mehr automatisch die Assoziation Nationalsozialismus aus[löst]" (ebd., 86). Und das ist Grund für ihn, die Benutzung von *Lebensraum* ohne sprachkritische Bedenken freizugeben.

In die gleiche Richtung geht Kilian (2001) in seiner Konzeption einer „kritischen Semantik". Am Beispiel des Wortes *Endlösung* überprüft er den gegenwärtigen Gebrauch und kommt zum Ergebnis, dass ein Teil der deutschen Sprecherinnen und Sprecher die NS-Teilbedeutung nicht mehr kennt. Damit bestätigt er das „Universalwörterbuch" in seiner Entscheidung, unter (b) eine Bedeutung unabhängig von der nationalsozialistischen anzusetzen. Der Mehrheit aber sei der „lexikalisierte nationalsozialistische Euphemismus" noch bekannt, und deshalb sei die NS-markierte Bedeutung (a) die Hauptbedeutung. Verallgemeinernd spricht er sich dafür aus, dass die kritische Semantik die Erinnerung aufrechterhalten solle, solange der nationalsozialistische Gebrauch wie im Falle von *Endlösung* noch bekannt ist, während sie – offen gegenüber dem Sprachwandel – andere Wörter, z.B. *abholen* und *betreuen,* freigeben solle, „wenn die Varietätennorm der Mitlebenden eine historische Indikatorfunktion vergessen hat [...]" (313). Das ergibt eine klare Direktive für den sprachkritischen Umgang mit historisch belasteten Begriffen; unbeachtet bleibt nur, dass die sprachbezogene Reflexion, wie ich darzulegen versucht habe, selbst ein wirkender Faktor in der Perpetuierung der Belastung ist. Auch Felder (2009, 180f.) entwickelt seine Überlegungen über den Umgang mit „Nazi-Wörtern" am Beispiel von *Endlösung* im ersten Schritt mit der Frage, ob das Wort weiterhin auf die einzigartigen Maßnahmen beschränkt bleiben sollte, die auf der Wannseekonferenz 1942 geplant wurden, oder ob das Wort auch auf andere Sachverhalte angewendet werden darf? Differenzierend stellt sich die Anschlussfrage, ob die eventuell fortwährende Tabuisierung des Wortes sich nur auf andere völkermordenden Maßnahmen, auf sogenannte „Nazi-Vergleiche" also, erstrecken soll oder grundsätzlich auf jeden Gebrauch dieser Wortform, also auch auf den in alltagssprachlichen Kontexten im Sinne von ‚endgültige Lösung'.

Die unter anderem bei Kilian deutlich werdende Orientierung am gegenwärtigen Sprachgebrauch und Sprachbewusstsein wird nicht jeden überzeugen. Mancher Sprachkritiker ist angesichts des kollektiven Vergessens des NS-Gebrauchs der Wörter eher geneigt zu sagen: Umso schlimmer! Um der Gefahr der Verharmlosung oder Verdrängung der Nazi-Verbrechen durch „fahrlässigen Umgang mit der Nazi-Vergangenheit" (12) zu begegnen, formuliert Wengeler (2002, 12) als Zielvorstellung auch in sprachwissenschaftlichen bzw. sprachkritischen Zusammenhängen ausdrücklich, den „Konsens über die Verurteilung der Nazi-Verbrechen aufrechtzuerhalten und die bleibende Aufgabe der Erinnerung und der Verhinderung des Wiederauflebens entsprechenden Gedankenguts in der Mitte der Gesellschaft zu befördern" (12).

Auch wenn man dieses Ziel voll unterstützt, bleibt zu überdenken, welche Rolle speziell die Sprachkritik in diesem Zusammenhang spielen soll. Die Forderung, die Erinnerung an die Verbrechen des Dritten Reiches wachzuhalten, begründet nämlich nicht ohne Weiteres auch die Notwendigkeit, die Erinnerung an die sprachlichen Ausdrücke zu stützen, mit denen die damaligen Sachverhalte bezeichnet wurden. Die Verbrechen bestehen primär in den Taten und nicht in den Benennungen, und auch die These der Einzigartigkeit kann nur begrenzt von den Taten auf den Umgang mit der Sprache übertragen werden. Man kann zwar den Sprachgebrauch im Nationalsozialismus exemplarisch als Gegenstand nutzen, um die Möglichkeiten, mit Sprache das Denken zu beeinflussen, zu täuschen, zu verschleiern usw., aufzuzeigen. Man ist für diese Zielsetzung aber nicht notwendig auf das historische Lehrstück angewiesen. Es ist durchaus eine Überlegung wert, ob es nicht sinnvoll ist, den heutigen Kindern und Jugendlichen solche Strategien an sprachlichen Erscheinungsformen zu exemplifizieren, die ihrer Lebenswirklichkeit näher liegen als die Welt ihrer Urgroßeltern, und für deren Erkenntnis im übrigen auch kaum einzelne Wörter vordringliche Aufmerksamkeit verlangen.

Zu bedenken ist auch, dass die ältere sprachkritische Motivation, NS-indizierte Wörter mit Rücksicht auf die Opfer und ihre Nachkommen zu meiden, mit der Zeit an Bedeutung verloren hat, weil immer weniger Menschen leben, die als Opfer nationalsozialistischer Gewaltherrschaft eine originäre Erinnerung besitzen, die durch Wörter angeregt werden könnte. Und die Erweiterung auf die Nachkommen kann nur für Personen gelten, die der deutschen Sprache soweit mächtig sind, dass in ihrem Sprachwissen Wörter des Deutschen eine assoziative NS-Belastung aufweisen können. Diese nachträglich erst zu schaffen oder auch nur sprachkritisch zu stützen, scheint mir ein eher zweifelhaftes Unterfangen. Letzteres gilt m.E. aber auch in Hinblick auf die nachwachsenden Generationen in Deutschland, ist es doch nicht einfach zu begründen, welchen Sinn es haben soll, Wörter, die in ihren heutigen Gebrauchskontexten weit von jeder NS-Ideologie entfernt verwendet werden, bei den Kindern und Jugendlichen mit Verweis auf den Gebrauch im „Dritten Reich" metakommunikativ verdächtig zu machen und so eine NS-Markierung zu bewirken, die aus der eigenen primären Spracherfahrung kaum entstehen kann.

Es bleibt daher bei der Anregung, sich in der kritischen Reflexion des NS-typischen Vokabulars am gegenwärtigen Sprachgebrauch zu orientieren und auf eine sprachkritische Stützung der NS-Markierung zu verzichten, solange die Weiter- oder Wiederverwendung nicht die Gefahr in sich birgt, unliebsame ideologische Gehalte zu unterstützen. Das mag allerdings im Einzelfall nicht immer leicht zu entscheiden sein! – Abschließend noch einmal:

7.7 Zurück zum Kardinal!

Im Lexikon „Brisante Wörter“ (Strauß/Haß/Harras 1989) wird im Artikel zu *entartet/entarten/Entartung* eine biologisch-fachsprachliche Bedeutung von einer Bedeutung „im allgemeinen Sprachgebrauch“ unterschieden. Es heißt dort:

> „In der Fachsprache der Biologie werden mit *entartet* lebende Organismen gekennzeichnet, die eine Entwicklung durchgemacht und dabei charakteristische, wertvolle Eigenschaften ihrer Art oder Rasse verloren haben.“ – „Im allgemeinen Sprachgebrauch werden mit *entartet* Personen, ihre Denk- und Verhaltensweisen sowie philosophische, literarische und künstlerische Bewegungen und deren Produkte charakterisiert, von denen der Sprecher meint, sie wichen von den normalen Exemplaren ihrer Gattung in dem Maß ab, daß sie dieser nicht mehr zugerechnet werden können“ (616f.).

Anschließend erinnern die Verfasser an den nationalsozialistischen Gebrauch von *entartet* als Stigmawort für mißliebige Kunst und Künstler, und etwas später findet man einen sprachreflexiven Kommentar zum heutigen Gebrauch, der zugleich erklärt, was an dem Wort „brisant“ ist:

> „Die Verwendung der Ausdrücke *entartet, Entartung,* sowie der Zusammensetzungen mit *Art-/art-/-art-* ist auch heute noch unauflöslich mit der nationalsozialistischen Rassenideologie und ihrem Vokabular verknüpft. Jeder, der diese Ausdrücke verwendet, muß damit rechnen, daß ihm die unheilvolle Nachbarschaft seiner Ausdrucksweise zum nationalsozialistischen Sprachgebrauch mit Recht vorgeworfen werden kann“ (ebd.).

Dass man in der Tat mit solchen Vorwürfen rechnen muss, erwies sich im Falle des Kardinals 18 Jahre nach Veröffentlichung des Wörterbuchs, nämlich 2007, als weiterhin wahr. Es soll hier aber der Zusatz interessieren, solche Vorwürfe geschähen „mit Recht". Dazu aus heutiger Sicht widersprechend, mindestens aber einschränkend die folgenden Gesichtspunkte:

Aus dem bisher Gesagten ziehe ich als erste Konsequenz den Schluss, dass die Tatsache, dass das Wort vor allem in der Wendung „entartete Kunst" im „Dritten Reich" eine bekannte Rolle gespielt hat, nicht als alleiniger Grund für die Vorwerfbarkeit von *entarten* auch in allen anderen Kontexten angesehen werden sollte. Insbesondere reicht der bloße Nachweis, dass in irgendwelchen Zusammenhängen die Wortform *entartet* auftaucht, nicht aus. Zumindest metasprachliche Verwendungen wie in diesem Kapitel bedürften ja sicherlich einer gesonderten Beurteilung. Aber auch der primärsprachliche Gebrauch kann nicht generell und unbesehen der Kritik verfallen. So gibt es ja auch faktisch niemanden, der die biologisch-fachsprachliche Verwendung in seine Kritik einbeziehen würde. Immerhin hat der „Zeit"- und „Tagesspiegel"-Autor Harald Martenstein seine Kritik an Kardinal Meisner und verallgemeinert die Vorwerfbarkeit des Ausdrucks genau an diesen Übergang von der fachsprachlichen zur allgemeinsprachlichen Bedeutung geknüpft. Er schreibt: „Der Begriff *entartet* aber ist deswegen so dumm, weil er unterstellt, dass es eine ‚natürliche' Kunst geben könnte" (Martenstein 2007). Er scheint der Auffassung zu sein, dass *Entartung*, richtig verstanden, nur ein biologisches Phänomen bezeichne und dass der, der das Wort auf kulturelle Phänomene überträgt, das Wort nicht nur falsch gebrauche, sondern, wie die Nazis, ein biologistisches Denken verrate.

Diese Argumentation ist indes nur bedingt überzeugend, weil *entarten* wie die meisten Ableitungen und Zusammensetzungen von *Art*, im allgemeinen Sprachgebrauch seit langem sowohl auf biologische Abweichungen in natürlichen Arten als auch auf Abweichungen von der Normalität kultureller Gegenstände, die gesellschaftlichen Normen unterliegen, bezogen wird. Wie reden ja nicht nur von *Schmetterlingsarten*, sondern auch von *Arten von Schrauben* oder einer *Art von Wissenschaft*. *Unarten* haben nie etwas mit Biologie zu tun, sondern sind immer Abweichungen von gesellschaftlichen Standards und *eigenartig* kann potentiell so gut wie alles auf der Welt sein. Was speziell das Verb *entarten* betrifft, so scheint mir ein Satz wie: „Der Staat war zu einem Monstrum entartet" (ein Belegsatz im Universalwörterbuch) unanstößig, ebenso wie die – erfundene – Meinungsäußerung: „Der Leistungssport entartet im Zeichen der Doping-Praktiken zunehmend zur betrügerischen Täuschung aller Beteiligten" oder der belegte Untertitel von Alexander

Gauland im „Tagesspiegel": „Die Debatte um Meisner ist selbst längst entartet". Wenn aber der Staat und der Leistungssport und eine Debatte entarten können, warum sollte einzig und allein die Kunst eine Ausnahme sein? Ich halte deshalb auch den folgenden Satz in einer Feuilleton-Kritik für akzeptabel: „In diesem künstlerisch ambitionierten Film entartet die Kunst zum Horrorkabinett." Es mag sein, dass ich in der Sache anderer Meinung bin als der Kritiker, aber ich halte es nicht für vorwerfbar, wenn er, um seiner Einschätzung Ausdruck zu geben, statt auf *ausarten* oder *verkommen* auf *entarten* zurückgreift. Anstößigkeit beginnt erst da, wo der Kontext im engeren oder weiteren Sinne Anlass bietet, nicht nur über eine Nachbarschaft der Ausdrucksweise, sondern eine Nachbarschaft der Denkweise nachzudenken. Eine solche anzunehmen liegt in der Interpretation der Äußerung des Kardinals m.E. nicht nahe, zumal der Folgesatz („Sie verliert ihre Mitte.") umgehend erläutert, worin die Entartung seiner Meinung nach besteht. Erst seine nachträgliche Rechtfertigung, er habe das Wort gerade umgekehrt verwendet, um den totalitären Gegner mit dessen eigenen Waffen zu schlagen, gibt Rätsel auf. Rätselhaft ist vor allem, wie er hat glauben können, irgendjemand könne diese seine Absicht aus seiner Äußerung oder der Textumgebung ohne jede metakommunikative Verständnishilfe erschließen. Abgesehen von diesem Versäumnis mutet die mediale Aufregung über die Wortwahl des Kardinals m.E. wie in anderen Fällen überzogen an, und natürlich trägt sie zur Perpetuierung des besprochenen Mechanismus bei. Sie bestätigt und stützt die NS-Indizierung, die bei nächster Gelegenheit auch bei eigentlich ideologisch unverdächtigen Äußerungen wieder wachgerufen werden kann, sobald jemand ein Interesse daran hat, sie zu nutzen.

8. Sprachglossen in Zeiten des Internets: „Matthies ringt um Worte"

8.1 Die Glossen und die Kommentare in tagesspiegel.de

Die Glossen der Online-Kolumne „Matthies ringt um Worte" erscheinen in unregelmäßiger Folge in tagesspiegel.de; die erste stammt vom 15.04.2010, die vorläufig letzte vom 28.6.2011. Anders als in anderen Zeitungen, z. B. der „Süddeutschen Zeitung" mit der Kolumne „Sprachlabor", dem „Spiegel" mit der „Zwiebelfisch"-Kolumne oder der „Zeit" mit dem „Wörterbericht", erscheinen die Glossen im Tagesspiegel nur Online und nicht zusätzlich in der gedruckten Zeitungsausgabe. Ich liste die untersuchten Glossen vollständig auf und füge den Titelformulierungen mit Erscheinungsdatum in eckigen Klammern die Anzahl der Kommentare hinzu, die die einzelnen Glossen auf sich gezogen haben. Nach dem Doppelpunkt folgt eine Kurzbeschreibung des Inhalts:

(1) Wie der Lachs läuft, 15.04.2010 [4]:
Über Sprachveränderungen, ihre Verursacher und die Aufgaben der beginnenden Kolumne. Formulierungen von Lena Meyer-Landrut werden als Beispiel einflussreicher Neuerungen benannt.

(2) Hier die Blogger – da die Holzmedien, 19.04.2010 [0]:
Zur Bloggersprache und zur Anwendbarkeit von Wertungskriterien wie Verständlichkeit und Klarheit auf diese „ganz eigene journalistische, persönlich gefärbte Darstellungsform".

(3) Das Wort als abgenutztes Bild (1), 12.05.2010 [25]:
„Abgenutzte" Wendungen am Beispiel der „schlimmsten Sprachbilder": *die Alarmglocken schrillen; die Seele baumeln lassen; das Herz höher schlagen lassen; das Tanzbein/den Kochlöffel schwingen; sich etwas nicht nehmen lassen.*

(4) Das Wort als abgenutztes Bild (2), 20.05.2010 [8]:
Der „nervigsten" Sprachklischees zweiter Teil: *sich selbst treu bleiben; die Telefondrähte glühen;* die Farbe *Rot; den Gürtel enger schnallen; Kostenexplosion.*

(5) Linguistische Reizwäsche, 01.06.2010 [20]:
Behandlung zweier Anglizismen (*performen* und *voten*), die aus dem „Show-Hohlraum" des Fernsehens in den allgemeinen Sprachgebrauch drängen.

(6) Angela Merkel: Rhetorik nach Hausfrauenart – aber hochprofessionell, 05.06.2010 [10]:
Benennung einiger charakteristischer Merkmale des Merkelschen Redestils als Zeugnis ihrer begrenzten rhetorischen Fähigkeiten.

(7) Heiteres Responseraten, 14.06.2010 [5]:
Das Phänomen deutsch-englischer Mischtexte am Beispiel eines Textes der Telekommunikationsfirma „IQ mobil“.

(8) Für den Kultstatus der Nobelherberge ist gesorgt, 29.06.2010 [12]:
Fortsetzung des Themas der Glossen 3 und 4 am Beispiel von: *für Speis und Trank ist gesorgt; das Zünglein an der Waage; Nobelherberge; zurückrudern; sich schlau machen; Kultstatus.*

(9) Die offene Sprache und ihre Feinde, 12.07.2010 [18]:
Das neu erschienene Buch „Deutsch lebt“ von Wolf Schneider u.a. im Kontext der Bekämpfung von Anglizismen.

(10) Die Liste der Sprachpanscher, 30.08.2010 [11]:
Zur Wahl der Sprachpanscher des Jahres durch den Verein Deutsche Sprache (1. Fritz Pleitgen, 2. Stiftung Schlösser und Gärten Berlin-Brandenburg).

(11) Deutsch muss nicht ins Grundgesetz, 15.12.2010 [25]:
Stellungnahme zur Initiative, die deutsche Sprache als „Sprache der Bundesrepublik“ im Grundgesetz zu verankern.

(12) Neusprech würgt Debatte ab, 19.01.2011 [8]:
Stellungnahme zu *alternativlos* als Unwort des Jahres, zugleich mit einer Kritik an Merkel.

(13) ‚Leaken‘ fühlt sich im Deutschen wohl, 01.02.2011 [18]:
Zur Wahl von *leaken* zum Anglizismus des Jahres.

(14) Bahn-Speak und das Grundgesetz, 21.02.2011 [12]:
Anglizismen in der Sprache der Bahn und Unterstützung einer Petition gegen die Aufnahme der deutschen Sprache ins Grundgesetz.

(15) Sitt vom Rudelgucken, 28.06.2011 [9]:
Verdeutschungsmöglichkeiten für *public viewing*: *Fußballkino* und *Rudelgucken*.

Unter den sprachlichen Phänomenen bzw. Problemen, die in den ersten 14 Glossen besprochen werden (die 15. ist in den folgenden Zahlenangaben nicht mehr berücksichtigt), kommen die Anglizismen mit Abstand am häufigsten vor (5, 7, 9, 10, 11, z.T. 14). Es folgen „abgenutzte“ Wörter und Wendungen (3, 4, 8). Je zweimal werden die Sprache Angela Merkels (6, z.T. 12) und die Bestrebungen, die deutsche Sprache als Staatssprache im Grundgesetz zu verankern (11, z.T. 14), thematisiert. Einzelgänger sind die ersten beiden Glossen. Die erste bespricht allgemein Sprachveränderung und ihre Verursacher – mit Lena Meyer-Landrut als positiv bewertetem aktuellen Beispiel; die zweite Bloggersprache unter dem Gesichtspunkt der Verständlichkeit. Mit der Mehrzahl der Glossen reagiert Matthies nicht direkt auf die sprachlichen Phänomene, sondern auf deren Thematisierungen in der öffentlichen Diskussion durch andere. Wenn von 14 Glossen genau die Hälfte Anglizismen bzw. die Einstellung ihnen gegenüber betreffen, sagt das also zunächst etwas über die Schwerpunkte des Interesses an Sprache in der öffentlichen Diskussion 2010 bzw. 2011 aus und weniger über die Bedeutung, die Matthies persönlich dem öffentlich thematisierten Problem beimisst. Eigenes sprachkritisches Engagement scheint sich eher in der Kritik an „abgenutzten" Formulierungen zu dokumentieren.

Die Medienanlässe, die Matthies zu Glossen motivieren, sind im Einzelnen:

- das Buch „Deutsch für junge Profis" von Wolf Schneider (2)
- die Aktion „Lebendiges Deutsch" von Wolf Schneider und Walter Krämer (7)
- das Buch „Deutsch lebt" von Wolf Schneider und Mitautoren (9)
- die Wahl von Fritz Pleitgen zum Sprachpanscher des Jahres durch den „Verein deutsche Sprache" (10)
- der Vorschlag des „Vereins deutsche Sprache" und „Bild", die deutsche Sprache im Grundgesetz zu verankern (11)
- die Wahl von *alternativlos* zum Unwort des Jahres durch die Schlosser-Jury (12)
- die Wahl von *leaken* zum „Anglizismus des Jahres" durch die Aktion von Anatol Stefanowitsch (13)
- die von Stefanowitsch initiierte Gegenpetition gegen die Verankerung der deutschen Sprache im Grundgesetz (14)
- eine vermutete gemeinsame „PR-Aktion" des Senders WDR und des Duden zu Gunsten des deutschen Ersatzwortes *Rudelgucken* statt *Public Viewing* (15).

Eine journalistische Glosse, zumal eine Sprachglosse, bietet keinen Raum für allgemeine Reflexionen, und so wäre es unbillig, von Matthies eine Klärung der Voraussetzungen, der Ziele und der Methoden zu erwarten, die in seiner Kolumne zur Geltung kommen. Immerhin skizziert er in der ersten Glosse ansatzweise die Position, von der aus Sprache in den zukünftigen Glossen betrachtet werden soll. Zu diesem Zweck stellt er sich selbst als Journalisten („wir Journalisten") den „Linguistikprofessoren" gegenüber, von denen behauptet wird, dass sie die Sprache und ihre Veränderungen – ähnlich wie Vulkanforscher den spuckenden Ätna – wie ein Naturereignis betrachten, während Journalisten, die wissen, „dass wir selbst es sind, die sie tagtäglich verändern“, es für vernünftig halten, „nicht alles laufen zu lassen, sondern gewisse normative Vorstellungen zu entwickeln und diese Veränderungen kritisch zu begleiten, sie vielleicht nicht in richtig und falsch, aber doch in besser und schlechter zu unterteilen“. Diese Gegenüberstellung wird in Glosse Nr. 9 verändert wieder aufgenommen: „Wenn ich die Lage richtig interpretiere, dann sitzen die Feinde der Sprachnörgler sehr überwiegend auf einschlägigen Lehrstühlen. Ihre rein deskriptive Haltung ist vergleichbar mit der eines Entomologen, der einen Käfer mit sieben Beinen per se aufregender findet als einen mit sechs, egal, wie scheußlich das für Laien ausschaut“. Darüber hinaus spielt die Linguistik als Disziplin oder spielen die Linguistikprofessoren als Kollektiv in der Kolumne aber keine Rolle mehr als Gegenpart für Matthies oder Journalisten allgemein. Drei individuelle Sprachwissenschaftler werden in unterschiedlichen Zusammenhängen namentlich genannt. Von ihnen wird der „brave Frankfurter Professor Schlosser“ in Glosse 12 eher unfreundlich behandelt, obwohl er als Initiator der Aktion „Unwort des Jahres“ in Matthies‘ Gegenüberstellung eher auf die Seite der Journalisten passen würde. Die beiden anderen – der „Hamburger Sprachwissenschaftler Anatol Stefanowitsch“ (Glosse 13 u. 14) und „die Linguistin Susanne Flach“ (Glosse 14) – sind für Matthies willkommene Bundesgenossen gegen Teile der „deutschen Sprachschützergemeinde“. Die Frontstellung des Journalisten Matthies gegen die Linguisten ist auch kaum vereinbar mit seinen Stellungnahmen in den einzelnen Glossen. Wo er dort Auffassungen kenntlich macht, die von seinen eigenen abweichen, werden diese überwiegend nicht von Linguisten, sondern von Gruppen innerhalb der „Sprachnörgler“ vertreten, die sich nach Matthies vor allem aus „Journalisten, gebildeten Pensionären, fachfremden Wissenschaftlern“ (Glosse 9) zusammensetzen.

Die Gesamtzahl der Kommentare zu den Glossen 1-14 beläuft sich bis Anfang Juli 2011 auf 176. Sie sind, wie die Klammerangaben in der Glossenliste zeigen, auf die einzelnen Glossen ungleich, von 0 bis 25, verteilt. Adressat der Kommentare ist mehrheitlich der Glossenschreiber Matthies (=96); in 80 Fällen immerhin wird einer der anderen Kommentatoren angesprochen. Am häufigsten, nämlich 10mal, zieht der Beitrag von „freidenker“ zu Glosse 11 Kommentare auf sich.

Die Zahl der Kommentare (=176) stimmt nicht mit der Zahl der Kommentierenden (=108) überein, weil sich 38 Schreiber mehr als einmal zu Wort melden: 22 tun dies zweimal, 8 dreimal, 6 viermal und 2 siebenmal. In der

Mehrzahl kommen solche Mehrfachkommentare in den Beiträgen zu einer Glosse vor. Nur 15 Kommentatoren tauchen in der Diskussion zu mehr als einer Glosse auf: 12 in zweien, 2 in dreien und 1 in fünfen. Allein vom letzten Kommentator, „rueck-sicht", der Kommentare zu den Glossen 3, 5 (3mal), 7, 8 und 9 geschrieben hat, könnte man also sagen, dass er die Online-Kolumne eine Zeit lang mit einer gewissen Regelmäßigkeit kommentierend begleitet hat. – Nicht ausgeschlossen werden kann übrigens, dass eine Person sich in Einzelfällen auch hinter mehr als einem Pseudonym versteckt. Soweit das der Fall ist, würde sich die Zahl der Kommentierenden noch weiter verringern.

Variabel ist auch die Länge der Kommentare, die in den „Richtlinien" der Redaktion auf 2000 Zeichen begrenzt ist. 126 Kommentare haben eine Länge zwischen 1-10 Zeilen (42 davon nur 1-3 Zeilen), 40 Kommentare nehmen 11-20, 10 Kommentare 21-29 Zeilen ein, wobei Überschriften, Betreffangaben, Anreden und Grußformeln mitgezählt, Leerzeilen sowie die Angaben des Absenders und des Adressaten aber nicht berücksichtigt wurden.

8.2 Das Debattenkonzept der Redaktion. Idee und Wirklichkeit

8.2.1 Das Konzept und seine partielle Verwirklichung

Für die Kommentare gibt es ein von der Redaktion in den „Richtlinien" ausgearbeitetes Konzept, das den potentiellen Kommentatoren zugänglich ist und für die Veröffentlichung als verbindlich gesetzt ist. Die „Richtlinien" begreifen die erwünschten Online-Kommentare nicht einfach als durch das moderne Medium modifizierte „Leserbriefe" an den Autor des Bezugstextes bzw. an die Redaktion, sondern als Beiträge zu einer „Diskussion" oder einer „Leser-Debatte", die vom Glossenschreiber und von allen Beiträgern gemeinsam hergestellt und von der Redaktion moderiert wird. Sinn der Moderation, zu der unter anderem die Überwachung der Einhaltung der „Richtlinien" gehört, ist es, den Rahmen für einen sachlichen Austausch von Argumenten zu schaffen, was u.a. erfordert, dass die Beiträge „thematisch zur Debatte passen, verständlich formuliert [sind] und möglichst den Grundregeln der Rechtschreibung und Grammatik folgen". Unterstellungen, Beleidigungen, Stigmatisierungen, menschenverachtende oder gewaltverherrlichende Inhalte u.v.m. sind zu unterlassen.

Faktisch produzieren die 176 Kommentare, die die Glossen 1-14 bis dato angeregt haben, überwiegend Folgen von zwei Texten, in denen sich ein nachfolgender Kommentar entweder auf die Glosse oder auf einen früheren Kommentar bezieht. Der zweite Beitrag kann in der Absicht geschrieben sein, Behauptungen des ersten als falsch zu erweisen, zu korrigieren oder sie in anderer Weise in ihrer Geltung einzuschränken. Der zweite Text kann den ersten aber auch, z.B. durch Angabe weiterer Beispiele, ergänzen und bekräftigen. Nur gelegentlich erhöht sich die Anzahl der kommunikativen Kontakte, wenn einer der beiden Beteiligten oder beide sich in einer Folge mehr als einmal zu Wort melden. Das ist beispielsweise in 14:5-8 (=Kommentare 5-8 zu Glosse 14) der Fall, wo „zweifel" und „gisela mittruecker" sich darüber zu verständigen versuchen, wann ein Land als *mehrsprachig* bezeichnet werden kann, und zu diesem Zweck je zweimal das Wort ergreifen. Hin und wieder kommt es auch zu einer Abfolge von Kommentartexten, in der sich mehr als zwei Personen zum gleichen Problem oder Teilproblem äußern. Ein Beispiel dafür ist die Debatte von „embla", „vicente" und „rueck-sicht" in 5:1 und 5:5-13 über Fragen der Entlehnung. In 11:8-12 äußern sich „M.G", „freidenker", „dali", „cyrano" und noch einmal „M.G" zum Status von Minderheitensprachen in Deutschland und der EU, anschließend in 11:13-21 und 25 „freidenker", „Schnellmerker", „marel", „don.bolko", „wocker", „don.bolko", „freidenker", „don. bolko", „cyrano" und „dali" zur Bedeutung der Sprache für die nationale Identität. Besonders in Hinblick auf solche thematisch fokussierten Klein- und Kleinstdebatten kann man sagen, dass der konzeptuell erwünschte internet-öffentliche sachliche Austausch von Argumenten über sprachliche Sachverhalte und Probleme wenigstens partiell in der Online-Kolumne tatsächlich auch hergestellt wird.

Das trifft auf sehr viele andere Kommentare aber nicht zu; nicht weil die Schreiber in größerem Umfang das Gebot der Sachlichkeit verletzten; sie sind vielmehr oft von vornherein nicht an der Klärung eines Sachverhalts oder eines Problems interessiert. Das in den „Richtlinien" niedergelegte Konzept, das die Redaktion für Leserreaktionen auf Artikel in tagesspiegel. de generell entwickelt hat, ist für Kommentare speziell zu Sprachglossen nur bedingt anwendbar, weil die Kommentierenden oft von anderen Motiven bewegt sind. Gleiches gilt für das journalistische Genre der Sprachglosse selbst. Pérennec (2001) benennt als Funktionen von Sprachglossen an erster Stelle ihre „kontaktive Funktion", die sich z.B. in der starken „Dialogizität" der Glossentexte spiegelt, an zweiter Stelle ihre „unterhaltende Funktion" und vervollständigt diese beiden mit der Aussage, dass die Sprachglosse „nebenbei" auch „Belehrung über schönes Schreiben" gebe. Diese dritte Funktion mag von der Verfasserin etwas zu gering veranschlagt sein; auch scheint mir die Beschränkung auf „Belehrung über schönes Schreiben" angesichts der Vielfalt sprachlicher Sachverhalte, die in Sprachglossen thematisiert werden, irreführend. Doch ist sicher richtig, dass Sprachglossen eine Mehrzahl von Funktionen haben können und dass das in den „Richtlinien" skizzierte kommunikative Verfahren argumentativer Sachklärung in der Typologie von Pérennec (2001) eigentlich nur für die dritte Funktion bedeutsam ist. Und kein Zweifel kann daran bestehen, dass auch in den hier untersuchten Kommentaren unterschiedliche Funktionen zur Geltung kommen.

8.2.2 Die Verwirklichung anderer Motivationen in den Kommentaren

So unterschiedlich die Beweggründe sind, die jemanden zu einem Kommentar anregen können, gemeinsam ist vielen, dass sie nicht auf Klärung von Sachverhalten zielen, dass die entsprechenden Texte deshalb auch nur ein schwaches oder gar kein argumentatives Potential haben und dass sie in der Typologie von Pérennec unter der Kontaktfunktion und/oder der Unterhaltungsfunktion einzuordnen wären:

(1) Lob und Bestätigung für den Schreiber des Bezugstextes: „Sehr, sehr schön!":

Es ist auch in sachbezogenen Diskussionen, wenn man sich auf einen Vorgängertext oder Redebeitrag bezieht, eine sinnvolle Strategie, in geeigneter Weise zu erkennen zu geben, inwieweit man mit den Aussagen des Vorredners übereinstimmt bzw. in welchen Hinsichten man anderer Meinung ist. Beispiele dafür findet man, vorzugsweise am Anfang, in fast allen Kommentaren zu der untersuchten Glossenreihe. Es gibt freilich unter den Kommentaren, in denen Übereinstimmung ausgedrückt wird, eine ganze Reihe, bei denen die Funktion des Kommentars für den Schreiber sich ganz in der Möglichkeit zu erschöpfen scheint, mit der Person des Adressaten in eine so oder so geartete Beziehung zu treten. Das wird besonders in den sehr kurzen, hier vollständig zitierten Kommentaren deutlich, in denen der Kommentarschreiber nichts anderes tut, als mehr oder weniger enthusiastisch seine Übereinstimmung mit dem Vorgänger auszudrücken:

- „Derbe Kolumne / Fetter Kommentar. / Schoen!" („hethitsp" in 1:1)
- „Sehr, sehr schön!!!" („DiabolusParvus" in 3:5)
- „Danke horott, sehr zutreffender Beitrag. Den unterschreibe ich sofort." („Lanarkon" in 3:10)
- „Hey, @hannibal ... / ... Dein Beitrag ist echt fett; total voll supa, ey!!!!!" („horott" in 5:3)
- „Herrlich! Bitte mehr davon!" („nachtjacke" in 6:6).

Was den Kommentarschreiber zu solchen Kommentaren motiviert, mag im Einzelnen unterschiedlicher Natur sein. In den untersuchten Texten wird als Movens u.a. das befriedigende Gefühl erkennbar, in den eigenen Anschauungen bestätigt worden zu sein, verbunden mit einem Gefühl des Dankes dem gegenüber, der einem diese Befriedigung verschafft hat. So empfindet „Kopfnuss" in 10:1 die Glosse 10 von Matthies als „Balsam für die Seele", weil er sich mit seinen Ansichten „nun nicht mehr so alleine fühlen [muss]". Kommentare, die komplementär als einzigen Inhalt eine globale Ablehnung enthalten, gibt es übrigens nicht. Das dürfte daran liegen, dass man Lob und Zustimmung ohne weitere Begründung äußern kann, bei Tadel, Kritik, Ablehnung jedoch ein größerer Druck besteht, sie in der Sache zu rechtfertigen.

(2) Reihenbildung: Ein Wort gibt das andere

Gelegentlich findet man Aneinanderreihungen mehrerer Kommentare, in denen der zweite die Aussage des ersten aufnimmt und, die syntaktische Struktur mehr oder weniger bewahrend, seinerseits weiterführt, um sie einem potentiellen Dritten zu übergeben.

Ein gutes Beispiel sind die Kommentare 1-5 zu Glosse 8. Am Anfang steht „Blaubart", der *pur* als einen weiteren Kandidaten für eine „abgenutzte" Formulierung vorschlägt und anschließend auf sechs Zeilen Beispiele für den Gebrauch von *pur*, besonders nachgestellt wie in *wellness pur*, *Fußball pur* usw., auflistet, wobei sich die Beispiele schon in seinem Text quasi überschlagen. Dann schließen sich „noske, „mimi" und „Blaubart" an, um den Gebrauch vom nachgestellten *pur* mit weiteren Beispielen auf die Spitze zu treiben, bis „mimi" gespielt zusammenbricht:

- „nicht zu vergessen ‚Gänsehaut pur'" („noske" in 8:2)
- „arghhh / Ein ganz Schlimmer ... Gänsehaut pur beim Pur-Konzert..." (mimi in 8:3)
- „das kann schon mal vorkommen / ... wenn es Pur pur ist." (Blaubart in 8:4)
- „ ... (muß zur Rettungsstelle, mein Gehirn ist implodiert)... (mimi in 8:5).

Auch hier hätte man Schwierigkeiten anzugeben, worin der argumentative Wert der Beiträge 2-5 bestehen könnte. Die gemeinsame Bearbeitung des Themas und die gemeinsame Herstellung der Kleintextfolge scheint das eigentliche Motiv für die Beteiligung als Kommentator.

Eine ähnliche Reihenbildung findet man in Glosse 3, wo sich die Kommentare 7-9 allerdings gemeinsam auf den ersten Schreiber, „apo", beziehen:

- „...und bei all dem, nicht vergessen: die Menschen wollen ‚mitgenommen' werden." („apo" in 3:6)
- „Genau, Apo ... ! ... und zwar ‚flächendeckend'!" („Pookie" in 3:7)
- „ja, lieber apo, es ist aber auch angedacht, die Menschen dort abzuholen, wo sie stehen ..." („opinion" in 3:8)
- „nein, noch schlimmer ... / ... sie wollen „abgeholt' werden!" („future" in 3:9).

(3) Der spielerische Umgang mit Sprache: „Han di ka Schnur?"

Ein weiteres Movens für das Schreiben und Einsenden eines Kommentars bzw. für seine Ausgestaltung ist die Freude am spielerischen Umgang mit Sprache, die sich in vielfältigen Formen ausdrückt; z.B.

- in der fiktiven Nachfrage einer erstaunten süddeutschen Oma („Han die ka Schnur?") zur Motivierung des Wortes *Handy* als einheimisches Wort (9:8);
- im scherzhaften Missverstehen des Bestimmungswortes in *Rudelgucken* als Angabe des Objekts des Guckens „Ey Alder, was guckst Du? – Rudel, Dragan!" (15:9), gefolgt von einem fünfstrophigen Unsinnsgedicht mit Variationen über das *Rudelgucken*;
- in der konsequent dem Deutschen angepassten Schreibung englischer Ausdrücke in deutschsprachigen Texten nach dem Prinzip: Schreibe, wie Du sprichst: „Also ei kenn ju nott follo" (9:13), gefolgt von neun weiteren Zeilen gleicher Machart.

Beliebt ist auch die parodistische Reproduktion des zu Kritisierenden, wenn z.B. ein Kommentator zusätzliche Beispiele für „abgenutzte" Wörter und Wendungen nicht metasprachlich benennt, sondern in einem eigenen Text in hoher Verdichtung parodistisch vorführt:

> „Liebe Moderatoren, TV-Macher, Journalisten, Talkmeister usw: Es besteht ‚Handlungsbedarf'. Eine ‚breite Öffentlichkeit' fordert ‚voller Wut und Trauer': Gehen Sie endlich den ‚Schritt in die richtige Richtung' und zeigen Sie keine ‚Zukunftsängste' bei der Abschaffung des Dummdeutschen; anderenfalls sieht Ihre Zukunftsperspektive' schlecht aus" („horott" in 3:4, gefolgt von drei weiteren Absätzen mit 16 Ausdrücken aus der „Sprachmüllkiste").

Ähnlich die beiden folgenden Kommentaräußerungen in Merkel-Manier:

> „Aber ich würde sagen, das man konstatieren kann, das zwischen uns allen, glaube ich, Einigkeit darüber besteht, das man also sagen kann, dies hier ist ein sehr guter Artikel.“ (6:7).
>
> „Ich denke, dass es so ist, dass ... / ... sie über sich und ich sage auch von sich in der dritten Person denkt“ (6:5).

Es ist zuzugeben, dass z.B. der Kommentartext von „horott“ (3:4) im Zusammenhang der von der Glosse angeregten Diskussion über „Die offene Sprache und ihre Feinde“ auch eine argumentative Funktion hat. Auf die Existenz weiterer Beispiele für ein behandeltes Phänomen hinzuweisen, in welcher Form auch immer, ist zweifellos ein nützliches Unterfangen und kann die Diskussion weiterbringen. Dass der Kommentator zu diesem Zweck für die Benennung der Beispiele diese parodistisch reproduziert, kann man dann als unterhaltende Zugabe betrachten. In anderen Fällen aber dreht sich das Verhältnis um: Der Kommentator benutzt das in einer Glosse angesprochene sprachliche Problem, um seiner Lust am Sprachspiel zu frönen. Diese bekommt die Führung.

(4) Grüße ins Glashaus: „Selber“

Eine weitere Gruppe von Kommentaren kritisiert sprachliche Fehlleistungen des Autors im Vorgängertext (bzw. Formulierungen, die vom Kritiker als sprachliche Fehlleistungen empfunden werden). Diese Kommentare können zwar eine argumentative Grundstruktur haben, sind aber auch nicht auf die in der Bezugsglosse behandelte Sache bezogen. Eine solche Fehlerkorrektur kann entweder Teilfunktion eines Kommentars sein oder der eigentliche Beweggrund, einen Kommentartext einzusenden. Sie kann als einfache Korrektur realisiert werden oder verbunden mit einer diskreditierenden Deutung des sprachlichen Verhaltens (Mangel an Bildung, Mangel an sprachlicher Kompetenz im Deutschen o.ä.) oder sogar mit einem Vorwurf. Zur eigenen Rechtfertigung kann sich der Vorwerfende auf die verbreitete Normvorstellung berufen, dass, wer es selber nicht besser kann, auch andere nicht kritisieren dürfe. Das Sprichwort, dass man, im Glashaus sitzend, nicht mit Steinen werfen solle, ist in der Reaktion auf Sprachkritik sehr beliebt. „Grüße ins Glashaus“ (5:19) relativieren die Berechtigung der Kritik des Vorredners, ohne selbst zur weiteren Klärung beizutragen. Für manchen reicht das Vergnügen, jemanden, der andere wegen ihres Sprachgebrauchs kritisiert, zu bescheinigen, dass er selbst nicht richtig Deutsch kann, schon allein aus, einen Kommentar zu schreiben. So ist es verständlich, dass „tritthemius" (4:5 u. 4:6), um dieser Peinlichkeit zu entgehen, seinem eigenen Kommentar, in dem von einem *Volonteur* die Rede war, schnell selbst eine Korrektur hinterher schickte und freiwillig gleich eine kleine Strafarbeit anfügte: „Berichtigung Ich meinte natürlich: Volontär Volontär Volontär Volontär Vertippdepp grüßt."

In den 176 Kommentaren sind solche Korrekturen an Formulierungen, die der zweite Kommentator für kritisierbar oder schlicht für falsch hält, relativ häufig. Sie betreffen z.B. „abgenutzte" Formulierungen: *ätzende Musik* (4:1), widersinnige Formulierungen: *sich drehende Windmühlen* (5:14) (statt *Windmühlenflügel*), nicht existierende Wörter: *Pidgeon-Sprache* (5:5), falsch verwendete Wörter: *Anglizismus* (5:19), falsche Substantiv-Verb-Koppelungen: *in Verlegenheit stürzen* (statt *bringen*) (13:13), falsche Pluralbildung: *Worte* (statt *Wörter*) (15:7).

Zusätzliche diskreditierende Qualifizierungen des Fehlverhaltens verschärfen die Kritik, wenn und weil sie mildernde Umstände, die einen Fehler verzeihlich machen können (Tippfehler, momentane Unaufmerksamkeit o.ä.), ausschließen. Das geschieht z.B. in den folgenden Kommentaren:

- „Schön, schön ... aber auch immer schön selbstkritisch bleiben, ja!" (4:1)
- „A propos Bildung: der Begriff, den Sie verwenden wollten, heißt ‚Pidgin' (‚pigeon' ist das englische Wort für ‚Taube', ‚pidgeon' gibt es nicht)." (5:5)
- „ [...] wer schlecht eingedeutschtes Englisch kritisiert, sollte in der eigenen Sprache sattelfest sein." (5:14)
- „ [...] bevor sie den sehr lustigen und guten Text von Herrn Matthies kritisieren, sollten Sie vielleicht doch noch etwas sattelfester in der deutschen Sprache werden." (5:15)
- „Grüße ins Glashaus. Warum lese ich denn auch bei Ihnen, Bernd Matthies, das Wort ‚Anglizismus' [...]. Man geißelt halt immer nur die ‚Fehler' der anderen [...]." (5:19)
- „Mehr – Bei mir steht mehr! Nicht ‚nur'. Vielleicht hätten auch Sie ein Paar Deutschstunden mehr gebraucht?" (11:3)
- „[...] ‚Unsere Forderung nach Deutsch ins Grundgesetz' formuliert er also, in einem Deutsch, das meine gelegentlich peinlichen Tippfehler in gnädigerem Lichte erscheinen lässt!" (11:6)

Anders Ironman (15:7), der seine Kritik am Gebrauch von *Worte* (statt *Wörter*) als Plural für eine Mehrzahl von Einzelwörtern umgekehrt mildert, indem er den Lapsus mit der wohlwollenden Bemerkung: „No doubt just a slip of the typewriter though." als vermeintlichen Tippfehler klassifiziert und damit sogar die Deutung zulässt, die Schreibmaschine selbst wäre von sich aus auf Abwege geraten.

Wenn solche Korrekturen auch, wie gesagt, relativ häufig vorkommen, bleiben weitaus die meisten Normverstöße, die die Kommentartexte selbst enthalten, unkommentiert. Sie betreffen gehäuft die Groß- und Kleinschreibung und die Interpunktion. Darüber hinaus zeigen manche Autoren generell eine starke Tendenz, sich an den Ausdrucksformen spontaner Mündlichkeit zu orientieren und darauf zu verzichten, das spontan Formulierte überhaupt einer korrigierenden zweiten Lektüre zu unterwerfen. Die normativ geprägten Erwartungen, die traditionell für die geschriebene Sprache gelten, sind offensichtlich für viele Autoren in der Internet-Kommunikation nur bedingt handlungsleitend. Deshalb sind Normverstöße auffällig häufig, obwohl die „Richtlinien" ja ausdrücklich bestimmen, dass die Beiträge „möglichst den Grundregeln der Rechtschreibung und Grammatik folgen [sollen]".

8.3 Schwerpunkte der Kritik und ihre Grundlagen

8.3.1 Sprachveränderung und ihre Verursacher

Die in den Glossen und Kommentaren der Online-Kolumne praktizierte Sprachkritik ist in mancherlei Hinsicht mit den sprachkritischen Traditionen verbunden. Dazu gehört u.a., dass der Blick auf die Sprache fokussiert ist auf die jeweils beobachtbaren *Veränderungen* und dass Veränderungen vor allem dort wahrgenommen werden, wo sie auch in kürzeren Zeiträumen am auffälligsten sind: *im Lexikon der Sprache.*

Die kritische Reflexion der Sprachveränderungen als Aufgabe der Sprachkritik wird vom Glossenschreiber für seine Kolumne programmatisch schon in der ersten Glosse betont. Sprachveränderung wird, so meint Matthies dort, grundsätzlich von den Sprechern selbst tagtäglich hergestellt, jedoch sind die Chancen, die Sprache zu verändern, auf verschiedene Sprechergruppen innerhalb der Gesellschaft ungleich verteilt. Matthies nennt als Verursacher neben Journalisten eine „Unzahl von Werbetextern, Schriftstellern, TV-Prominenten, die Anstöße und Vorbilder liefern für diese Wandlung" und deren Einflussmöglichkeiten er für größer hält als die großer Institutionen wie Bahn, Post oder TV-Sender (worüber man unterschiedlicher Meinung sein kann!). Letztere könnten mit ihren „lächerlichen Anglizismen" zwar „Stadtbild und Werbung dominieren und „viele Menschen von der Kommunikation aus[schließen]", ihre Kreationen gingen aber selten in die aktive Sprache der normalen Sprecher ein, genausowenig wie die „'durchgegenderten' Parallelformen" der Feministinnen und Feministen. „Die wirklich Mächtigen sitzen woanders." Zu ihnen gehören nach Matthies Werbetexter (z.B. mit dem Slogan „Geiz ist geil!") und TV-Prominente wie Udo Lindenberg („Keine Panik auf der Titanic"), Dieter Bohlen oder – „Was hätten wir grad aktuell?" – Lena Meyer-Landrut. Die Sprechergruppen, die vorzugsweise Kritik an ihrem Sprachgebrauch auf sich ziehen, werden auch in den Kommentaren relativ übereinstimmend als die in der Werbe- und der Medienwelt Tätigen identifiziert, wobei freilich die Politiker mitzudenken bzw. zu ergänzen sind. Jugendsprache als weiterer in der Sprachkritik traditionell gern genannter und kritisierter Motor für Veränderung tritt in den Glossen und Kommentaren der Kolumne ganz zurück. Nur in wenigen Kommentaren werden die Jugendlichen erwähnt, z.B. in 10:11 mit der Einschätzung, dass in ihrer täglichen Sprache es „nicht der englische Einfluss [ist], der schädigend ist, sondern die völlige Verweigerung der deutschen Grammatik". In 15:7 wird der Beitrag der „Jungen" umgekehrt gerade positiv bewertet. Gleichfalls gibt es die alte bildungsbürgerliche Verachtung der (sprachlich) Ungebildeten als der Sprachverhunzer, auf deren Kosten man sich sprachkritisch lustig machen kann, in den Glossen von Matthies und den Kommentaren kaum. Matthies gestattet sich einen kleinen Ausfall in Glosse 5, wo er zur Erklärung des Geredes vom *Performen* und *Voten* und ähnlichen Kreationen im „Show-Hohlraum" schreibt: „Nicht von ungefähr werden solche Begriffe besonders gern von Leuten bemüht, die den Englisch-Unterricht verpennt haben, vielleicht eine Rache am verhassten Lehrer?" Speziell zu *voten* stellt er fest, es stecke noch im Unterhaltungssektor fest, „wo debile Fernsehzuschauer herausfinden sollen, ob der richtige Titel eines Kriminalbeamten A: ‚Kommissar' oder B: ‚Kotzbrocken' lautet". Die Witzigkeit der Äußerung wäre auch erhalten geblieben, wenn er statt auf die Fernsehzuschauer auf die Veranstalter der Befragung gezielt hätte, die ihre Zuschauer offenbar für debil *halten*. In den Kommentaren fügen sich einige der metakritischen „Grüße ins Glashaus" mit erhobenem Zeigefinger am ehesten in das alte Schema.

8.3.2 Die Richtung der Veränderung und das Gespenst vom Sprachverfall

Die bekannte Sorge, neue im Sprachgebrauch zu beobachtende Entwicklungen könnten der deutschen Sprache zum Schaden gereichen und längerfristig ihren „Verfall“ bewirken, findet in den untersuchten Glossen und Kommentaren wenig Bestätigung. Hin und wieder provoziert der ungehinderte englische Spracheinfluss eine solche Vision wie beim „Genervten“ (13:14), der seinen Kommentar mit der Klage enden lässt: „Arme deutsche Sprache! Auf diesem Wege wird sie dauerhaft verkümmern und aussterben.“ Ähnlich weitreichend macht sich „josse“ (11:7) Sorgen um die „Erhaltung unserer Sprache als Hochsprache“, während die Auswirkungen, die freidenker (11:13) befürchtet, den Verlust der durch die Sprache verbürgten nationalen Identität betreffen. Die meisten Beiträger geraten ob des englischen Spracheinflusses jedoch nicht in Katastrophenstimmung. Das gilt zunächst für den Glossenschreiber selbst, der sich weniger gegen die Fremdwörter als gegen ihre übertriebene Bekämpfung engagiert, geleitet von der optimistischen Auffassung, dass bleiben darf, „was passt, sich einfügt und die Sprache bereichert“, während das Unnütze ohnehin verschwindet, „sobald es durchgenudelt ist“ (13). Dazu passt auch, dass Matthies in der ersten Glosse zur Illustration eines neuen Sprachgebrauchs zum Auftakt Lena Meyer-Landrut wählt und mit dem Kommentar versieht: „Lyrik ist noch möglich. Und die deutsche Sprache funktioniert.“ Diese Bewertung bleibt auf der Welle allgemeiner Lena-Begeisterung unwidersprochen und regt „step“ (1:4) zu der verallgemeinernden Schlussfolgerung an: „Es gibt offenbar noch 'ne Menge Erfreuliches im Bereich Sprache zu vermelden.“

Was den englischen Spracheinfluss als auffälligste Erscheinung gegenwärtiger Sprachveränderung betrifft, würde unter den Kommentatoren zwar niemand bezweifeln, dass es „Auswüchse“ gibt, vorherrschende Tendenz ist aber, die von anderen Sprachkritikern betonten Gefahren mit unterschiedlichen Argumenten zu relativieren: „bisonex“ (9:15) betont die Bereicherung durch Entlehnung. Ein Beiträger (marel in 13:5 und 13:6), offenbar ein Norddeutscher, schwächt die Fremdheit der Sprachformen mit dem Hinweis ab, dass Anglizismen „nichts als die Rückkehr des Angelsächsischen in seine norddeutsche Heimat“ sind und damit „einen natürlichen Trend gegen die fürchterliche Verhochdeutschung der Sprache“ darstellen. Ein anderer Kommentator (5:19) begreift die angelsächsischen Entlehnungen als Erscheinung einer „lebendigen Sprache“ und als „demokratische Angelegenheit“, insofern sich in den sprachlichen Entwicklungen nur gesellschaftliche Zustände bzw. Entwicklungen, nämlich das „kulturelle Übergewicht des Angloamerikanischen“, spiegeln. Häufiger wird an dieser Stelle die „Globalisierung“ eingesetzt, womit das sprachliche Phänomen jedoch auch der Kritik entzogen wird, die sich ja sinnvollerweise auf die Globalisierung selbst richten müsste. In manchen Kommentaren wird der angelsächsische Spracheinfluss selbst gar nicht negativ oder positiv bewertet, sondern vor dem Hintergrund der gesellschaftlichen Verhältnisse als unausweichlich betrachtet: Ohne Englisch geht es nicht mehr in den großen internationalen oder deutschen Konzernen, in der Computerbranche, der Luftfahrt und in den Wissenschaften (9:5, 9:6, 10:9 u.ö.).

In der Behandlung des zweiten mehrfach diskutierten Problems, in der Kritik an sprachlichen Versatzstücken (*Wortschablonen, Floskel- und Phrasensprache, Sprachmüll*), fällt zunächst auf, dass in den Glossen und Kommentaren verschiedene Kritikpunkte unklar vermischt werden, die eigentlich in keinem systematischen Zusammenhang stehen. Das ist zum einen die Kritik an der *Häufigkeit der Verwendung* der entsprechenden Ausdrücke, die unterschiedlicher Art sein können: Simplizia (*pur*), abgeleitete Wörter (*deutlich*), Komposita (*Schnittmenge*), halbfeste Mehrwortfügungen, insbesondere Substantiv-Verb-Koppelungen (*Rettungspaket schnüren*) bis hin zu idiomatisierten Redewendungen (*auf die lange Bank schieben*). Sprachkritisch aufgespießt wird die Neigung, sich beim Sprechen oder Schreiben gedankenlos an das zu halten, was einem zuerst einfällt, und das ist in der Regel das, was zu einer bestimmten Zeit in einem bestimmten Kommunikationsbereich gerade im Schwange ist. Dagegen setzt der Kritiker den Wert einer reflektierten Wortwahl in der Erwartung, dass Abwechslung nicht nur als solche erfreut, sondern dass der Sprecher oder Schreiber auf diese Weise in der konkreten Situation häufig einen treffenderen Ausdruck finden würde, als wenn er sich auf den ersten besten Einfall verlässt. Nicht selten werden dieselben Ausdrücke aber nicht nur wegen der Häufigkeit der Verwendung, sondern über eine semantische Analyse auch selbst kritisiert (schiefes Bild, nicht passend auf die bezeichnete Realität u.Ä.). Schließlich entsteht drittens der – unsichere – Eindruck, dass Matthies möglicherweise die Reproduktion vorgeprägter Sprachmuster generell für kritikwürdig hält.

Auch solche Tendenzen in der Gegenwartssprache werden aber kaum Anlass für Verfallsängste. Ein Kommentar (rueck-sicht in 8:12) befürchtet, dass bei der Wahl der immer gleichen, modisch bevorzugten Bezeichnungen (z.B. *deutlich*) die nicht benutzten Alternativen (*spürbar, weitaus, viel*) vergessen werden könnten, „unmerklich verschwinden" und die deutsche Sprache also längerfristig Ausdrucksmöglichkeiten verlieren könnte. Im Allgemeinen aber wird modischer „Sprachmüll" besonders als Zumutung für die Rezipienten und weniger als Gefahr für die Sprache angeprangert.

8.3.3 Die Wirksamkeit alltagsweltlicher Sprachtheorien

Nicht nur die „Theorie" vom Sprachverfall ist in der untersuchten Kolumne kaum identifizierbar; auch die in Kapitel II, 2 referierten Hauptelemente „alltagsweltlicher Sprachtheorien" sind als Grundlage der Kritik nur zum Teil erkennbar.

Eine ausdrückliche Berufung auf das Ideal der 1:1-Beziehung zwischen Zeichen und Bezeichnetem findet sich weder in einer Glosse noch in einem Kommentar. Möglicherweise steckt diese Idealvorstellung aber hinter der Kritik, eine bestimmte Gebrauchsweise eines Ausdrucks sei falsch, weil er etwas anderes bedeute bzw. eine andere Funktion habe, ohne dass der Kritiker die Möglichkeit in Betracht zöge, dass der Ausdruck zwei unterschiedliche Gebrauchsweisen haben könnte. Diese Argumentationsfigur impliziert gewissermaßen die 1:1-Beziehung zumindest in der einen Richtung: Eine Form hat/soll haben nur einen Inhalt bzw. eine Funktion.

Bestätigt wird der in Kapitel II, 2 beschriebene übertriebene Glaube an die Anwendbarkeit des Kriterienpaars ‚richtig' und ‚falsch' in der Überprüfung sprachlicher Alternativen, denen gegenüber es oft angemessener wäre, sie der Frage nach ‚besser' oder ‚schlechter' auszusetzen. Eine kleine Auswahl sprachlicher Gegenstände, die der Entscheidung über ‚richtig' und ‚falsch' unterzogen werden, stellt die folgende Liste dar. Sie zeigt, dass fast immer Urteile darüber getroffen werden, was ‚falsch' ist. Was ‚richtig' ist, ergibt sich sekundär oder bleibt unbestimmt:

- *Worte* als Pluralform für Einzelwörter ist „falsch" (15:7).
- Viele „gebrauchen eine Redewendung falsch", weil sie den Ursprung nicht mehr kennen (3:1).
- Das Wort *deutlich* haben „selbsternannte ‚Sprachschöpfer'" in Fügungen wie *deutlich billiger, deutlich wärmer* an Stelle von *erheblich* oder *spürbar* „fast überall falsch ‚untergejubelt' (3:14, auch 8:12).
- *Weil* mit Verbzweitstellung ist ein „falsches Benutzen des Wortes" (5:11), ist „falsches Deutsch" (5:13).
- etwas *befördern* ist falsch, wenn man den Ausdruck im Sinne von ‚fördern' gebraucht. Die Vorsilbe macht das Verb „nicht ‚dringlicher', sondern leider nur – falsch!" (3:21).
- *Pedaltreter* (für *Fahrradfahrer*) ist „falsch, denn das Pedal wird gekurbelt". Allenfalls Autofahrer könnten so bezeichnet werden (4:5).
- Das Flugzeug *Flieger* zu nennen, ist „sachlich schlicht falsch", wenn auch umgangssprachlich anerkannt (5:18).

Von Interesse ist nun die Frage, mit welchen Argumenten Behauptungen über Richtigkeit bzw. Falschheit sprachlicher Ausdrücke gestützt werden – falls überhaupt argumentiert wird. Bei der Beurteilung entlehnter Ausdrücke führt die Entscheidung über ihre „Richtigkeit" verschiedentlich zu Diskussionen darüber, ob die Bedeutung des entlehnten Wortes im Deutschen übereinstimmt mit seiner Bedeutung im Englischen. Dieses Kriterium kommt z.B. in der Überprüfung der bekannten Zweifelsfälle *für den Moment* (3:15), *Handy* (9:18), *body bag* (9:18), *public viewing* (9:18) und *Willkommen zurück* (3:14) zum Tragen.

Deutlich ausgeprägt ist das „abbildtheoretisch" beeinflusste Verständnis der Beziehung von Form und Inhalt, das zu dem methodisch fragwürdigen Verfahren führt, über ‚richtig' und ‚falsch', eventuell auch über ‚besser' und ‚schlechter', durch Überprüfung der Ausdrücke hinsichtlich ihrer Übereinstimmung mit der Realität zu entscheiden. Dieses Verfahren ist in der untersuchten Sprachkolumne besonders in den Glossen und Kommentaren zu beobachten, die mit den festen oder halbfesten Mehrwortwendungen befasst sind. Ich nenne einige Beispiele und gebe nach dem Doppelpunkt das Argument an, das der jeweilige Verfasser zur Begründung seiner sprachkritischen Zweifel an der Richtigkeit bzw. der Güte der sprachlichen Ausdrucksmittel, manchmal nur als ein Argument unter anderen, vorbringt. Dabei kann sich die Kritik sowohl auf den konkreten Gebrauch eines sprachlichen Mittels als auch auf konventionalisierte Bildungen richten.

- *Rettungspakete schnüren*: Es gibt kaum jemanden, der noch Bindfäden zur Verpackung verwendet (3:11 u. 3:12).
- *Telefondrähte glühen*: Drähte kommen zunehmend außer Gebrauch und sind außerdem kaum zum Glühen zu bringen (4).
- *Pedaltreter*: Fahrradpedale werden gekurbelt und nicht getreten (4:5).
- *die Seele baumeln lassen*: Die Seele hat keine Aufhängevorrichtung (4, 4:24).
- *Zünglein an der Waage*: Das Zünglein zeigt immer nur an, auf welcher Seite mehr Gewicht liegt; es bedeutet und entscheidet selbst überhaupt nichts (8).
- *Alarmglocken schrillen*: Es gibt kaum noch Alarmglocken und was schrillt, sind ohnehin eher Sirenen (3).

Die Methode ist immer die gleiche. Man nimmt ein Wort bzw. eine Mehrwortfügung, überprüft, was die sprachlichen Ausdrücke, wörtlich gedeutet, explizit oder implizit über die Wirklichkeit aussagen und kommt zum Ergebnis, dass sich zwischen den beiden Ebenen keine sinnvollen Beziehungen herstellen lassen. Dabei wird wieder übersehen, dass die Ausdrücke für uns Bedeutung haben und in der Kommunikation problemlos eingesetzt werden können, ganz unabhängig davon, was ihre wörtliche Bedeutung sagt, die wir im Übrigen in vielen Fällen gar nicht mehr bestimmen können. Normalerweise kommen wir auch gar nicht auf die Idee, danach zu fragen. Wer die Redewendungen *Lügen haben kurze Beine, Hals über Kopf davonrennen, über die Stränge schlagen* kennt, versteht sie und kann sie gebrauchen, ohne sich Gedanken darüber machen zu müssen, ob Lügen Beine haben können, wie ich mir das Davonrennen Hals über Kopf vorstellen soll bzw. wie man über welche Stränge schlagen kann. Deshalb braucht man auch den Ursprung einer Redewendung nicht zu kennen, um sie richtig gebrauchen zu können, wie „teerpaul" in 3:1 voraussetzt, wenn er behauptet, Redewendungen würden von Reportern häufig falsch gebraucht, weil „der Urprung ihnen, besonders jüngeren, schon verloren gegangen zu sein scheint". Auf dem richtigen Weg ist „brahmine" in 5:15, der oder die anlässlich der sich drehenden oder nicht drehenden Windmühlen (5:14-16) an den „feststehenden Begriff" erinnert, bei dem „jeder weiß, was gemeint ist" (wie unsinnig auch seine wörtliche Bedeutung zu sein scheint). „eban" gibt „brahmine" anschließend (in 5:16) recht, folgt aber nicht ihrem Argument, sondern hält konsequent an seiner Überprüfungsmethode fest. Nur hat er sich inzwischen sachkundig gemacht und festgestellt, dass es tatsächlich Windmühlen, z.B. Bockwindmühlen, gibt, die sich auch selber drehen. Dass sich bei Bockwindmühlen zwar mehr als die Flügel bewegen, aber auch nicht das Gebäude insgesamt, scheint ihn nicht zu stören.

8.4 Sprachglossen in Zeiten des Internets: Chance zum Besseren

Die letzten Jahrzehnte haben gezeigt, dass die publizistische Sprachglosse auch ohne den bildungsbürgerlichen Humus gedeiht, dem sie traditionell ihre Blüte verdankte. Erinnert sei nur an die multimediale Verwertung der Zwiebelfisch-Kolumne Bastian Sicks in der Druckfassung des Spiegel-Magazins, in Spiegel Online und sälefüllend als sprachkritisches Showereignis. Veränderte gesellschaftliche Bedingungen und veränderte mediale Träger verändern freilich auch das Genre selbst und seine gesellschaftliche Wirksamkeit. Das bestätigt auch die hier untersuchte Sprachkolumne, die selbst nicht besonders auf- oder anregend ist, jedoch exemplarisch das Potential sichtbar macht, das in dieser neuen Erscheinungsform öffentlicher Sprachreflexion steckt.

Am wenigsten auffällig sind Veränderungen am eigentlichen Glossentext, dessen Veröffentlichung in der Online-Kolumne den Startpunkt darstellt.

Es mag sein, dass die Glossen von Matthies von der Tatsache, dass sie Online veröffentlicht werden und als Anlass für Kommentare in der Zeitung institutionalisiert sind, beeinflusst werden. Offensichtlich ist das nicht. Sie könnten, so scheint es, unverändert in der Druckfassung der Zeitung erscheinen. Das gesamte Setting aber, in das die Sprachglossen eingebettet sind, zeigt wesentliche Veränderungen.

(1) Es sind weit mehr Personen, die an der öffentlichen Diskussion des in der Glosse angesprochenen Problems aktiv teilnehmen, als die Zahl derer, die traditionell die Chance hatten, als Leserbriefschreiber in der Druckfassung zu Wort zu kommen. Die Anzahl möglicher Kommentare ist praktisch unbegrenzt. Neu ist auch die Möglichkeit, nicht nur mit dem Glossenschreiber bzw. der Redaktion, sondern auch mit den Ko-Autoren in kommunikativen Kontakt zu treten.

(2) Für die Rezipienten, die die Kolumne auf der Webseite anklicken, sind alle Beiträge, die bis dato eingegangen sind, simultan verfügbar, während die früheren Lesebriefe nach mehreren Tagen in einer Leserbrief-Spalte abgedruckt wurden, wenn der Artikel, auf den sie sich bezogen, mit dem Zeitungsexemplar oft schon weggeworfen worden war.

(3) Die sozialen Gruppen, die an der Online-Kolumne aktiv oder passiv teilnehmen, haben sich erweitert, u.a. was die Altersgruppen betrifft. Während Matthies, um der „Sprachnörgler" habhaft zu werden, nicht zufällig noch immer auf den „gebildeten Pensionär" als einen Prototyp stößt, verraten die Kommentare zu dieser Kolumne deutlich die Teilnahme einer nicht unerheblichen, wenn auch nicht genau bezifferbaren Anzahl von Jugendlichen, die nicht nur ihre jugendsprachlichen Eigenheiten einbringen, sondern auch das Spektrum von Meinungen über die verhandelten sprachkritischen Gegenstände sowie verallgemeinert von Einstellungen gegenüber Sprache und ihren Veränderungen erweitern.

(4) Auch die traditionell stark ausgeprägte Trennung von publizistischer Sprachkritik und linguistischer Sprachbeschreibung wird gemildert, weil sich unter den Kommentatoren möglicherweise auch Linguisten, auf jeden Fall aber Personen mit mehr oder weniger linguistischem Sachverstand befinden wie beispielsweise „vicente" in 5:12, die oder der darauf aufmerksam macht, dass an der Uni Potsdam Untersuchungen zum Problem der *weil*-Sätze zum Ergebnis kamen, dass die vielkritisierte Verbzweitstellung schon in mittelhochdeutscher Zeit nachweisbar ist.

(5) Die alte prototypische Situation, in der ein Sprachkritiker, der wusste, was richtig und was falsch ist, auf einen Leser stieß, der genau darüber Auskunft haben wollte bzw. autoritativ bestätigt haben wollte, was er selbst für richtig hielt, verkompliziert sich für den heutigen Nutzer der Sprachkolumne, jedoch nicht unbedingt zum Schaden einer vernünftigen Behandlung sprachlicher Fragen in der öffentlichen Sprachreflexion. Der Nutzer findet fast immer verschiedene Meinungen zum jeweils verhandelten Gegenstand vor und bekommt so in der Auseinandersetzung mit ihnen – hoffentlich – einen Begriff davon, dass sich die Bewertung sprachlicher Phänomene meistens nicht einer einfachen Richtig-Falsch-Entscheidung fügt. Nicht selten hat er zumindest die Möglichkeit, eine angemessene Beurteilung des jeweiligen Phänomens kennenzulernen; denn wenn genügend Kommentare eingehen, findet sich in Online-Diskussionen immer wieder einer, der problematische Urteile zurechtrückt. Nur kann natürlich niemand sicherstellen, dass alle Leser sich gerade dieser Stimme anschließen. Ein solcher „Zurechtrücker" ist z.B. „step" in 3:24, der Matthies' kritische Behandlung der Redeweise *die Seele baumeln lassen* mit der Bemerkung kontert: „Natürlich können Seelen nicht baumeln. Aber Atem kann auch nicht schaukeln. Und trotzdem hat Herta Müller für ihr Buch einen Nobelpreis bekommen. Kunst eben! [...] Bei mir bleibt ‚Seelebaumeln'." Wenn nun noch ein weiterer Kommentator käme (was hier nicht der Fall ist, aber doch gut möglich wäre), der sich mit dem möglichen Einwand auseinandersetzt, dass eine Prägung, die in der Literatursprache als gelungen angesehen werden kann, nicht ohne weiteres zugleich in allen anderen Sprachvarietäten, z.B. auch in der Alltagssprache oder in der Wissenschaftssprache, funktional adäquat sein muss, so wäre man in der sprachkritischen Behandlung solcher bildhafter Wendungen schon ziemlich weit gekommen.

Literaturverzeichnis

1. Themen-/Schwerpunkthefte von Zeitschriften über Sprachkritik und benachbarte Gegenstände (chronologisch):

- Muttersprache 86 (1976): Sprachwissenschaft und Sprachkritik
- OBST 1978, Heft 8: Sprache und Geschlecht I
- OBST 1979, Heft 9: Sprache und Geschlecht II
- OBST 1979, Beiheft 3: Sprache und Geschlecht III
- Linguistische Berichte 1980, Heft 69: Sprache, Geschlecht und Macht I
- Linguistische Berichte 1981, Heft 71: Sprache, Geschlecht und Macht II
- Muttersprache 93 (1983), Heft 1/2: 30. Januar 1933: Zur Sprache der Nazis und Neonazis
- Sprache und Literatur in Wissenschaft und Unterricht 1983, Heft 51: Sprache und Politik
- Diskussion Deutsch 14 (1983), Heft 73: Nationalsozialismus
- Diskussion Deutsch 15 (1984), Heft 78: Nationalsozialismus 2
- Rundbrief. Hg. v. Arbeitskreis der Sprachzentren, Sprachlehrinstitute und Fremdspracheninstitute 1984, Heft 11: Beiträge zum Thema „Sprachkritik"
- Mitteilungen des Instituts für deutsche Sprache 1984, Heft 10: Aspekte der Sprachkultur
- Der Deutschunterricht 37 (1985), Heft 1: Sprachkultur
- LiLi. Zeitschrift für Literaturwissenschaft und Linguistik 16 (1986), Heft 62: Sprachverfall?
- Sprachreport 1989, Heft 1: Sprachwissenschaft und Sprachkritik
- Sprache und Literatur in Wissenschaft und Unterricht 21 (1990), Heft 65: Sprachkultur oder Sprachkritik?
- Diskussion Deutsch 1990, Heft 115: Politische Sprachkritik
- Der Deutschunterricht 44 (1992), Heft 4: Sprachbewußtsein und Sprachreflexion
- Praxis Deutsch. Zeitschrift für den Deutschunterricht 22 (1995), Heft 132: Sprachkritik
- Sprache und Literatur in Wissenschaft und Unterricht 27 (1996), Heft 78: Political correctness

- Der Deutschunterricht 50 (1998), Heft 3: Sprachnormen
- Der Deutschunterricht 54 (2002), Heft 3: Sprachbewusstsein
- Der Deutschunterricht 58 (2006), Heft 5: Sprachkritik. Neue Entwicklungen
- Sprache und Literatur 39 (2008), Heft 102: Texte bewerten.
- Mitteilungen des Deutschen Germanistenverbandes 56 (2009), Heft 1: Name: Deutsch, Alter: 1200, Befund: Gesund
- OBST 2009, Heft 76: Sprachästhetik
- Aptum. Zeitschrift für Sprachkritik und Sprachkultur 5 (2009), Heft 2: Sprachkritik in der Schule
- Mitteilungen des Deutschen Germanistenverbandes 58 (2011), Heft 3: Sprache in der Politik

2. Autorenverzeichnis (alphabetisch)

Ackermann, Beda 1978: Schopenhauer und die deutsche Sprache. Freiburg: Universitätsverlag.

Adorno, Theodor W. 1964: Jargon der Eigentlichkeit. Zur deutschen Ideologie. Frankfurt: Suhrkamp.

Antos, Gerd 1996: Laien-Linguistik. Zum Verhältnis von Laien und Experten in der Sprachwissenschaft. Studien zu Sprach- und Kommunikationsproblemen im Alltag am Beispiel von Sprachratgebern und Kommunikationstrainings. Tübingen: Niemeyer.

Bär, Jochen A. 2002: Darf man als Sprachwissenschaftler die Sprache pflegen wollen? Anmerkungen zu Theorie und Praxis der Arbeit mit der Sprache, an der Sprache, für die Sprache. In: ZGL 30, 222-251.

Bayer, Klaus 1982: Jugendsprache und Sprachnormplädoyer für eine linguistisch begründete Sprachkritik. In: ZGL 10, 139-155. [Dazu: Wimmer, ebd., 335-340; Bayer, ebd., 341-347]

Beck, Götz 2003: Über Sprachkritik und Sprachpflege. In: Linke u.a. (Hg.) 2003, 451-469.

Bergmann, Christian 1999: Die Sprache der Stasi. Ein Beitrag zur Sprachkritik. Göttingen: Vandenhoeck & Ruprecht.

Besch, Werner/Anne Betten/Oskar Reichmann/Stefan Sonderegger (Hg.): [2]1998, [2]1999, [2]2000: Sprachgeschichte. Ein Handbuch zur Geschichte der deutschen Sprache und ihrer Erforschung. 3 Teilbände. Berlin/New York: de Gruyter. [[1]1984, 2 Bde.]

Betz, Werner 1968: Möglichkeiten und Grenzen der Sprachkritik. In: Sprache im technischen Zeitalter, Heft 25, 7-26.

Betz, Werner 1975: Sprachkritik. Das Wort zwischen Kommunikation und Manipulation. Zürich: Edition Interfrom.

Beutin, Wolfgang 1976: Sprachkritik – Stilkritik. Eine Einführung. Stuttgart u.a.: Kohlhammer.

Biere, Bernd/Rudolf Hoberg (Hg.) 1995: Bewertungskriterien in der Sprachberatung. Tübingen: Narr.

Böke, Karin/Matthias Jung/Martin Wengeler (Hg.) 1996: Öffentlicher Sprachgebrauch. Praktische, theoretische und historische Perspektiven. Georg Stötzel zum 60. Geburtstag. Opladen: Westdeutscher Verlag.

Brekle, Herbert Ernst 1985: Einführung in die Geschichte der Sprachwissenschaft. Darmstadt: Wissenschaftliche Buchgesellschaft. [‚Volkslinguistik', 34-43]

Bremerich-Vos, Albert 1989: Sprachkritische Anmerkungen zum „Historiker-Streit". In: Klein, Josef (Hg.): Politische Semantik. Beiträge zur politischen Sprachverwendung. Opladen: Westdeutscher Verlag, 231–258.

Burkhardt, Armin 2002: Politische Sprache. Ansätze und Methoden ihrer Analyse und Kritik. In: Spitzmüller u.a. (Hg.) 2002, 75-114.

Burkhardt, Armin 2011: Linguistisch begründetes Missvernügen. Über systembezogene und polit(olinguist)ische Sprachkritik. In: Schiewe (Hg.) 2011, 97-124.

Butzkamm, Wolfgang/Jürgen Butzkamm 1999: Wie Kinder sprechen lernen. Kindliche Entwicklung und die Sprachlichkeit des Menschen. Tübingen/ Basel: Francke.

Campe, Joachim Heinrich 1801: Wörterbuch zur Erklärung und Verdeutschung der unserer Sprache aufgedrungenen fremden Ausdrücke. Ein Ergänzungsband zu Adelungs Wörterbuch. 2 Bde. Braunschweig: Schulbuchhandlung. [Neue Ausgabe 1813]

Cherubim, Dieter 1983: Sprachentwicklung und Sprachkritik im 19. Jahrhundert. Beiträge zur Konstitution einer pragmatischen Sprachgeschichte. In: Cramer, Th. (Hg.): Literatur und Sprache im historischen Prozess. Vorträge des Deutschen Germanistentages 1982. Bd. 2: Sprache. Tübingen: Niemeyer, 170–188.

Cherubim, Dieter 2003: Sprache als historischer Gegenstand. In: Linke u.a. (Hg.) 2003, 231-242.

Cherubim, Dieter 2011: Erfolg und Misserfolg von Sprachkritik. Muss die Sprachgeschichte die Sprachkritik berücksichtigen – und umgekehrt? In: Schiewe (Hg.) 2011, 9-20.

Coseriu, Eugenio 1970: System, Norm und ‚Rede'. In: Ders.: Sprache. Strukturen und Funktionen. XII Aufsätze. Tübingen: Narr, 193-212.

Dieckmann, Walther 2001: Sprachkritische Wortverbote? Zur Sprachkritik Klemperers. In: Siehr (Hg.) 2001, 140-154.

Dieckmann, Walther 2005: Streiten über das Streiten. Normative Grundlagen polemischer Metakommunikation. Tübingen: Niemeyer.

Dieckmann, Walther 2006: Sprachkritik – ein Haus mit vielen Wohnungen. Spielarten wortbezogener Sprachkritik. In: Der Deutschunterricht 58, Heft 5, 17-26.

Dieckmann, Walther 2006: Zum sprachlichen Umgang mit möglicherweise täuschenden Eindrücken. In: Muttersprache 116, Heft 1, 1-17.

Dieckmann, Walther 2007: „Belastete Wörter" als Gegenstand und Resultat sprachkritischer Reflexion. In: Aptum 3, 62-80.

Dietrich, Rainer 2003: Inwiefern kann eine Sprache einfach sein? In: Zeitschrift für Literaturwissenschaft und Linguistik [LiLi], Heft 131, 55–75.

Domke, Christine/Jörg Kilian (Hg.) 2009: Name: Deutsch, Alter: 1200, Befund: Gesund! Essays zum Zustand und zum Gebrauch der deutschen Sprache. In: Mitteilungen des Deutschen Germanistenverbandes 56, Heft 1, 6-108.

Durrell, Martin 2011: Deutsch und Englisch in Europa: Die Probleme der „alten" Nationalsprache und der „neuen" Globalsprache. In: Aptum 7, 177-192.

Ehlers, Klaas-Hinrich 1997: Vom gestörten Gleichgewicht. Modelle des Sprachwandels im Prager Strukturalismus und der frühen Sprachinhaltsforschung. In: ZGL 25, 255-272.

Ehlich, Konrad (Hg.) 1989: Sprache im Faschismus. Frankfurt: Suhrkamp.

Eichinger, Ludwig M. 2009a: Auf die deutsche Sprache kann man sich verlassen, wenn man sich um sie kümmert. In: Domke/Kilian (Hg.) 2009, 96-108.

Eichinger, Ludwig M. 2009b: Vom rechten Deutsch. Wer darf die Sprache kritisieren? In: Liebert/Schwinn (Hg.) 2009, 201-218.

Eisenberg, Peter 2009: Krank, unreif, weniger gut? Sprachwissenschaftler reden über Sprache. In: Domke/Kilian (Hg.) 2009, 16-23.

Eisenberg, Peter/Karl Heinz Siehr 1995: Nachrichten aus Potsdam, die Sprachkritik betreffend. In: Praxis Deutsch 22, Heft 132, 13-17.

Eitz, Thorsten/Georg Stötzel 2006: Sprachliche „Vergangenheitsbewältigung"? Neue Perspektiven der Sprachkritik im brisanten Spannungsfeld von Sprache und Nationalsozialismus. In: Der Deutschunterricht 58, Heft 5, 28-37.

Engel, Eduard [30]1922: Deutsche Stilkunst. Wien: Hölder-Pichler-Tempsky/ Leipzig: G. Freytag.

Felder, Ekkehard 2009: Linguistische Sprachkritik im Geiste linguistischer Aufklärung. In: Liebert/Schwinn (Hg.) 2009, 163-185.

Fix, Ulla 1995: Textmusterwissen und Kenntnis von Kommunikationsmaximen. Voraussetzung, Gegenstand und Ziel einer kommunikationsbezogenen Sprachberatung. In: Biere/Hoberg (Hg.) 1995, 62-73.

Fix, Ulla 2008: Ansprüche an einen guten (?) Text. In: Aptum 4, Heft 1, 1-20.

Fragen und Antworten 2006: In: Der Sprachdienst 50, Heft 4-5, 84-89.

Frisch, Max 1965: Ausgewählte Prosa. Hg. v. Joachim Kaiser. Frankfurt: Suhrkamp.

Frohning, Dagmar u.a. 2002: Einleitung. In: Spitzmüller u.a. (Hg.) 2002, 1-15.

Fuchs, Volker 2010: Gelungen – missraten. Strategien des Umgangs mit fremdem Wortgut. In: Aptum 5, 211-235.

Gardt, Andreas 2008: Referenz und kommunikatives Ethos. Zur Forderung nach Wahrheit im Alltag des Sprechens. In: Pappert u.a. 2008, 15-30.

Gauger, Hans-Martin 1984: Überlegungen zur Sprachkritik. In: Arbeitskreis der Sprachzentren, Sprachlehrinstitute und Fremdspracheninstitute. Rundbrief 11, 48-64.

Gauger, Hans-Martin 1995: Über Sprache und Stil. München: Beck.

Gauger, Hans-Martin 1999: Die Hilflosigkeit der Sprachwissenschaft. In: Meier, Christian (Hg.): Sprache in Not? Zur Lage des heutigen Deutsch. Göttingen: Wallstein, 85-101.

Gauger, Hans-Martin 2004: Was wir sagen, wenn wir reden. Glossen zur Sprache. München: Hanser.

Gauger, Hans-Martin/Wulf Oesterreicher u.a. 1982: Sprachgefühl? Vier Antworten auf eine Preisfrage. Heidelberg: Lambert Schneider.

Gellhaus, Axel/Horst Sitta (Hg.) 2000: Reflexionen über Sprache aus literatur- und sprachwissenschaftlicher Sicht. Tübingen: Niemeyer.

Gerdes, Jens 2010: Als die Sprache zur Welt kam. Was Linguisten über die Evolution von Sprache zu sagen haben. In: Sprachreport 26, 9-16.

Glück, Helmut/Walter Krämer (Hg.) 2000: Die Zukunft der deutschen Sprache. Eine Streitschrift. Leipzig: Klett.

Goethe, Johann Wolfgang v. [4]1960: Maximen und Reflexionen. In: Goethes Werke. Hamburger Ausgabe. Hamburg: Christian Wegner, Bd. 12, 365-547.

Goethe, Johann Wolfgang von ([1792] [2]1960): Campagne in Frankreich. In: Goethes Werke. Hamburger Ausgabe. Hamburg: Christian Wegner, Bd. 10, 188-363.

Grice, Paul H. 1996: Logik und Konversation. In: Hoffmann, Ludger (Hg.): Sprachwissenschaft. Ein Reader. Berlin/New York: de Gruyter, 163-182.

Grimm, Jacob [1818] 1986: Deutsche Grammatik. Vorrede. In: Reiher, Ruth (Hg.): Jacob und Wilhelm Grimm. Über das Deutsche. Schriften zur Zeit-, Rechts-, Sprach- und Literaturgeschichte. Frankfurt/M.: Röderberg, 137-153.

Grimm, Jacob 1854: Vorrede zum Deutschen Wörterbuch. In: Grimm, Jacob und Wilhelm: Deutsches Wörterbuch. Erster Band. Leipzig: Hirzel, III-XCI.

Grimm, Jacob und Wilhelm ([1893] 1984): Deutsches Wörterbuch, Bd. 14. München: Deutscher Taschenbuch Verlag.

Grimm, Jacob und Wilhelm (1997): Deutsches Wörterbuch. Neubearbeitung, Bd. 2, Lieferung 8. Stuttgart/Leipzig: Hirzel.

Groeben, Norbert 2009: Argumentationsintegrität als Bollwerk gegen Hass-Sprache. In: Liebert/Schwinn (Hg.) 2009, 115-132.

Günthner, Susanne 2003: Eine Sprachwissenschaft der „lebendigen Rede". Ansätze einer anthropologischen Linguistik. In: Linke u.a. (Hg.) 2003, 189-208.

Hall, Robert A. Jr. 1950: Leave your language alone. Ithaca/N.Y.: Linguistica.

Handt, Friedrich (Hg.) 1964: Deutsch – Gefrorene Sprache in einem gefrorenen Land? Berlin: Literarisches Colloquium.

Henne, Helmut 1982: Der Berufung wird stattgegeben. Plädoyer für die Entwicklung von Sprachgefühl. In: Gauger/Oesterreicher u.a. 1982, 91-137.

Heringer, Hans Jürgen (Hg.) 1982a: Holzfeuer im hölzernen Ofen. Aufsätze zur politischen Sprachkritik. Tübingen: Narr.

Heringer, Hans Jürgen 1982b: Sprachkritik – die Fortsetzung der Politik mit besseren Mitteln. In: Heringer (Hg.) 1982a, 3-36.

Heringer, Hans Jürgen 1982c: Der Streit um die Sprachkritik: Dialog mit Peter von Polenz. In: Heringer (Hg.) 1982a, 161-175.

Heringer, Hans Jürgen 1984: Gebt endlich die Wortbildung frei! In: Sprache und Literatur in Wissenschaft und Unterricht 53, 43–53.

Heringer, Hans Jürgen 2009a: Stil und Moral. In: Fix, Ulla u.a. (Hg.): Rhetorik und Stilistik. Ein internationales Handbuch historischer und systematischer Forschung. Berlin: de Gruyter, 1158-1177.

Heringer, Hans Jürgen 2009b: Kritik in der Krise? In: Aptum 5, 251-260.

Hermanns, Fritz 2011: Sprachkritik und Mentalität. In: Schiewe (Hg.) 2001, 21-34.

Holly, Werner 2009: Sprachkritik als sozialer Stil. Johannes Groß als Sprachkritiker „von oben herab". In: Liebert/Schwinn (Hg.) 2009, 305-323.

Huck, Katrin 2011: „Dass anatolische Ziegenhirten schwerer zu Liberalität finden, ist offensichtlich." Leserkommentare als Thema der Politolinguistik am Beispiel von Gerhard Schröders Artikel „Ein Recht auf Minarette". In: Sprachreport 27, Heft 3, 16-21.

Hundt, Markus 2010: Bastian Sick: Der Dativ ist dem Genitiv sein Tod. In: Mitteilungen des Deutschen Germanistenverbandes 57, Heft 2, 174 -196.

Ickler, Theodor 2007: Wie gut ist die deutsche Sprache? In: Knoop, Ulrich (Hg.): Jahrbuch 2001-2005 der Henning Kaufmann-Stiftung. Paderborn: IFB Verlag, 23-40.

Ivo, Hubert 1986: Hitler – bald eine Art Napoleon? Anmerkungen zu generationsbedingten Veränderungen des Redens über die Nazi-Zeit. In: Diskussion Deutsch, Heft 89, 229–240.

Jäger, Siegfried 1968: Die Sprachnorm als Aufgabe von Sprachwissenschaft und Sprachpflege. In: Wirkendes Wort 18, 361-375.

Janich, Nina/Lisa Rhein 2010: Sprachkultur, Sprachkultivierung, Sprachkritik. (= Studienbibliographien Sprachwissenschaft, 37) Tübingen: Julius Groos/Brigitte Narr.

Kämper, Heidrun 2010: Über Auschwitz reden – Theodor W. Adornos sprachpädagogisches Konzept. In: Aptum 5, 193-210.

Keller, Rudi 1990: Sprachwandel. Von der unsichtbaren Hand in der Sprache. Tübingen: Francke.

Keller, Rudi/Ilja Kirschbaum 2003: Bedeutungswandel. Eine Einführung. Berlin/New York: de Gruyter.

Kieserling, André 2001: Soziologen zwischen Terminologie, Jargon und Alltagssprache. In: Gegenworte, Heft 7, 21-24.

Kilian, Jörg 2000: Entwicklungen in Deutschland im 17. und 18. Jahrhundert außerhalb der Sprachgesellschaften. In: Geschichte der Sprachwissenschaften. Ein internationales Handbuch zur Entwicklung der Sprachforschung von den Anfängen bis zur Gegenwart. Hg. von Sylvain Anroux u.a. Berlin/New York: de Gruyter, 1. Teilband, 841-851.

Kilian, Jörg 2001: Kritische Semantik. Für eine wissenschaftliche Sprachkritik im Spannungsfeld von Sprachtheorie, Sprachnorm, Sprachpraxis. In: Zeitschrift für germanistische Linguistik 29, 293-318.

Kilian, Jörg 2009: Didaktische Konzepte zur Sprachkritik im Unterricht des Deutschen als Erstsprache. In: Aptum 5, Heft 2, 106-129.

Kilian, Jörg 2011: „Sprachkritischer Kommentar". Zur lexikologischen und lexikographischen Konzeption des zentralen Textbausteins in einem *Kritischen Wörterbuch der deutschen Gegenwartssprache*. In: Schiewe, Jürgen (Hg.) 2011, 79-95.

Kilian, Jörg/Thomas Niehr/Jürgen Schiewe 2010: Sprachkritik. Ansätze und Methoden der kritischen Sprachbetrachtung. (= Germanistische Arbeitshefte, 43) Berlin: de Gruyter.

Kirkness, Alan 1975: Zur Sprachreinigung in Deutschland 1789-1971. Eine historische Dokumentation. 2 Teile. Tübingen: Narr.

Kirkness, Alan 1984: Das Phänomen des Purismus in der Geschichte des Deutschen. In: Besch u.a. (Hg.) 1984, Bd. I, 290-299.

Klemperer, Victor [17]1998: LTI. Notizbuch eines Philologen. Leipzig: Reclam.

Korn, Karl 1959: Sprache in der verwalteten Welt. Olten/Freiburg: Walter.

Kreuder, Hans Dieter 1988: Anstöße zur Begründung der Metasprachlichen Lexikographie. In: Munske, Horst Haider u.a. (Hg.): Deutscher Wortschatz. Lexikologische Studien. Ludwig Erich Schmitt zum 80. Geburtstag [...]. Berlin/New York: de Gruyter, 370-397.

Lanthaler, Franz/Hanspeter Ortner/Jürgen Schiewe/Richard Schrodt/Horst Sitta 2003: Was ist der Gegenstand der Sprachwissenschaft? Einladung zur Diskussion. Sprachkritik und Sprachwissenschaft – Anmerkungen zu einer komplizierten Beziehung. In: Sprachreport 19, Heft 2, 2-5. (Dazu: Kilian, Jörg: Anmerkungen von Jörg Kilian, ebd., Heft 3, 9-11; Habscheid, Stephan: Die Grenzen der Kritik, ebd., Heft 4, 9-12.)

Leonhardt, Rudolf Walter 1986: Auf gut deutsch gesagt. Ein Sprachbrevier für Fortgeschrittene. München/Zürich: Piper.

Lichnowsky, Mechtilde [1949] 1964: Worte über Wörter. Reinbek: Rowohlt.

Lichtenberg, Georg Christoph ([1773] [5]1994): Sudelbücher I. In: Schriften und Briefe. Hg. v. Wolfgang Promies. Frankfurt: Zweitausendeins.

Liebert, Wolf-Andreas/Horst Schwinn (Hg.) 2009: Mit Bezug auf Sprache. Festschrift für Rainer Wimmer. Tübingen: Narr.

Limbach, Jutta (Hg.) 2005: Das schönste deutsche Wort. Liebeserklärungen an die deutsche Sprache. Freiburg u.a.: Herder.

Link, Elisabeth 1983: Fremdwörter – der Deutschen liebste schwere Wörter? In: Deutsche Sprache 1, 47-77.

Linke, Angelika 2001: Zur allmählichen Verfertigung soziokultureller Konzepte im Medium alltäglichen Sprachgebrauchs. In: Lehr, Andrea u.a. (Hg.): Sprache im Alltag. Beiträge zu neuen Perspektiven in der Linguistik. Festschrift Herbert Ernst Wiegand. Berlin/New York: de Gruyter, 373-388.

Linke, Angelika/Hanspeter Ortner/Paul R. Portmann-Tselikas (Hg.) 2003: Sprache und mehr. Ansichten einer Linguistik der sprachlichen Praxis. Tübingen: Niemeyer.

Lübbe, Hermann [1967] 1982: Der Streit um Worte. Sprache und Politik. In: Heringer (Hg.) 1982a, 48-69.

Macheiner, Judith 1998: DAS GRAMMATISCHE VARIETE oder Die Kunst und das Vergnügen, deutsche Sätze zu bilden. Frankfurt/M.: Eichborn.

Maitz, Péter 2010: Sprachpflege als Mythenwerkstatt und Diskriminierungspraktik. In: Aptum 6, Heft 1, 1-19.

Martenstein, Harald 2007: Die Kunst, ein Antichrist zu sein. In: Der Tagesspiegel v. 23. 9.

Mauthner, Fritz [1901/02] 1982: Beiträge zu einer Kritik der Sprache. 3 Bde. Frankfurt/Berlin/Wien: Ullstein.

Meinunger, André 2008: Sick of Sick? Ein Streifzug durch die Sprache als Antwort auf den „Zwiebelfisch". Berlin: Kadmos.

Nellessen, Bernd 1979: Unsere mißhandelte Sprache. In: Frankfurter Allgemeine Zeitung v. 31. 12.

Neuland, Eva 1996: Sprachkritiker sind wir doch alle! Formen öffentlichen Sprachbewußtseins. Perspektiven kritischer Deutung und einige Folgerungen. In: Böke u.a. (Hg.) 1996, 110-120.

Niehr, Thomas 2011: Wörterbücher als Instrumente der Sprach- und Sachkritik. Eine Typologie. In: Schiewe (Hg.) 2011, 59-78.

Niehr, Thomas/Jan Funken 2009: Sprachkritik im Unterricht. Das Beispiel „Lexik und Semantik". In: Aptum 5, Heft 2, 130-148.

Nübling, Damaris u.a. 2006: Historische Sprachwissenschaft des Deutschen. Eine Einführung in die Prinzipien des Sprachwandels. Tübingen: Narr.

Nussbaumer, Markus 1995: Bewertungskriterien für die Sprachberatung in der Schule. In: Biere/Hoberg (Hg.) 1995, 74-90.

Ortner, Hanspeter/Horst Sitta 2003: Was ist der Gegenstand der Sprachwissenschaft? In: Linke u.a. (Hg.) 2003, 3-64.

Pafel, Jürgen 1989: *scheinen* + Infinitiv. Eine oberflächengrammatische Analyse. In: Falkenberg, Gabriel (Hg.): Wissen, Wahrnehmen, Glauben. Epistemische Ausdrücke und propositionale Einstellungen. Tübingen: Niemeyer, 124–169.

Pappert, Steffen u.a. (Hg.) 2008: Verschlüsseln, Verbergen, Verdecken in öffentlicher und institutioneller Kommunikation. Berlin: Erich Schmidt.

Paul, Hermann [1880, [5]1920] 1995: Prinzipien der Sprachgeschichte. Studienausgabe, Tübingen: Niemeyer [10]1995.

Pérennec, Marie-Hélène 2001: Die Sprachglosse beiderseits des Rheins: Kulturelle Unterschiede bei einem gemeinsamen Textmuster. In: Fix, Ulla/ Stefan Habscheid/Josef Klein (Hg.): Zur Kulturspezifik von Textsorten. Tübingen: Stauffenburg.

Pfalzgraf, Falco 2011: Anglizismen als Thema der Sprachwissenschaft und Sprachkritik. In: Aptum 7, 160-176.

Platon 1957: Kratylos. In: Sämtliche Werke. Rowohlts Klassiker, Hamburg: Rowohlt Taschenbuch, Bd. 2, 123-181.

Podiumsdiskussion 2002: Sprachkritik als angewandte Linguistik? In: Spitzmüller u.a. (Hg.) 2002, 125-151.

Polenz, Peter von [1973] 1982: Sprachkritik und Sprachnormenkritik. In: Heringer (Hg.) 1982a, 70-93.

Polenz, Peter von 1983: Die Sprachkrise der Jahrhundertwende und das bürgerliche Bildungsdeutsch. In: Sprache und Literatur in Wissenschaft und Unterricht 14, Heft 52, 3-13.

Polenz, Peter von 1991, 1994, 1999: Deutsche Sprachgeschichte vom Spätmittelalter bis zur Gegenwart. 3 Bde. Berlin/New York: de Gruyter.

Polenz, Peter von 2000: Sprachgeschichte und Sprachkritik. In: Jahrbuch 2000 der Henning Kaufmann-Stiftung. Schliengen: Ulrich Schmitt, 21-45.

Polenz, Peter von 2005: Streit über Sprachkritik in den 60er Jahren. In: Aptum 1, Heft 2, 97-111.

Sanders, Willy 1992: Sprachkritikastereien und was der „Fachler" dazu sagt. Darmstadt: Wiss. Buchgesellschaft.

Saussure, Ferdinand de [1916] 1967: Grundfragen der allgemeinen Sprachwissenschaft. 2. Aufl., hg. von Peter von Polenz. Berlin: de Gruyter.

Schiewe, Jürgen 1989: Sprachpurismus und Emanzipation. Joachim Heinrich Campes Verdeutschungsprogramm als Voraussetzung für Gesellschaftsveränderungen. Germanistische Linguistik 96/97, Hildesheim u.a.: Olms.

Schiewe, Jürgen 1998: Die Macht der Sprache. Eine Geschichte der Sprachkritik von der Antike bis zur Gegenwart. München: Beck.

Schiewe, Jürgen 2000: Laudatio für Prof. Dr. Peter von Polenz anläßlich der Verleihung des „Deutschen Sprachpreises" der Henning Kaufmann-Stiftung [...] 2000. In: Jahrbuch 2000 der Henning Kaufmann-Stiftung. Schliengen: Ed. Argus, 11-19.

Schiewe, Jürgen 2003: Über die Ausgliederung der Sprachwissenschaft aus der Sprachkritik. Wissenschaftsgeschichtliche Überlegungen zum Verhältnis von Normsetzung, Normreflexion und Normverzicht. In: Linke u. a. (Hg.) 2003, 401-416.

Schiewe, Jürgen (Hg.) 2011: Sprachkritik und Sprachkultur. Konzepte und Impulse für Wissenschaft und Öffentlichkeit. Bremen: Hempen.

Schiewe, Jürgen/Martin Wengeler 2005: Zeitschrift für Sprachkritik und Sprachkultur. Einführung der Herausgeber zum ersten Heft. In: Aptum 1, Heft 1, 1-13.

Schiller, Friedrich 1952: Gedichte. Eine Auswahl. Hg. v. Gerhard Fricke. Stuttgart. Reclam.

Schlosser, Horst Dieter 1995: Sprachkritik zwischen „political correctness" und anderen Klippen. In: Biere/Hoberg (Hg.) 1995, 132–146.

Schlosser, Horst Dieter 2000: Lexikon der Unwörter. O. O.: Bertelsmann Lexikon Verlag.

Schmich, Walter 1987: Sprachkritik, Sprachbewertung, Sprecherkritik. Dossenheim: Druckerei Schmich KG.

Schmidt, Claudia 2002: Wie wirken Wörter? Psycholinguistische Ansätze in der (feministischen) Sprachkritik. In: Spitzmüller u.a. (Hg.) 2002, 61-73.

Schneider, Jan Georg 2005: Was ist ein sprachlicher Fehler? Anmerkungen zu populärer Sprachkritik am Beispiel der Kolumnensammlung von Bastian Sick. In: Aptum 1, Heft 2, 154–177.

Schneider, Jan Georg 2008: „Macht das Sinn? – Überlegungen zur Anglizismenkritik im Gesamtzusammenhang der populären Sprachkritik. In: Muttersprache 118, Heft 1, 56-71.

Schopenhauer. Arthur [1851] 1989: Parerga und Paralipomena. Kleine philosophische Schriften. Hg. v. Wolfgang Frhr. von Löhneysen. Reprografischer Nachdruck. Darmstadt: Wissenschaftliche Buchgesellschaft. [Über Schriftstellerei und Stil, Bd. 2, 589-650; Über Sprache und Worte, 663-680]

Schottelius, Justus Georg [1663] ^{2}1995: Ausführliche Arbeit Von der Teutschen HaubtSprache [...]. Neudruck, hg. v. Wolfgang Hecht. Tübingen: Niemeyer.

Schrodt, Richard 1995: Warum geht die deutsche Sprache immer wieder unter? Die Problematik der Werthaltungen im Deutschen. Wien: Passagen Verlag.

Schwinn, Horst 1997: Linguistische Sprachkritik. Ihre Grenzen und Chancen. Heidelberg: Groos.

Schwinn, Horst 2009: Das Lexikon der Sprachkritik. In: Liebert/Schwinn (Hg.) 2009, 187-200.

Sick, Bastian [3]2009: Der Dativ ist dem Genitiv sein Tod. Folge 1-3. Ein Wegweiser durch den Irrgarten der deutschen Sprache. Köln: Kiepenheuer & Witsch.

Siehr, Karl-Heinz (Hg.) 2001: Victor Klemperers Werk. Texte und Materialien für Lehrer. Berlin: Aufbau.

Spitzmüller, Jürgen 2011: Sprachkritik und „Wissenstransfer". Wege zu einem kritischen Selbstverständnis. In: Schiewe (Hg.) 2011, 167-178.

Spitzmüller, Jürgen/Kersten Sven Roth/Beate Leweling/Dagmar Frohning (Hg.) 2002: Streitfall Sprache. Sprachkritik als angewandte Linguistik? Mit einer Auswahlbibliographie zur Sprachkritik (1990 bis Frühjahr 2002). Bremen: Hempen.

Stammen, Theo/Friedrich Eberle (Hg.) 1988: Deutschland und die französische Revolution 1789-1806. Darmstadt: Wiss. Buchgesellschaft.

Steger, Hugo (1964): Sprachnorm, Grammatik und technische Welt. In: Handt, Friedrich (Hg.), 1964, 6–74.

Steinfeld, Thomas 2010: Der Sprachverführer. Die deutsche Sprache: was sie ist, was sie kann. München: Hanser.

Sternberger, Dolf 1960: Über die Menschlichkeit der Sprache. In: Frankfurter Allgemeine Zeitung v. 6. 8.

Sternberger, Dolf/Gerhard Storz/Wilhelm E. Süskind 1970: Aus dem Wörterbuch des Unmenschen. Neue erweiterte Ausgabe mit Zeugnissen des Streites über die Sprachkritik. München: Deutscher Taschenbuch Verlag.

Stickel, Gerhard (Hg.) 1999: Sprache – Sprachwissenschaft – Öffentlichkeit. Jahrbuch 1998 des Instituts für deutsche Sprache. Berlin/New York: de Gruyter.

Stöckl, Hartmut 2008: Was hat Werbung zu verbergen? Kleine Typologie des Verdeckens. In: Pappert u.a. (Hg.) 2008, 171-196.

Stötzel, Georg 1989: Zur Geschichte der NS-Vergleiche von 1946 bis heute. In: Klein, Josef (Hg.): Politische Semantik. Beiträge zur politischen Sprachverwendung. Opladen: Westdeutscher Verlag, 261–276.

Stötzel, Georg/Martin Wengeler (Hg.) 1995: Kontroverse Begriffe. Geschichte des öffentlichen Sprachgebrauchs in der Bundesrepublik Deutschland. Berlin: de Gruyter.

Storz, Gerhard [1963] 1982: Sprachpflege, Spracherziehung, Sprachkritik. In: Heringer (Hg.) 1982a, 121-129.

Storz, Gerhard 1984: Deutsch als Aufgabe und Vergnügen. Stuttgart: Klett. [Darin u.a.: Ist auch heute noch auf Sprachrichtigkeit zu achten?, 34-44; Was ist Sprachgefühl?, 140-144]

Strauß, Gerhard/Gisela Zifonun 1985: Die Semantik schwerer Wörter im Deutschen. Teil 1: Lexikologie schwerer Wörter. Tübingen: Narr.

Strauß, Gerhard/Ulrike Haß/Gisela Harras 1989: Brisante Wörter von Agitation bis Zeitgeist. Berlin/New York: de Gruyter.

Strecker, Bruno 2009: Richtiges Deutsch? In: Liebert/Schwinn (Hg.) 2009, 235-248.

Ueding, Gert/Bernd Steinbrink 1986: Grundriss der Rhetorik. Geschichte, Technik, Methode. Stuttgart: Metzler.

Universalwörterbuch [4]2001: Duden. Deutsches Universalwörterbuch. Mannheim u.a.: Dudenverlag.

Villiger, Hermann 1966: Bedrohte Muttersprache. Frauenfeld: Huber.

Wandruszka, Mario 1971: Interlinguistik. Umrisse einer neuen Sprachwissenschaft. München: Piper.

Weigel, Hans ([1974] [10]1986): Die Leiden der jungen Wörter. Ein Antiwörterbuch. München: Deutscher Taschenbuch Verlag.

Weinrich, Harald 1966: Linguistik der Lüge. Heidelberg: Lambert Schneider.

Weinrich, Harald 1985: Wege der Sprachkultur: Stuttgart: Deutsche Verlagsanstalt.

Welte, Werner/Philipp Rosemann 1990: Alltagssprachliche Metakommunikation im Englischen und Deutschen. Frankfurt a.M. u.a.: Lang.

Wengeler, Martin 2002: „1968", öffentliche Sprachsensibilität und „political correctness". In: Muttersprache 112, 1-14.

Wengeler, Martin 2011: Linguistische Diskursanalysen – deskriptiv, kritisch oder kritisch durch Deskription. In: Schiewe (Hg.) 2011, 35-48.

Wimmer, Rainer 1982: Überlegungen zu den Aufgaben und Methoden einer linguistisch begründeten Sprachkritik. In: Heringer (Hg.) 1982, 290-313.

Wimmer, Rainer 1983: Sprachkritik und reflektierter Sprachgebrauch. In: Sprache und Literatur in Wissenschaft und Unterricht, Heft 51, 3-14.

Wimmer, Rainer 2003: Wie kann man Sprachkritik begründen? In: Linke u.a. (Hg.) 2003, 417- 451.

Wimmer, Rainer 2009: Die Sprachkritik kommt aus der Sprache selbst: Reflektiertheit ist gefragt. In: Der Sprachdienst 53, Heft 3-4, 77-90.

Wustmann, Gustav 1891: Allerhand Sprachdummheiten. Kleine deutsche Grammatik des Zweifelhaften, des Falschen und des Häßlichen. Leipzig: F. W. Grunow, später: Straßburg: Karl J. Trübner [^{2}1896, ^{6}1912, ^{11}1943].

Zillig, Werner 1982: Bewerten: Sprechakttypen der bewertenden Rede. Tübingen: Niemeyer.

Zimmer, Dieter 2005: Sprache in Zeiten ihrer Unverbesserlichkeit. Hamburg: Hoffmann & Campe.